「律师说法」案例集（7）

韩英伟 主编

中国商务出版社
·北京·

图书在版编目（CIP）数据

"律师说法"案例集. 7 / 韩英伟主编. — 北京：中国商务出版社，2023.12
  ISBN 978-7-5103-4859-4

Ⅰ. ①律… Ⅱ. ①韩… Ⅲ. ①案例－汇编－中国 Ⅳ. ①D920.5

中国国家版本馆 CIP 数据核字（2023）第 192043 号

"律师说法"案例集（7）
"LÜSHI SHUO FA" ANLI JI（7）
韩英伟　主编

出　　　版：	中国商务出版社
地　　　址：	北京市东城区安外东后巷 28 号　邮编：100710
责任部门：	发展事业部（010－64218072）
责任编辑：	李鹏龙
直销客服：	010－64515210
总　发　行：	中国商务出版社发行部（010－64208388　64515150）
网购零售：	中国商务出版社淘宝店（010－64286917）
网　　　址：	http：//www.cctpress.com
网　　　店：	https：//shop595663922.taobao.com
邮　　　箱：	295402859@qq.com
排　　　版：	北京墨知缘文化传媒有限公司
印　　　刷：	北京荣泰印刷有限公司
开　　　本：	710 毫米×1000 毫米　1/16
印　　　张：	17　　　　　　　　　字　　数：275 千字
版　　　次：	2023 年 12 月第 1 版　印　次：2023 年 12 月第 1 次印刷
书　　　号：	ISBN 978-7-5103-4859-4
定　　　价：	68.00 元

凡所购本版图书如有印装质量问题，请与本社印制部联系（电话：010－64248236）
版权所有　盗版必究（盗版侵权举报请与本社总编室联系：010－64212247）

编委会

策　　划：郝惠珍
监　　审：车行义
主　　编：韩英伟
执行主编：侯晓宇　张建武
副 主 编：张学琴　邓凤文　郭灿炎
　　　　　张　璐　侯蒙莎　李炎朋

编　　者：高　庆　金玲玲　鲁　蕊　娄　静
　　　　　刘　敏　刘　涛　刘圆圆　庞立旺
　　　　　汤学丽　王俊林　温奕昕　岳广琛
　　　　　于创开　张　鹏　张印富　赵爱梅

序 言 PREFACE

一年好景是橙黄橘绿时

2023年末,"盈科一日一法"的律师们手持彩练,迎来了《"律师说法"案例集》第7卷的如期出版。

从2020年底到2023年末,36个月,《"律师说法"案例集》从理念到策划、从行动到实践、从体例到内容、从编写到编辑、从校对到出版,从第一本到第七本,一本书封面换一个颜色,一本书有一百多个案例,一步一个脚印。

七本书七个颜色七百多个案例,代表着盈科人普法的一片热心、衷心和信心,也体现着盈科16000名律师的努力。

七本书七个颜色七百多个案例,反映了人间现象无数,通过善与恶、真与伪、好与坏的诉说及律师的评说,对公众做出了正面的引导和反面的警示,也让百姓认识到,五彩缤纷的人世间,就像赤橙黄绿青蓝紫七种颜色的并存,怎么去体会它,由你自己来选择。

七本书七个颜色七百多个案例,梳理了人世间判断正确与错误的标准,也让百姓真正了解了法律的精髓和法治宣传的目的。伴随着案例的传播,全民法治素养也在迅速提高。

七本书七个颜色七百多个案例,让"盈科一日一法"成为一个品牌,被两百多家网络相继传播到千家万户。《"律师说法"案例集》成为百姓学习法律的教科书。

七本书七个颜色七百多个案例，就像赤橙黄绿青蓝紫排列起来的彩虹，而彩虹总在风雨后，因此赤橙黄绿青蓝紫也寓意着付出努力后的律师一定能迎接成功。

七本书七个颜色七百多个案例，每种色彩都代表着一种寓意，一种精神，一种希望，也呈现出盈科律师多姿多彩的生活。

红色意味着燃烧，胜利，代表着吉祥、喜气、热烈奔放，体现着律师要做拥护中国共产党的领导、拥护社会主义法治的践行者的决心。

黄色是健康向上的色彩，意味着欢乐、希望、光明，代表着积极向上的法律人拥有阳光般的笑容，精力充沛，身心健康，要弘扬爱国主义精神，做热爱国家、强国建设、民族复兴的奋斗者。

橙色代表着欢快活泼，象征着华丽、辉煌，是我国重要节日的颜色。橙色也是警戒色，如危险、救生等标识都用橙色，因此橙色也是法律人遵纪守法要谨记的颜色。律师要恪守执业规范，自觉遵守职业纪律，要做依法诚信、规范执业清风正气的守护者。

绿色代表和平、代表生命，有推动绿色投资、绿色金融、绿色发展之意。绿色代表着律师们蓬勃向上，富有青春活力，做经济社会高质量发展的推动者的决心。

蓝色是冷色调，代表着理性、从容、淡定，冷静中多了几分感性，感性中不失庄重。律师就是这样的群体，他们将梦想与实际结合，将理想与现实结合，将理论与实践结合。蓝色恰恰体现了律师职业的本色，因此也是律师喜爱和日常选用最多的颜色。蓝色向社会表达了律师要不畏权贵，始终做人民群众合法权益的维护者。

紫色是寒色系的代表，象征着权力，给人安静诱惑的感觉，是一种带有贵族意味的颜色。这也是律师追求高雅的本色，他们一边为公权力服务，一边为私权利维护呐喊，因此紫色具有无限的想象力、实践力和凝聚力。

七本书的出版是一项浩瀚的工程，律师们带着感情，从卷宗中寻找真意，从案例中感悟激情，他们一直为法治宣传努力着、贡献着！

七个颜色代表着律师们的温度、速度、力度、高度、深度、宽度、厚度！盈科人不负时代，用他们的笔墨将社会中错综复杂的案件汇集成一段段故事，用文字体现着时代性、新颖性、典型性、群众性和可读性。

七百多个案例体现了律师们崇高的政治素养、深厚的法律功底、渊博的法学知识、丰富的实践经验和无私的奉献精神！

历史川流不息，精神代代相传！《"律师说法"案例集》将不断推陈出新，让法治宣传永远在路上！

一年好景君须记，最是橙黄橘绿时。

秋日胜春朝，秋色美如画。在最美好的时节，我愿意为在法治社会建设中绘制赤橙黄绿青蓝紫的缤纷画卷，而歌、而舞！

谨此祝贺《"律师说法"案例集（7）》的出版，我隆重推荐这本书，也希望你能喜欢。

北京市盈科律师事务所创始合伙人、名誉主任 **郝惠珍**

2023 年 10 月 18 日于北京

目　录 CONTENTS

第一部分　民事法篇

1. 知道受遗赠后六十日的起算点及表示形式，如何认定？ …… 张印富 / 3
2. 人身安全保护令，如何勇敢向家暴说不？ …………………… 刘　敏 / 6
3. 情人之间的转账，是否受法律保护？ ………………………… 邓凤文 / 8
4. 无证驾驶，保险公司赔偿后有权向侵权人追偿吗？ ………… 鲁　蕊 / 11
5. 没有施工资质的承包人，能否拿到工程款？ ………………… 刘　涛 / 14
6. 打印的遗嘱，为何被认定无效？ ……………………………… 高　庆 / 15
7. 骑手送餐致人损害，谁承担责任？ …………………………… 鲁　蕊 / 17
8. 非法捕捞、收购长江鳗鱼苗，生态损失如何计算？ ………… 郭灿炎 / 20
9. 夫妻离婚，为何孩子归男方抚养？ …………………………… 胡文友 / 23
10. 恋爱期间赠与款项，能否撤销？ ……………………………… 张　璐 / 24
11. 国外离婚，还需要国内再离婚？ ……………………………… 刘　敏 / 26
12. 出嫁女请求继承父母农村的房产，法院是否支持？ ………… 高　庆 / 28
13. 借名买房，能否阻碍刑事罚金的执行？ ……………………… 张　颖 / 29
14. 要求劣后级委托人追加保证金并承担责任，为何败诉？ …… 唐春林 / 31
15. 车辆置换，如何认定消费欺诈？ ……………………………… 张　颖 / 34

16. 公益林滥伐树木，如何承担生态环境修复责任？⋯⋯⋯⋯⋯郭灿炎 / 36

17. 专利申请涉嫌公开商业秘密，判决如何认定？⋯⋯⋯⋯⋯王俊林 / 39

18. 父母为已婚子女出资购房，是赠与还是借款？⋯⋯⋯⋯⋯李小慧 / 41

19. 首付购房款后反悔，法院如何判决？⋯⋯⋯⋯⋯⋯⋯⋯⋯⋯张　璐 / 43

20. 培训机构未履行结业包上岗承诺，法院如何判决？⋯⋯⋯李炎朋 / 45

21. 婚前隐瞒精神疾病，婚姻是否可以撤销？⋯⋯⋯⋯⋯⋯⋯刘　涛 / 46

22. 为他人垫付维修费，为何构成无因管理？⋯⋯⋯⋯⋯⋯⋯李停停 / 48

23. 解除特许经营加盟合同，能否返还加盟费？⋯⋯⋯⋯⋯⋯张学琴 / 50

24. 销售产品导致商业秘密公开，是否受法律保护？⋯⋯⋯⋯王俊林 / 52

25. 个人申请的两限房，是否被认定为夫妻共同财产？⋯⋯⋯赵爱梅 / 55

26. 农村房屋继承纠纷，法院如何判决？⋯⋯⋯⋯⋯⋯⋯⋯⋯张　璐 / 57

27. 买受人签约购房，开发商为何支付违约金？⋯⋯⋯⋯⋯⋯张学琴 / 59

28. 恋爱关系期间的转账，是否属于赠与？⋯⋯⋯⋯⋯⋯⋯⋯王雪东 / 61

29. 侵害商业秘密，如何进行价值性认定？⋯⋯⋯⋯⋯⋯⋯⋯王俊林 / 64

30. 尽到主要抚养义务的继承人，能否多分遗产？⋯⋯⋯⋯⋯张建武 / 66

31. 保险人代位求偿权纠纷，管辖法院如何确定？⋯⋯⋯⋯⋯鲁　蕊 / 69

32. 贷款购房逾期付款，开发商请求违约金为何败诉？⋯⋯⋯张学琴 / 71

33. 公共区域热管道，业主是否承担养护义务？⋯⋯⋯⋯⋯⋯岳广琛 / 74

34. 一审、二审均败诉，如何实现再审？⋯⋯⋯⋯⋯⋯⋯⋯⋯张学琴 / 76

35. 知名主播演唱传播《相思》，为何被判侵权？⋯⋯⋯⋯⋯徐智省 / 79

36. 离婚冷静期内的新增财产，如何认定其归属？⋯⋯⋯⋯⋯高　庆 / 81

37. 违背婚前协议，登记在对方名下的百万豪车能否追回？⋯武景生 / 82

38. 购买"拆迁安置房"居住数年却判决物归"原主"，如何维权？⋯⋯⋯⋯⋯⋯⋯⋯⋯⋯⋯⋯⋯⋯⋯⋯⋯⋯⋯⋯⋯⋯⋯⋯⋯⋯⋯李姝婷 / 85

第二部分　刑事法篇

39. 一个涉外诈骗案，嫌疑人为何没有批捕？ ……………… 韩英伟 / 91
40. 发送不雅视频给他人，涉嫌犯罪被判刑 ………………… 姚志明 / 95
41. 贷款诈骗罪被判无期徒刑，为何改判骗取贷款罪六年？ … 袁方臣 / 96
42. 李某涉嫌诈骗罪，为何不予批准逮捕？ ………………… 金玲玲 / 100
43. 非国家工作人员侵占专项资金，是否构成贪污罪？ ……… 刘　涛 / 102
44. 信访办公区内惹事端，法院如何判决？ ………………… 王　珏 / 104
45. 经销商未参与侵权产品制作，是否构成犯罪？ ………… 张建武 / 106
46. 程某贪污巨款潜逃逾二十年，为何未到案就能被判刑？ … 郭灿炎 / 108
47. 放任黑社会性质组织欺行霸市，为何构成玩忽职守罪？ … 韩英伟 / 110
48. 一房二卖，为何构成合同诈骗罪？ ……………………… 庞立旺 / 113
49. 政府开发项目代理人索贿，是否构成受贿罪？ ………… 邓凤文 / 115
50. 青少年卖卡被刑拘，为何构成帮助信息网络犯罪活动罪？
　　……………………………………………………………… 李炎朋 / 118
51. 网上发文侮辱烈士，为何判刑又赔礼道歉？ …………… 温奕昕 / 120
52. 非法销售涉疫物资，为何获徒刑？ ……………………… 郭灿炎 / 122
53. 泄愤打架出人命，为何被认定正当防卫？ ……………… 张　璐 / 124
54. 涉嫌暴力干涉婚姻自由，法院为何判决无罪？ ………… 庞立旺 / 127
55. 贩卖电子烟油用他人账号收款，为何涉嫌贩毒和洗钱？ … 高　庆 / 128
56. 向某采用暴力信访，是否构成犯罪？ …………………… 张　璐 / 130
57. P2P平台非法吸收公众存款，程序员是否有罪？ ……… 侯蒙莎 / 132
58. 暴力袭击警察，如何定罪量刑？ ………………………… 温奕昕 / 133
59. 介绍相亲出人命，为何被认定正当防卫？ ……………… 张　璐 / 135
60. 谈恋爱冒充军人，法院如何判决？ ……………………… 于创开 / 139
61. 为犯罪分子通风报信，如何定罪量刑？ ………………… 韩英伟 / 141

62. 仅对申报材料进行形式性审查，为何构成玩忽职守罪？ …… 岳广琛 / 143

63. 公职人员干股分红，受贿金额如何认定？ ………… 张建武 / 145

64. 教师多次猥亵儿童，为何坐牢又终身禁业？ ……… 郭灿炎 / 147

65. 对外销售理财产品，为何构成非法吸收公众存款罪？ …… 韩英伟 / 149

66. 签订原始股权转让协议，为何涉嫌经济犯罪？ ……… 谢 雯 / 151

67. 租用网站平台与人对赌，为何构成开设赌场罪？ …… 岳广琛 / 157

68. 主犯是集资诈骗罪，从犯为何是非法吸收存款罪？ …… 侯蒙莎 / 159

69. 毒油条铝残留量超标，法院如何判决？ …………… 李炎朋 / 161

70. 电钻打孔攀爬名胜古迹，为何坐牢还要巨额赔偿？ …… 郭灿炎 / 163

71. 陈某民间借贷八十余万元不还，为何被判刑？ ……… 庞立旺 / 166

72. 邻里间发生斗殴致轻伤，检察院为何不起诉？ ……… 李炎朋 / 168

73. 偷越边境，如何定罪量刑？ …………………… 于创开 / 170

74. 故意伤害致人轻伤二级，检察院为何不起诉？ ……… 张印富 / 171

75. 王某酒后致人重伤二级，检察院为何决定不起诉？ …… 温奕昕 / 174

第三部分　公司法篇

76. 查看他人投标样板，是否涉嫌侵犯商业秘密？ ……… 王俊林 / 179

77. 判决生效被执行，如何实现再审？ …………… 张学琴 / 181

78. 没有书面协议，股权转让款是否受法律保护？ ……… 姚志明 / 183

79. 假戏真做，补签的《股权转让协议》为何解除？ …… 赵德坤 / 185

80. 公司债务无法清偿，能否追加股东执行？ ………… 侯晓宇 / 189

81. 抄袭《整合报告》，是否属于侵犯商业秘密？ ……… 王俊林 / 192

82. 大型超市未支付货款，代理供应商如何维权？ ……… 温奕昕 / 195

83. 单方解除特许经营合同，法院如何判决？ ………… 雷 洁 / 197

84. 在认缴制下，减资行为是否损害了债权人的债权？ ………… 侯晓宇 / 201
85. 正式合同双方洽谈不拢，定金是退是留？ ………………… 王光华 / 204

第四部分　劳动法篇

86. 因工死亡，工伤保险和雇主责任险如何赔付？ …………… 鲁　蕊 / 209
87. 施行不定时工作制，劳动者的诉求是否受法律保护？ …… 刘　涛 / 211
88. 用人单位解除因工伤丧失劳动能力的职工，是否违法？ … 张　鹏 / 213
89. 工伤职工被单位辞退，是否应支付一次性伤残就业补助金？ ……
　……………………………………………………………… 刘园园 / 215
90. 年假未休，工资如何发放？ ………………………………… 丁海燕 / 217
91. 竞业限制期间约定"扣除仲裁和诉讼审理期间"，是否有效？ ………
　……………………………………………………………… 刘园园 / 219
92. 劳务派遣发生工伤，谁来承担赔偿责任？ ………………… 鲁　蕊 / 221
93. 务工人员在工地干活，和建筑企业之间是否存在劳动关系？ ………
　……………………………………………………………… 刘园园 / 223
94. 劳务派遣合同违约，法院如何判决？ ……………………… 白桂香 / 225
95. 劳动者声明"无其他劳动纠纷"，能否再主张权利？ ……… 张　鹏 / 227

第五部分　行政法篇

96. 多年前违法征收未获补偿，判决为何支持？ ……………… 娄　静 / 231
97. 某酒业公司诉县政府拆迁补偿案，为何败诉？ …………… 金玲玲 / 233
98. 《责令改正违法行为通知书》，政府为何主动撤销？ ……… 张印富 / 236

99. 政府作出的《限期拆除决定书》，为何确认违法？............ 师　萌 / 238
100. 未办证房屋追缴土增税，法院如何判决？.................. 吴　友 / 241
101. 公安机关对李某行政拘留，为何被确认违法？............... 娄　静 / 243
102. 外文商标因不良影响被驳回，行政诉讼为何胜诉？......... 汤学丽 / 246
103. A公司不服防空办作出的《行政处罚决定书》，法院如何判决？..........
.... 温奕昕 / 247
104. 税务局不予退税，行政诉讼为何败诉？.................... 吴　友 / 250
105. 改制企业要求政府返还土地出让金，法律是否支持？...... 王　珏 / 252

后　记 255

第一部分
民事法篇

1. 知道受遗赠后六十日的起算点及表示形式，如何认定？

□ 张印富

【案情简介】

甲、乙系夫妻关系，二人生育四名子女甲1、甲2、甲3、甲4。其中，甲1及其丈夫于2014年去世，二人生育女儿丙。甲于2009年去世，乙于2013年去世。甲、乙二人的父母均先于其去世。

2018年，丙、甲2以甲3、甲4为被告向法院起诉，请求判令登记于甲名下位于某市某区8号房由四人各继承四分之一。

甲3向法院提交乙于2012年自书遗嘱："我与丈夫甲依据房改政策购买了位于某市某区8号房，我丈夫因病去世。我在此立遗嘱：我自愿将上述归我所有的房产遗留给我孙女甲5（我儿子甲3之女儿），可作为其将来的教育费用。"

经法院查明，涉案房系甲、乙夫妻共同财产，产权证由甲3持有保管。甲生前未立遗嘱。乙生前立遗嘱时甲5未成年（现已成年）。乙立遗嘱时，甲3及甲5向乙表示接受遗赠，但未告知其他继承人。法院追加甲5为第三人参加诉讼，甲5表示已接受遗赠，主张按乙自书遗嘱继承遗产。

一审法院认为：丙系转继承人。第三人甲5系非法定继承人，作为受遗赠人应在知道受遗赠后六十日内作出接受遗赠的意思表示。该自书遗嘱书写时间系2012年，当时甲5未满十八周岁，接受遗赠的表示应由其法定代理人代为行使。甲5表示在乙立遗嘱时其和父母均知道遗嘱内容，其父母向乙表示了接受遗赠，但并未向其他继承人告知过，其他法定继承人均表示在本案诉讼前未接到过甲5及其父母接受遗赠的意思表示。故即使该遗赠真实存在，亦应视为甲5放弃受遗赠。对甲、乙的遗产应按法定继承。

【判决结果】

一审法院判决：

案涉房由丙、甲2、甲3、甲4共同继承，各占四分之一。

甲3、甲5不服一审判决，提起上诉。

二审法院裁定：

撤销一审法院判决，发回重审。

重审一审判决：

案涉房屋由丙、甲2、甲3各继承9%，甲4继承13%，甲5继承60%。

【律师解读】

一、"知道受遗赠后六十日内"从何时起算

《中华人民共和国民法典》（以下简称《民法典》）第一千一百二十四条规定："继承开始后，继承人放弃继承的，应当在遗产处理前，以书面形式作出放弃继承的表示；没有表示的，视为接受继承。受遗赠人应当在知道受遗赠后六十日内，作出接受或者放弃受遗赠的表示；到期没有表示的，视为放弃受遗赠"。第二款规定的"六十日"为接受遗赠的除斥期，到期没有表示，视为放弃受遗赠。

对于"应当在知道受遗赠后六十日内"从何时起算，《民法典》及司法解释未规定，实践中有三种观点：观点一，根据法条字面理解作出文义解释，即受遗赠人知道该遗赠后即开始起算；观点二，自遗赠人死亡时开始起算；观点三，知道遗赠存在，也知道遗赠人死亡的事实，二者均满足时开始起算。

律师认为第三种观点更符合法律规定。遗赠是遗赠人生前作出，死后才发生法律效力。继承从被继承人死亡时开始，遗嘱人在世时可以撤回、变更自己所立遗嘱。故六十日的最早起算点应是被继承人死亡日。如果受遗赠人在被继承人死亡后才知道遗赠，则应在其知道受遗赠后六十日内作出接受或放弃受遗赠的意思表示。一审判决认为在乙立遗嘱时甲5和其父

母就已知道遗赠内容，但并未在六十日内向其他继承人告知过遗嘱内容及接受遗赠，故可视为甲5放弃受遗赠。一审判决适用法律错误，二审法院发回重审后予以改正，认定甲5接受遗赠，受法律保护。

二、以能够确认"接受或放弃遗赠"的表示为标准

"表示"可以是明示，也可以是默示。《民法典》第一千一百二十四条对表示形式未明确规定。法无明文规定，既可以是书面、口头或其他形式，也可以是直接或间接的表示。如以实际行动作出接受或拒绝遗赠物的给付、请求给付遗赠物、不干涉遗赠标的物之处分等行为，均可视为接受或放弃遗赠的意思表示。用特定行为能够反映其接受或放弃遗赠的，也应认定为"作出接受或放弃遗赠表示"，当然，需要满足能够确认接受或放弃遗赠的程度。本案中，甲3、甲5知道遗赠内容，在乙死亡后，甲3作为甲5的法定代理人持有涉案房产的所有权证书和遗嘱，并与甲5实际居住使用，可以推定表明了接受遗赠的态度，应视为以行为表示接受遗赠。

三、接受或放弃遗赠的主体及表示的对象应采取从宽原则

通常接受遗赠的主体可以是受遗赠本人，也可以是其代理人。但放弃遗赠的主体，应为受遗赠人本人，法定代理人对无民事行为能力或限制民事行为能力人，不能代为放弃。

向何人作出"接受或放弃遗赠"的表示，是否必须以继承人为意思表示相对人，对此，法律及司法解释亦无规定。实践中，一般采取从宽原则，即只要受遗赠人在知道受遗赠后六十日内确有接受遗赠真实意思表示即可，而不论该意思表示向何人作出；不以向继承人或利害关系人等特定人作出生效要件。而相对方是否接受或认同受遗赠人的表示，则不影响"表示"的效力。这一方面有利于受遗赠人方便及时地行使权利，防止因对法律规定的模糊导致其权利未及时行使而丧失；另一方面，在法无明文规定的情况下，要求受遗赠人必须以特定人为意思表示对象，加重了受遗赠人的负担，可能会导致受遗赠人在不知情的情况下丧失权益；同时，也体现了对遗赠人和受遗赠人真实意思的尊重，不因某些因素导致受遗赠人的真实意思被变更。本案中，在甲5未成年时，甲3作为其法定代理人，可以表示接受遗赠，但不能表示放弃，甲3代为接受遗赠，符合法律规定。

2. 人身安全保护令，如何勇敢向家暴说不？

□ 刘 敏

【案情简介】

2013年10月，大强（化名）与小美（化名）通过网络相识，恋爱，半年后闪婚。开始双方相敬如宾，但在大强得知小美婚前做过流产手术后，便不断对小美实施暴力行为，小美原本为了孩子选择忍耐，但在大强扬言要杀死她们一家人后下定决心离婚。然大强竟在2016年3月28日离婚开庭的休庭间隙意图再次伤害小美，律师当即向法院提出申请人身安全保护令。

【判决结果】

法院于2016年3月29日快速作出人身安全保护令裁定书，裁定：一、禁止被告大强向原告小美实施家庭暴力；二、禁止被告大强骚扰、跟踪、接触原告小美及相关近亲属；三、禁止被告大强在原告小美住所及经常出入的场所200米内活动。并且小美依据该人身安全保护令，在法院第一次审理离婚案件时，就判决了离婚并将孩子判由小美直接抚养。

【律师解读】

小美经朋友介绍选择了北京盈科律师事务所律师为其辩护（以下简称：盈科律师），她的诉求是帮助她远离大强的家暴、离婚和争取孩子抚养权。

当盈科律师了解案情后发现小美正承受着大强持续性家暴并已经造成小美及其家人身心上的严重伤害，但证据不足以追究对方的虐待罪。本案的关键是如何快速将小美从家暴中解救出来并能成功离婚。

一、何为"家庭暴力"？

根据《中华人民共和国反家庭暴力法》（以下简称《反家庭暴力法》）第二条规定："本法所称家庭暴力，是指家庭成员之间以殴打、捆绑、残害、限制人身自由以及经常性谩骂、恐吓等方式实施的身体、精神等侵害行为。"该部法律具体解释了家暴含义以及规定了经常性谩骂、恐吓同样属于家暴的手段，且不以造成一定的损害后果作为构成要件，只要家暴方实施了侵害受害方身体和精神的行为即可。本案中，大强对小美实施了经常性辱骂、威胁及殴打等一系列侵犯身心健康的行为，符合《反家庭暴力法》中规定的"家暴"行为。

值得欣慰的是，2022年8月1日起最高人民法院又新颁布施行了《关于办理人身安全保护令案件适用法律若干问题的规定》第三条进一步明确了家庭暴力形式，其规定："家庭成员之间以冻饿或者经常性侮辱、诽谤、威胁、跟踪、骚扰等方式实施的身体或者精神侵害行为，应当认定为反家庭暴力法第二条规定的家庭暴力。"

二、如何快速脱离家暴行为？

承接此案件时《反家庭暴力法》刚实施不到一个星期，得益于律师及时更新法律规定的好习惯，在接受小美案件后便依该法第二十三条第一款规定："当事人因遭受家庭暴力或者面临家庭暴力的现实危险，向人民法院申请人身安全保护令的，人民法院应当受理。"申请"人身安全保护令"。也就是在离婚诉讼第一次开庭时准备提出，由于大强故意拖延诉讼而提出管辖权异议导致法庭庭审中止。大强当面意欲向小美施暴时，律师目睹大强存在严重的家暴行为及威胁，随即向法院提出人身安全保护令。法院也立即作出人身安全保护令，"人身安全保护令"名副其实地成为大强的"紧箍咒"。因此诉讼期间大强再也不敢对小美施暴，也避免了小美再次受到大强伤害的可能。

每一起离婚案件看似简单，却都关乎着当事人的人生，需要运用符合案情及紧急事态时的综合反映。本案以有效综合当事人的个体情况，将心理辅导和法律、谈判专业服务融为一体。运用法律、心理、谈判三元一体化办案体系，动态地评估案件可达的预期、抓住案情本质、帮涉事各方理清应该解决什么问题。如何创造有利因素，有效把握好办案过程中的有利良机，高效聚焦案件本身，最终通过法院裁判得到正义的伸张。

综上，某区人民法院根据案件情况首次诉讼就判决双方离婚，孩子归小美抚养，并由大强向小美给付精神损害抚慰金5000元。

3. 情人之间的转账，是否受法律保护？

□ 邓凤文

【案情简介】

2015年11月23日，田某（女）与李某（男）登记结婚，婚后生育一子李甲。2018年初，李某与张某（女）相识，并发展成为婚外情关系。

2018年1月至2022年3月7日，李某与张某通过各自微信账号互有款项来往，高达300余次，经相互抵顶后，李某向张某多转款75059.85元。2018年1月至2022年3月7日，李某与张某通过支付宝账号互有款项来往，经相互抵顶后，李某向张某多转款10625元。2019年11月13日，李某通过田某名下招商银行的账户向张某名下中国建设银行账户转款30万元。2020年9月28日，李某通过名下中国建设银行的账户向张某名下中国建设银行账户转款80万元。以上四项合计，李某共向张某转款1185720.85元。

2022年3月7日，田某与李某办理协议离婚登记。根据双方签订的《离婚协议书》约定："我们双方均有完全民事行为能力。现夫妻感情破裂，自愿协议离婚，并对以下事项达成一致意见，债权债务：无债权债务"。

现田某起诉至法院，以李某对张某赠与的1185720.85元款项因违背公序良俗为由主张该赠与行为无效，要求张某返还该款项，并支付相应利息。

【判决结果】

一、确认第三人李某向被告张某赠与款项1185720.85元的行为无效；

二、被告张某于本判决生效之日起十日内返还原告田某受赠款项1185720.85元；

三、驳回原告田某的其他诉讼请求。

【律师解读】

一、为何赠与行为无效？

《民法典》第八条规定，民事主体从事民事活动，不得违反法律，不得违背公序良俗。第一百五十三条第二款规定，违背公序良俗的民事法律行为无效。第一千零四十三条第二款规定，夫妻应当互相忠实，互相尊重，互相关爱。

本案中，李某在婚姻关系存续期间与张某发展成为婚外情关系，违反了婚姻忠实义务；张某在明知李某存在婚姻关系的情况下，仍与李某存在不正当关系。二人的行为有违公序良俗，并违背社会主义核心价值观。基于此，在上述期间，李某向张某共赠与款项1185720.85元，该赠与行为亦因违背公序良俗而应认定为无效。

二、为何田某可以要回全部赠与款项？

根据《民法典》第一百五十五条规定，无效的或者被撤销的民事法律行为自始没有法律约束力。第一百五十七条规定，民事法律行为无效、被撤销或者确定不发生效力后，行为人因该行为取得的财产，应当予以返还；不能返还或者没有必要返还的，应当折价补偿。有过错的一方应当赔偿对方由此所受到的损失；各方都有过错的，应当各自承担相应的责任。法律另有规定的，依照其规定。

所以，对于张某因李某的赠与行为而取得的案涉款项1185720.85元应予以返还。同时，根据民法典关于婚姻家庭编的相关规定，夫妻在婚姻关系存续期间取得的财产，为夫妻共同财产，归夫妻共同所有。夫妻对共同财产有平等的处理权。由此，在各方当事人均未提供证据对案涉款项系属田某、李某个人单独所有的情况下，应认定系其夫妻共同财产，属于二人共同共有。任何一方的所有权及于该款项的全部，而非其中的一半份额。基于上述，田某有权主张张某向其全额返还该案涉款项。

涉案款项系田某与李某婚姻关系存在期间取得的夫妻共同财产，该款项系属二人共同共有，而非按份共有。法律规定夫妻对共同财产享有平等的处理权，但并不意味着夫妻各自对共同财产仅享有一半的处分权。只有在共同共有关系终止时，才涉及对共同财产进行分割，确定各自的份额的问题。虽然田某与李某已于2022年3月7日解除婚姻关系，但因双方并未就夫妻共同财产进行分割、处分，故该案涉款项仍属于二人的夫妻共同财产。因此，夫妻一方擅自将共同财产赠与他人的赠与行为应属全部无效，而非部分无效。同时，因本案系确认合同无效纠纷，与夫妻共同财产的分割问题系不同的法律关系，且因李某在婚姻关系存续期间存在婚外情的过错，故对于该项财产如何分配、分配比例等问题，应由二人通过协商或另案提起民事诉讼等方式加以解决，而非本案审理范围。基于此，张某向田某返还的款项应为涉案全部款项，而非其中的50%。

三、《离婚协议》中"无债权债务"的约定能否视为作出放弃自身权利的处分？

田某与李某办理离婚登记时签订的《离婚协议书》中已约定各自财产归各自，无债权债务。是否可以由此推定田某对案涉款项已交付张某的事实予以认可，系作出了放弃自身权利的处分？田某与李某签订的《离婚协议书》中虽作出了"无债权债务"的约定，但该条款并不能否定田某对于案涉款项所享有的夫妻共同财产的共有权利。因李某对于张某全部案涉款项的赠与在法律上均系无效行为，且系自始无效，故田某与李某在签订《离婚协议书》时，该款项即属于田某与李某共同共有，而双方在该协议上均约定"无债权债务"，应视为双方尚未对该项夫妻共同财产进行分割和处分。

四、田某名下招商银行的账户向张某转款是否可以认为自愿支付？

转款发生时正处于田某与李某夫妻关系存续期间。第一，如果该款项确系田某本人操作转款，同时田某在此时若对于李某、张某存在婚外情关系的事实又不知情，则其对于该大额转款必然存在合理事由，或者即使是在李某的授意下所为，其亦必然询问缘由。显然，现有证据所指向的情况与该情形并不相符。第二，如果该款项确系田某本人操作转款，而田某在此时对李某、张某存在婚外情关系的事实已知情，则其向自己配偶的婚外情侣即张某支付大额款项，亦显然与常情常理严重相悖。田某称自己得知李某、张某存在不正当关系的时间在2020年，也说明其对于案涉30万元的转款并不知情。且田某所述夫妻关系融洽，对于对方名下的银行账号、密码互相知晓、持有也并不违反生活常理。结合各方当事人提供的证据材料，并结合各方所述意见等，对于该笔 30 万元的转账，虽系通过田某名下的账户转出，但应认定为非田某本人所为，而系由李某使用田某的银行账户进行转账操作更符合实际情况，也更符合民事诉讼法关于待证事实具有"高度盖然性"证明规则的规定。

4. 无证驾驶，保险公司赔偿后有权向侵权人追偿吗？

□ 鲁 蕊

【案情简介】

2018 年 4 月 20 日，王某驾驶 A 车与驾驶 B 车的罗某发生交通事故，造成一人死亡、多人受伤和财产不同程度受损。经交通管理部门认定，王某驾驶与驾驶证载明的准驾车型不符的机动车在高速公路上行驶，是造成此次道路交通事故发生的原因，应负全部责任。

王某系甲公司员工，持 B2 驾驶证，事发在执行职务过程中。

甲公司系 A 车重型半挂牵引车的所有权人，在某保险公司投保交强险及商业三者险 100 万元，事发在保险期间。驾驶员需持有 A2 驾驶证才能驾驶 A 车。

王某涉嫌交通肇事罪被羁押，2019 年 3 月 1 日，某市中级人民法院作出终审刑事附带民事判决书，认为附带民事诉讼原告人的损失先由保险公司在交强险责任限额内赔偿，超出交强险部分的赔偿应在 A 车商业三者险范围内赔偿，判决由保险公司在交强险责任限额范围内赔偿受害人共计 122000 元，在商业险责任限额范围内赔偿受害人共计 100 万元。

保险公司履行完上述赔款义务后，依据《关于审理道路交通事故损害赔偿案件适用法律若干问题的解释》（2020 修正）（下称"《道交解释》"）第十五条的规定，在交强险赔偿范围内（12 万元）向王某及其用人单位甲公司进行追偿。

【判决结果】

一审法院判决：

被告甲公司给付原告保险公司保险赔偿款12万元及利息。

二审法院判决：

驳回甲公司的上诉，维持原判。

【律师解读】

本案争议焦点有二，详解如下。

一、准驾不符是否属于"未取得驾驶资格"或"未取得相应驾驶资格"

在追偿权案件中被告甲公司抗辩，虽然《机动车交通事故责任强制保险条例（2019修订）》第二十二条及《道交解释》第十五条规定，驾驶人未取得驾驶证的，保险公司可在人身损害赔偿范围内进行追偿，但本案中王某持有《中华人民共和国机动车驾驶证》，不属于未取得驾驶证的范畴。对此笔者有不同的意见：

1. 王某的行为属于驾驶与准驾车型不符的机动车上路行驶。

根据《中华人民共和国道路交通安全法》（以下简称《道路交通安全法》）第十九条第四款及《机动车驾驶证申领和使用规定》的附件一《准驾车型及代号》之规定，所谓准驾车型不符，指驾驶的机动车与本人所持驾驶证载明的准驾车型不相符合。

本案中，重型半挂牵引车须持有A2驾驶证才能够驾驶，但王某仅持有B2驾驶证，定义上属于"准驾车型不符"，本质上为未取得重型半挂牵引车相应的A2驾驶资格。

2. 准驾车型不符属于"未取得驾驶资格"。

2005年12月5日，国务院法制办《关于对〈中华人民共和国道路交通安全法〉及其实施条例有关法律条文的理解适用问题的函》的答复（国法秘〔2005〕436号）中，认为"驾驶与驾驶证准驾车型不符的机动车，在性质上应当属于无证驾驶，在适用处罚上，依据过罚相当的原则，可以按照未取得驾驶证而驾驶机动车的处罚规定适当从轻处罚。"

2007年11月29日，国家金融监督管理总局《关于机动车交通事故责任强制保险中"未取得驾驶资格"认定问题的复函》（保监厅函〔2007〕327号）中，再次确认，驾驶人实际驾驶车辆与准驾车型不符应认定为"未取得驾驶资格"。

2020年8月6日，公安部关于印发修订后的《违反公安行政管理行为的名称及其适用意见》的通知（公通字〔2020〕8号）中进一步明确，驾驶机动车与准驾车型不符的，在案件办理时，违法行为名称表述为"无有效机动车驾驶证驾驶机动车"，采取行政处罚时适用《道交法》第九十九条第一款第一项关于"未取得机动车驾驶证"的情形进行罚款或者拘留。

综上，本案中王某虽然持有驾驶证，但B2驾驶证不包含可以驾驶重型牵引挂车，其行为属于准驾不符，属于开了不被允许开的车，属于未取得相应驾驶资格，保险人有权在交强险项下追偿。

二、交强险追偿，保险人是否需要履行特别提示和明确说明义务

被告甲公司辩称，在吉安中院审理的刑事附带民事诉讼案件中，法院并未支持保险人的免责事项的抗辩，保险公司就有关"未取得相应驾驶资格"的免责条款因未履行提示说明义务而应认定无效。

笔者认为，因交强险与商业险在保障范围、赔偿原则、费率及保费等方面的不同，对保险人的特别提示和说明义务的要求亦不完全一致。交强险属强制性保险，基于的是保障功能，保险人承担的是无过错的赔偿责任，为了使受害人不因侵权人的无资力而陷入损失难以填补的境地，其对违法情形下的损害仍然予以赔付，但同时为了降低交强险中的道德风险（例如可能会存在被保险人因车辆投保交强险后就鲁莽驾驶、违法驾驶），惩罚鲁莽驾驶、违法驾驶的行为人，司法解释赋予保险公司追偿权，这属于法定追偿权，该条款效力并不因保险人是否尽到提示或者明确说明义务受到影响。

综上，在交强险追偿中，侵权人以保险公司未履行特别提示及明确说明作为抗辩事由不成立。

实务中此类案件不在少数，故在此提醒运输企业，招募及委派员工进行运输活动时，应审查员工驾驶证、运输从业资格证与运输车辆是否适配并在有效期内，并进行严格培训，防止员工出现无证驾驶（含准驾不符）、醉驾、药驾等情形，给社会和公司造成不必要的损失。

5. 没有施工资质的承包人，能否拿到工程款？

□ 刘 涛

【案情简介】

夏某与刘某签订工程承包合同，承接某防腐项目工程。合同约定："工程竣工后，乙方夏某通知甲方刘某验收，甲方刘某在接到通知后一周内如不组织进行工程验收，则视为该工程验收合格"。

2019年4月，夏某在工程完工后，立即通知了刘某并让其及时进行验收。刘某收到通知后并未对该通知提出异议，但也没有组织对工程验收。

2019年8月，夏某仅收到部分工程款，剩余工程款项78614.2元和质保金11709.72元多次向刘某索要无果。刘某以夏某没有相应施工资质和质疑工程质量为由，拒绝支付和返还剩余款项。夏某不服，遂诉至法院。

【判决结果】

一、被告人刘某按约定工程款付还尚欠的78614.2元及逾期付款利息；

二、被告人刘某返还质保金11709.72元。

【律师解读】

一、夏某无相应施工资质，合同是否有效？

《民法典》第一百四十三条第一款规定，行为人具有相应的民事行为能力，民事法律行为有效。本案中，夏某身为承包人，并不具备该工程相应施工资质。属于行为人不具备相应的民事行为能力，故签订合同这一民事法律行为自始无效。

二、合同无效，刘某为何还要向夏某支付款项？

《民法典》第七百九十三条规定，建设工程施工合同无效，但是建设工程经验收合格的，可以参照合同关于工程价款的约定折价补偿承包人，即建设工程施工合同无效折价补偿规则。这一规定是对建设工程领域无效合同经质量验收合格后的有限认可，有利于减少合同无效带来的负面影响。

法院审理后认定，承包人施工者夏某不具备承建工程的施工资质，其与刘某签订的工程承包合同属于无效合同。因涉案工程竣工时，刘某未履行职责组织验收，夏某亦无法自行组织工程验收，且涉案工程已正常投入使用。刘某虽对工程质量提出质疑，却未提交足以证明涉案工程存在质量问题的证据。据此，工程视为质量合格，刘某应参照合同中关于价款的约定折价补偿夏某工程款。经法院认定，工程投入使用至今已超过两年，且无质量上的纰漏出现，应视为工程保修期已届满，应返还夏某质保金。

本案中，劳务、材料等已在工程建造中物化成建筑实体，故在建设工程施工合同无效的情形下适用我国《民法典》第七百九十三条规定。综上，法院作出如上判决。

6. 打印的遗嘱，为何被认定无效？

□ 高　庆

【案情简介】

被继承人马某与王某系夫妻关系，二人婚后生育三子，分别为马某1、马某2、马某3。王某于2014年8月8日逝世，被继承人马某于2019年5月6日逝世。马某、王某的父母均先于其逝世。王某去世多年后，马某于2019年4月16日，购买了位于某市某区的房屋，该房屋登记在马某名下，属于马某个人财产。父亲马某、母亲王某去世后，继承人之间关于该房屋继承无法达成一致意见。

马某1主张2019年4月18日马某立有遗嘱，该遗嘱载明因马某1和马某1的配偶长期照顾家庭，在被继承人马某百年后，涉案房屋由马某1继承。因此马某1诉至法院。

【判决结果】

被继承人马某名下某市某区的房屋由原告马某1，被告马某2、被告马某3继承并按份共有，其中原告马某1占五分之三份额，被告马某2、被告马某3各占五分之一份额。

【律师解读】

本案争议焦点在于如何认定本案打印遗嘱的效力。《民法典》第一千一百三十六条规定，打印遗嘱应当有两个以上见证人在场见证。遗嘱人和见证人应当在遗嘱每一页签名，注明年、月、日。打印遗嘱的特殊性在于，打印遗嘱中大部分是印刷字体，不易确定是由谁书写并打印出来，故需要遗嘱人和见证人在每一页上均签名并注明年、月、日，以此确定遗嘱的真实性和合法性。因打印遗嘱容易被伪造，而签名的字数又较少，容易被模仿，因此本条规定需要有两个以上的见证人，以达到相互监督的效果。关于姓名应如何签署，日期应如何注明的问题，从体系解释的角度出发，应结合《民法典》"继承编"其他条文予以理解。本案中的打印遗嘱并非被继承人马某亲自打印，故应参照《民法典》第一千一百三十五条关于"代书遗嘱"的规定，在遗嘱最后注明年、月、日应符合以下条件，以维护遗嘱的严肃性：其一，遗嘱人、代书人、见证人应该是在同一份遗嘱的落款处注明年、月、日并签名；其二，遗嘱人、代书人、见证人均需要在遗嘱上注明年、月、日；其三；注明的年、月、日三个要素必须齐全。法律严格限定遗嘱形式要件的主要目的在于确保遗嘱内容的真实可靠，最大限度地保障立遗嘱人的财产处分权。遗嘱规定严格的形式要件既是出于确保遗嘱人真实意愿的考虑，也是因为依要求做出的遗嘱更具有证明力，在发生纠纷时，更方便查清事实。但同时也应当承认，遗嘱的实质要件是遗嘱内容的真实性，遗嘱虽不符合法定形式要件，但内容合法。且确系立遗嘱人的真实意思表示，证据足以修复形式缺陷的，可以认定有效。

本案打印遗嘱虽有遗嘱人、见证人签名，但只有一名见证人注明了年、月、日，遗嘱人和另一见证人均未对日期进行确认，该打印遗嘱存在形式瑕疵；同时遗嘱人的签名与同时期其在其他文件上的签字确有较大差异，因此马某1主张遗嘱有效，应当对此承担举证责任。马某1申请一名见证人到庭作证，并提交另一见证人的视频资料，在证据分类上均属于证人证言。鉴于两名见证人中其中一名已经去世，另一名自述其与马某1是朋友关系，该二人陈述的意见，均不能单独作为认定案件事实的根据。

因此，本案打印遗嘱存在形式上的缺陷，而又无其他证明力较强的佐证弥补，法院对该份遗嘱的有效性不予认可。本案诉争房屋应按法定继承处理。马某名下某市某区的房屋，于马某去世后发生继承。同一顺序继承人继承遗产的份额，一般应当均等。对被继承人尽了主要扶养义务或者与被继承人共同生活的继承人，分配遗产时，可以多分。马某1长期与被继承人共同生活，并提交相应证据证明其对于被继承人的抚养，可以在分配遗产时多分。鉴于房屋为不可分割之物，法院酌情确定，由马某1占五分之三份额，马某2、马某3各占五分之一份额。

7. 骑手送餐致人损害，谁承担责任？

□ 鲁 蕊

【案情简介】

2020年10月26日，李某驾驶的电动自行车与邱某驾驶的小轿车发生交通事故，导致小轿车受损。交管部门出具《道路交通事故认定书》，认定李某负事故的全部责任，邱某无责。

经查，事故发生时，李某在配送甲公司运营的某买菜软件的订单。

甲公司与乙公司签订《服务承揽合同》，将相关的配送业务分包给了乙公司，由乙公司负责某站点的配送服务。李某系该站点的配送员，乙公司为李某投保了个人意外险。

李某提供的证明，在2020年11月12日、12月11日、2021年1月12日的项目服务费系丙公司发放。提供的配送任务截图中显示"乙公司收派服务"，任务说明中记载有，企业：乙公司，信息发布平台：丙公司。任务说明：一、代理区域内的餐饮送达。二、保持与客户和餐厅商家沟通联系，为客户提供更好的优质的代理配送服务。

邱某驾驶的机动车在 A 保险公司处投保交强险及商业险（含车损险）。2020 年 11 月 3 日，被保险人邱某向 A 保险公司出具《机动车辆保险权益转让书》，A 保险公司于 2020 年 11 月 16 日向被保险人邱某指定账户支付保险赔偿款 33011 元。

A 保险公司履行赔偿义务后将李某、甲公司、乙公司、丙公司诉至法院，要求众被告承担修车款的赔偿责任。

【判决结果】

一审判决：
被告乙公司支付原告 A 保险公司全部保险赔偿款及利息。
被告乙公司不服判决，提起上诉。
二审判决：
驳回上诉人乙公司的上诉请求，维持原判。

【律师解读】

一、员工履行职务造成他人损害，应该由用人单位承担侵权责任

《民法典》第一千一百九十一条规定，用人单位的工作人员因执行工作任务造成他人损害的，由用人单位承担侵权责任。用人单位承担侵权责任后，可以向有故意或者重大过失的工作人员追偿。劳务派遣期间，被派遣的工作人员因执行工作任务造成他人损害的，由接受劳务派遣的用工单位承担侵权责任；劳务派遣单位有过错的，承担相应的责任。

李某从事配送工作时与邱某发生交通事故，导致邱某车辆受损，邱某无责，应当由李某的用人单位承担赔偿责任。各方当事人均认可事故发生时李某系在执行工作任务，但各方当事人均否认系李某的用人单位，该问题即成为本案的争议焦点。

二、李某与甲、乙、丙哪家公司存在雇佣关系

（一）李某与甲公司不具有雇佣关系

甲公司系"某买菜软件"的运营主体,但其将相关的配送业务分包给乙公司,根据双方在《服务承揽合同》中的约定,乙公司为提供服务的人员承担雇主责任;服务人员的薪酬、福利待遇等的缴纳或发放均由乙公司自行承担;乙公司制定管理制度,督促服务人员遵守,对违反规章制度的服务人员进行处罚等内容。可以确认配送人员系由乙公司负责招募、管理并发放报酬的,甲公司与李某之间不存在雇佣关系。

(二)乙公司系李某的用人单位

根据前述合同乙公司系"某买菜软件"广安门站点的承揽方、管理方以及配送活动受益方。结合李某在该站点从事配送工作、李某的工资实际系由乙公司支付、乙公司为李某投保有个人意外险等其他事实。可以认定李某与乙公司具有人身和经济上的从属性,乙公司系李某的用人单位。

(三)李某与丙公司不具有雇佣关系

虽然乙公司与丙公司签订有《丙公司平台服务协议》,但根据协议的内容以及丙公司陈述可知,丙公司仅为信息发布平台。配送员的任务由乙公司确认,配送员的报酬也由乙公司支付至丙公司平台,再由配送员自行提现,因此现有证据不能证明李某与丙公司具有雇佣关系。

综上所述,李某与乙公司之间存在雇佣关系,李某在执行工作任务过程中造成的他人损害应当由乙公司负责赔偿。

目前网络配送业务存在多种经营模式,发生事故后往往争议较大,法院通常会结合各方证据,从劳动合意、日常管理、薪酬结算、保险投保等多方面来认定骑手与某方是否存在劳动/雇佣关系。

建议网络配送平台企业(各种配送平台的运营主体)与配送服务公司(配送活动的承揽/分包/劳务企业)、信息发布平台等各主体在合作时要明确自身定位,协议确定好各自的权利义务、骑手发生事故后的责任承担方式,尽量通过为骑手投保保额较高的雇主责任险/个人意外险并附加第三者责任险的方式来分担自身风险。

骑手如果在配送过程中发生事故,建议保留好事故认定书、配送订单任务截屏、保险信息截屏、与各方签订的纸质/电子合同、服务费/工资发放记录等证据材料,以确定真正的责任承担主体,维护自身合法权益。

8. 非法捕捞、收购长江鳗鱼苗，生态损失如何计算？

□ 郭灿炎

【案情简介】

2018年初，王小某、董国某、秦书某、沙建某、何国某、周玉某、何建某、顾国某、王观某、陆应某、薛付某、陶银某、卢翠某13人，为谋取非法利益，通过签订合伙协议、共同出资等方式建立收购鳗鱼苗的合伙组织。2018年1月至4月间，王小某等13人明知所收购的鳗鱼苗系他人非法捕捞所得，仍共同出资收购，并统一对外出售，均分非法获利。王小某等13人按区域划分分工，至A港、B港、某区捕捞或收购。向某等7人以及董瑞某、丁浩某等38人非法贩卖或捕捞收购长江鳗鱼苗116999条，后加价出售给秦利某以及其他人员。

2018年1月至3月，秦利某在明知王小某等13人向其出售的鳗鱼苗系在长江水域中非法捕捞所得的情况下，向王小某等13人收购长江鳗鱼苗合计40263条。

【处理结果】

一、被告王小某等13人对其非法买卖116999条鳗鱼苗所造成的生态资源损失8589168元共同承担连带赔偿责任；

二、被告秦利某对其非法收购40263条鳗鱼苗所造成的生态资源损失3019725元与被告王小某等13人在判决第一项范围内承担连带赔偿责任；

三、其他与第一判项同时参与的人员在各自涉及鳗鱼苗数量基础上造成的生态资源损失承担相应连带赔偿责任。

【律师解读】

一、生态资源损失如何认定？

（一）以 30 元/条确定长江鳗鱼苗价值估值合理

长江鳗鱼苗虽不允许交易，但实际存在交易行为。交易价格在不同的交易环节、不同区域、不同时间有所差异。本案中收购自捕捞者的鳗鱼苗价格大致在 18 元至 30 元之间，向养鳗场的销售价格大致在 25.3 元至 39.5 元之间。

本案中，公益诉讼起诉人参照可交易的鳗鱼苗市场交易价格即与长江鳗鱼苗属同一物种的海洋鳗鱼苗的市场交易价格，并参照本案部分捕捞者的供述以及当地公安局从王小某家中扣押的相关《收条》《收据》中载明的鳗鱼苗收购和贩卖价格区间，主张按照 30 元/条确定长江鳗鱼苗价值，获得了法院支持。

（二）本案酌定按照鳗鱼资源损失价值的 2.5 倍计算生态资源损失

《最高人民法院关于审理环境民事公益诉讼案件适用法律若干问题的解释》第二十三条规定，在生态环境修复费用难以确定或者确定具体数额所需鉴定费用明显过高的，人民法院可以结合破坏生态的范围和程度、生态环境的稀缺性、生态环境恢复的难易程度、被告因侵害行为所获得的利益以及过错程度等因素，并可以参考负有环境保护监督管理职责的部门的意见、专家意见等，予以合理确定。《江苏省渔业管理条例》第三十八条规定，违反本条例规定，造成国家渔业资源损失的，渔业资源损失的赔偿，按照渔业生物致死量的 0.5~3 倍计算。

鉴于非法捕捞鳗鱼苗对生态资源造成实际损害，法院酌定以鳗鱼资源损失价值的 2.5 倍确定生态资源损失。主要依据有两点：

一是案涉非法捕捞鳗鱼苗方式的破坏性。捕捞者系采用网目极小的张网捕捞鳗鱼苗，所使用张网的网目尺寸低于《农业部关于长江干流实施捕捞准用渔具和过渡渔具最小网目尺寸制度的通告》中不小于 3 毫米的规定，属于禁用网具。捕捞时必将对包括其他小型鱼类在内的水生物种造成误捕，严重破坏相应区域水生生物资源。案涉鳗鱼苗数量达 116999 条，捕捞次数多、捕捞网具多、捕捞区域大，必将对长江生态资源产生较大危害。

二是案涉非法捕捞鳗鱼苗时间的敏感性和地点的特殊性。案涉的捕捞、收购行为主要发生于长江禁渔期，该时期系包括鳗鱼资源在内的长江水生生物资源繁衍生殖的重要时段。捕捞地点位于长江干流水域，系日本鳗鲡洄游通道，在洄游通道中对幼苗进行捕捞，使其脱离自然水体后被贩卖，不仅妨碍鳗鲡种群繁衍，且同时误捕其他渔获物，会导致其他水生生物减少，导致其他鱼类饵料不足，进而造成长江水域食物链相邻环节的破坏，进一步造成生物多样性损害。

二、生态资源损失赔偿责任如何承担？

捕捞者和收购者之间、王小某等13人之间、其他收购者与王小某等13人之间、王小某等13人与秦利某之间均应当在各自所涉的侵权责任范围内对生态资源损害结果承担连带赔偿责任。原因如下：

（一）非法捕捞与收购形成了完整的利益链条，共同造成了生态资源的损害

本案收购行为多数发生在王小某等13人与其他收购者、王小某等13人与捕捞者之间。王小某等13人系为谋取非法利益，成立收购、贩卖鳗鱼苗团队从事收购活动，统一收购价格、统一对外出售，并就收购鳗鱼苗的事项进行明确约定，其收购行为具有日常性、经常性，已高度组织化；捕捞者通过非法捕捞的方式获取鳗鱼苗，后通过向收购者出售来赚取经济利益；而直接收购者作为中间环节，在收购鳗鱼苗后，通过加价出售的方式获取差值利润；秦利某作为最终收购者，在明知案涉鳗鱼苗系源自长江水域的情况下，依然进行收购，通过将鳗鱼苗进行养殖并出售的方式获利。

在这一链条中，相邻环节被告之间存在相互利用、彼此支持的行为分担情形，均从非法捕捞行为中获得利益，具有高度协同性，行为与长江生态资源损害结果之间具有法律上的因果关系。

（二）收购诱发了非法捕捞

案涉鳗鱼苗特征明显，体型细小却价格高昂，无法进行人工繁育，也无法直接食用。之所以产生大量的非法捕捞行为，系由于鳗鱼苗养殖户需要收购并养殖后，再进行贩卖获取经济利益。因此，收购是非法捕捞实现

获利的唯一渠道，只有收购才能使非法捕捞实现经济价值。

本案中，捕捞者系使用网目极小的张网方式捕捞鳗鱼苗，对收购者而言，其对于鳗鱼苗的体态特征有充分了解。意味着收购者明知捕捞体态如此细小的鳗鱼苗，使用的网目同样会使其他鱼类的鱼苗被捕捞，必然会造成长江其他生态资源的损害。收购者主观上与捕捞者同样存在放任长江鳗鱼资源及其他生态资源损害结果出现的故意。

9. 夫妻离婚，为何孩子归男方抚养？

□ 胡文友

【案情简介】

2005年4月，刘某（男）与戴某某（女）相识。双方在2012年7月17日登记结婚，婚后戴某某于2019年8月16日生有一子刘某睿。双方婚后初期感情尚可，后因生活琐事发生矛盾，感情逐渐破裂，无法共同生活。刘某诉至法院，请求法院准许离婚，同时希望获得抚养孩子刘某睿的权利。

【判决结果】

一、准予原告刘某与被告戴某某离婚；

二、婚生子刘某睿由原告刘某抚养。

【律师解读】

一、双方能否诉讼离婚？

《民法典》第一千零七十九条规定，夫妻一方要求离婚的，可以由有关组织进行调解或者直接向人民法院提起离婚诉讼。人民法院审理离婚案件，应当进行调解；如果感情确已破裂，调解无效的，应当准予离婚。

所以本案可以适用诉讼离婚，且法院认定感情确已破裂，可以准许刘某与戴某某离婚。

二、子女应由谁抚养？

《民法典》第一千零八十四条规定，离婚后，不满两周岁的子女，以由母亲直接抚养为原则。已满两周岁的子女，父母双方对抚养问题协议不成的，由人民法院根据双方的具体情况，按照最有利于未成年子女的原则判决。子女已满八周岁的，应当尊重其真实意愿。

本案中，刘某睿4岁，由于其长期跟随刘某父母生活，生活环境与受教育状况处于一个相对稳定的状态。改变上述稳定状态对刘某睿的外在生活学习环境和内在精神世界都是巨大的转变与挑战，并不利于其身心的健康成长。法院从以上角度出发，坚持以最有利于未成年子女的原则进行判决，进一步明确了最有利于未成年子女原则不仅是法院审判应当遵循的原则，也是为人父母者对待孩子应有的态度和责任。

综上所述，婚姻关系的存续以夫妻感情为基础，双方婚后因生活琐事发生矛盾。均不能正确处理，导致矛盾加剧，夫妻感情出现裂痕。刘某起诉离婚，戴某某表示同意，因此法院准许离婚。关于婚生子刘某睿的抚养问题，法院从有利于子女身心健康成长的原则出发，结合刘某睿目前的生活状况及双方抚养孩子的条件等因素，认为刘某睿由刘某负责抚养为宜。

10. 恋爱期间赠与款项，能否撤销？

□ 张　璐

【案情简介】

朱某系抖音主播，2020年7月，朱某与张某在抖音上相识并互加微信。2020年8月25日，张某离婚。朱某与张某在聊天记录中，双方各自互称"老公""老婆"。自2020年7月18日至2020年12月25日期间，张某向朱某微信转账记录中有部分如"1314"及一千两千的小额转账，同时还为朱某偿还信用卡、借款、支付律师费等各种款项，共计182502元。2021年3月，朱某通过其哥哥朱某甲向张某转账20000元。

此后，朱某与张某感情破裂，2021年10月25日，张某诉朱某民间借贷纠纷一案曾在某法院审理，后张某撤诉。经朱某与张某双方多次协商、沟通，均无果，张某再次诉至法院请求：一、请求判令撤销张某自 2020 年 7 月 18 日至 2020 年 12 月 25 日期间赠与朱某 162502 元款项的赠与行为，并且判令朱某向张某退回赠与款项金额共计 162502 元；二、请求判令朱某向张某支付逾期还款利息损失暂计 500 元。

【判决结果】

一审判决：

驳回原告张某的诉讼请求。

原告张某不服一审判决，提起上诉。

二审判决：

一、撤销某区人民法院民事判决；

二、被上诉人朱某于本判决生效之日起十日内返还上诉人张某赠与款项 162502 元；

三、驳回上诉人张某的其他诉讼请求。

【律师解读】

一、张某赠与朱某的款项，属于恋爱中的一般馈赠还是以结婚为目的附条件的赠与？

《民法典》第六百六十一条规定，赠与可以附义务。赠与附义务的，受赠人应当按照约定履行义务。第六百六十三条规定，受赠人有下列情形之一的，赠与人可以撤销赠与：（一）严重侵害赠与人或者赠与人近亲属的合法权益；（二）对赠与人有扶养义务而不履行；（三）不履行赠与合同约定的义务。赠与人的撤销权，自知道或者应当知道撤销事由之日起一年内行使。第六百六十五条规定，撤销权人撤销赠与的，可以向受赠人请求返还赠与的财产。

本案中，朱某自认其与张某在 2020 年 7 月底开始建立恋爱关系，并以"老婆""老公"相称。朱某认可其收到的 182502 元钱款系发生在双方交往之后。对此，律师认为，一般而言，男女双方在恋爱期间进行必要的物质来往赠与，符合社会的一般习惯。对于其中的金额较小、不过于频繁的赠与，应视作恋人之间表示情感的方式，认定为无偿赠与而无需返还。但张某还为朱某偿还信用卡、借款、支付律师费等各种款项，明显超出恋爱期间的必要往来。因此，张某给付朱某的款项，属于以结婚为目的附条件的赠与。

二、朱某是否应当向张某返还该笔款项？

张某赠与朱某的款项中，对于大额、频繁的赠与，应根据恋爱双方的具体情况、经济承受能力等因素进行综合判断。本案中，所涉182502元赠与发生在短期之内，转账次数频繁且部分数额较大，明显超出了一般男女双方在恋爱期间为表达爱意、联络感情所作出的赠与的范畴。结合其后双方在微信聊天记录中的内容以及张某提供离婚证的离婚时间，可见张某的赠与行为更多地是以期望与朱某能够结婚为前提的。故在双方最终未能缔结婚姻关系的情况下，受赠与一方已明显失去仍占有赠与钱财的合理性基础，理应予以返还。

综上，按照上述法律规定结合本案实际情况，张某有权要求撤销其与朱某的赠与合同并要求朱某返还赠与款项，因张某自认朱某通过其哥哥朱某甲返还20000元，故朱某还应向张某返还赠与款项162502元。

11. 国外离婚，还需要国内再离婚？

□ 刘　敏

【案情简介】

小帅（化名）与小丽（化名）1991年3月27日在某市登记结婚，之后小丽长期生活在加拿大并加入其国籍，聚少离多的生活导致双方感情逐渐淡漠，走上离婚道路。2008年双方协议离婚，由加拿大不列颠哥伦比亚省最高法院出具离婚判决书并于2008年11月11日生效。小帅在加拿大拿到离婚判决书后回国，并再婚且设立公司经营得有声有色。2018年其前妻小丽回国想复婚，对其进行骚扰。小帅找到北京盈科律师事务所寻求帮助。

【判决结果】

某市中级人民法院承认加拿大不列颠哥伦比亚省最高法院于2008年11月11日作出的判决书中关于小帅与小丽离婚的民事判决。

【律师解读】

在盈科律师接到小帅的案件后,经过分析发现小帅已涉嫌重婚,如果作为小丽的代理律师会采取向国内起诉离婚并追究小帅重婚罪的策略。因此律师的策略是此时小帅要稳住小丽,并且要随时做好与现任妻子离婚的准备且尽快提出申请承认国外离婚判决。法院认可国外离婚判决就可以将离婚的时效追溯到2008年11月11日,这样就能免除涉嫌重婚罪及国内财产被小丽分割的风险。

给大家普及一个法律常识,我国公民在国外离婚后,并不一定在中国生效,必须要经过国内法院承认外国判决的效力才行。否则另一方仍有权利在国内起诉离婚并且有权重新分割国内的共同财产,本案还涉及小帅的重婚罪。

关于管辖:由于小帅为中国国籍,《最高人民法院关于中国公民申请承认外国法院离婚判决程序问题的规定》第五条规定,申请承认国外判决的管辖法院为某市中级人民法院。

关于法院承认的内容:我国法院并不会承认国外判决中的所有内容,而只承认离婚内容,关于财产分割及子女抚养均不会承认。《最高人民法院关于中国公民申请承认外国法院离婚判决程序问题的规定》第二条规定,外国法院离婚判决中的夫妻财产分割、生活费负担、子女抚养方面判决的承认执行,不适用本规定。

每一起案件都关乎着当事人的人生,建议大家要委托专业的婚姻家事律师方能事半功倍,需要律师采取符合案情及双方当事人情况的策略。本案又一次以有效综合考虑当事人的个体情况,成功运用法律、心理、谈判三元一体动态评估案件可达的预期、抓住案情本质、帮委托方理清应该解决的问题。从而创造有利因素，有效把握好办案过程中的有利时机，高效聚焦案件本身，最终通过法院裁定得以证明。

12. 出嫁女请求继承父母农村的房产，法院是否支持？

□ 高　庆

【案情简介】

杨某甲（女）与杨某乙系姐弟关系，杨某乙与张某某系夫妻关系。杨某甲与杨某乙的父母去世时遗有平房一处，该平房于2013年以杨某乙名义拆迁，于2015年获得三处安置房屋，其中一处登记在杨某乙名下，另外两处均登记在张某某名下。杨某甲向杨某乙要求继承房产，但是遭到了杨某乙与张某某的拒绝。

杨某甲向人民法院提起诉讼，要求继承父母二分之一的遗产。二人的父母生前并未立遗嘱，其他有继承权的继承人均明确表示放弃继承。庭审中，杨某乙辩称按农村习俗，房产都是给儿子留的，不能分给出嫁女其姐姐杨某甲。

【判决结果】

拆迁后安置补偿地三处房产，由杨某甲、杨某乙共同所有，双方各占50%的份额

【律师解读】

我国《民法典》第一千一百二十三条规定，继承开始后，按照法定继承办理；有遗嘱的，按照遗嘱继承或者遗赠办理；有遗赠扶养协议的，按照协议办理。由此可见，有遗嘱的优先按照遗嘱继承；没有遗嘱和遗赠扶养协议的情况下按照法定继承。

被继承人生前未立遗嘱,故其遗产应按照法定继承办理。对于被继承人的遗产,作为被继承人女儿的杨某甲,与作为被继承人儿子的杨某乙,依法享有同等的继承权利,杨某乙关于女儿不能继承遗产的抗辩主张,缺乏法律依据,故依法判决支持了杨某甲的诉讼请求。

对于出嫁女是否有继承父母房产的权利,我国法律明确规定继承权男女平等。因此,无论是在城市还是在农村,女儿和儿子都享有平等的继承权。在我国历史上,出嫁女的继承权利长期遭受限制。这种理念虽与现代社会的发展要求格格不入,但仍然一定程度地存在。男女平等是我国宪法确立的一项重要原则,《民法典》第一千一百二十六条规定,继承权男女平等,正是这一宪法原则在继承领域的具体体现。本案中,杨某乙以其姐姐杨某甲是出嫁女为由,拒绝其继承父母遗产,不仅是对男女平等原则的漠视,也侵犯了杨某甲的继承权。人民法院通过依法裁判,旗帜鲜明地维护了杨某甲的合法继承权利,对于促进移风易俗,宣传弘扬社会主义法治精神具有积极意义。

13. 借名买房,能否阻碍刑事罚金的执行?

□ 张　颖

【案情简介】

2016年6月24日、11月2日、11月28日申请人分别通过银行向涉案房屋的开发公司支付15万元、25万元、41.9万元,该三笔款项系支付涉案房屋的首付款项,并于2016年11月6日借用王某某名义与房屋的开发公司签订了商品房买卖预售合同,并以王某某名义与浦发银行苏州分行签订了个人购房担保借款合同,剩余房款由浦发银行支付给房屋的开发公司,浦发银行贷款即涉案房屋的贷款均是由申请人偿还,与王某某无关。涉案房屋交付后也是由申请人缴纳相应的物业管理费用,且由申请人居住,涉案房屋系申请人的合法财产。某法院在执行王某某刑事罚金一案中作出民事裁定,查封了苏州市一处房产,而该房产实际系申请人惠某(案外异议人）合法所有的财产，该房产系申请人借用王某某名义购买，实际购房款以及房贷均由申请人支付与偿还，该房产也由申请人实际居住至今。申请人与王某某之间为借名买房的关系，但实际房屋所有权人仍为申请人，该情形与（2021）最高法民申 3543 号一致，申请人提交的证据足以证明案涉房屋系申请人所有并且一直居住，现特提出异议，请依法停止对申请人财产的执行，并解除对申请人所有的房屋的查封。

惠某找到了北京盈科（天津）律师事务所，律师团队经过对案件的详细分析以及证据组织，最终和法院沟通，取得了非常不错的效果。

【判决结果】

申请人惠某（案外异议人）提供的证据，形成完整的证据链，能够证明其用被执行人名字购买被执行裁定查封的房屋的事实，故本院确认申请人惠某提供的证据能够证明其系争议财产的权利人，该权利合法真实，能够排除执行，其请求终止对该房屋拍卖并解除查封，符合法律规定，本院应予支持。综上，依照《中华人民共和国民事诉讼法》第二百三十二条、《最高人民法院关于刑事裁判涉财产部分执行的若干规定》第十四条之规定，裁定如下：

终止对登记在被执行人王某某名下、位于苏州市某处房产（预告登记，不动产单元号：4832001018GB178019Fxxx20033）的执行。

【律师解读】

《最高人民法院关于人民法院办理执行异议和复议案件若干问题的规定》第二十四条规定："对案外人提出的排除执行异议，人民法院应当审查下列内容：（一）案外人是否系权利人；（二）该权利的合法性与真实性；（三）该权利能否排除执行。"本案中，异议人惠某主张预告登记在被执行人王某某名下，位于苏州市某房产是由其以被执行人王某某名义购买、财产所有权属其所有，并且一直居住，提供了商品房买卖合同、购房担保借款合同、增值税发票、农行电子回单、中国移动收据、支付回单、天然气供气协议及家具转账单等支付凭证、微信支付转账电子凭证等予以证明，被执行人王某某对此也未提出异议。异议人提供的证据形成完整的证据链,能够证明其用被执行人名字购买被执行裁定查封的房屋的事实,提供的证据能够证明其系争议财产的权利人,该权利合法真实,能够排除执行,其请求终止对该房屋拍卖并解除查封,符合法律规定,法院应予支持。

综上所述,依照《中华人民共和国民事诉讼法》第二百三十二条、《最高人民法院关于刑事裁判涉财产部分执行的若干规定》第十四条之规定,应支持异议人诉求。

14. 要求劣后级委托人追加保证金并承担责任,为何败诉?

□ 唐春林

【案情简介】

2015年8月28日,某信托计划成立,信托规模18750万元,信托期限为36个月,资金用于某集团新三板定向增发股票,甲国际信托有限公司为信托计划受托人。信托计划份额分为优先级和劣后级两类。优先级委托人为丙公司,认购优先级份额1.5亿元。劣后级委托人为7名自然人,合计认购劣后级份额3750万元,其中程某单独认购1800万元。信托文件指定丙公司为全体委托人代表,代表全体委托人签指令。

信托合同所附《信托计划说明书》第十节对优先级委托人与劣后级委托人的利益分配进行了约定:优先信托收益的预期收益率为11.8%/年;劣后信托收益为浮动收益,在受托人分配完毕优先信托利益以后,将剩余全部信托资金向劣后受益人进行分配。

劣后级委托人承担保证金追加义务,即通常所说的"补仓"义务。《信托合同》第二十二条第(3)项约定:"本信托计划存续期间除每自然年度末月21日以及信托计划成立之日每满12月之前两月对应日以外的任一连续二十个工作日,如标的公司实际股权价值(优先以做市商当日收盘价作为实际股权价值,当没有做市商情况下,以当日交易价格加权平均价为实际股权价值），低于股权投资初始价值（以《认购协议》上约定的认购金额为初始价值）的80%时，为保证优先级委托人利益，劣后级应于该工作日之后5个工作日内向信托专户追加保证金，追加的保证金金额＝股权初始价值的88.8%—标的公司实际股权价值"。

理论上，劣后受益人的持有期收益的下限为－100%（即包括追加信托资金在内的信托资金全部损失）。基于上述条款，在案涉优先级与劣后级资金比例为4∶1，且优先级的预期收益为11.8%的情况下，在股票价值严重下跌时，劣后级委托人可能面对追加超过四倍本金以上的保证金，对劣后级委托人来说，承担着高额的资金追加义务和重大投资风险。

2018年3月27日至2018年4月25日连续二十个工作日，某集团实际股权价值低于股权初始投资价值的80%。2018年4月25日，丙公司向信托公司发出委托人指令，指令要求信托公司通知全体劣后级委托人按时缴纳126102272.44元保证金。2019年4月26日，信托公司向程某指定邮箱发送《某信托计划追加保证金通知书》，通知程某于收到通知起（含该日）五个工作日内向信托计划专户追加保证金60529090.77元。

截至起诉之日，程某未履行追加保证金的义务。信托公司以已构成违约为由，向某市某区人民法院提起诉讼，要求程某追加保证金并承担违约金。某市某区人民法院驳回甲信托有限公司的全部诉讼请求。甲信托有限公司不服一审判决，向某市金融法院提起上诉。

【判决结果】

一审判决：
驳回原告信托公司的全部诉讼请求。
原告不服一审判决，提起上诉。
二审判决：
驳回上诉人信托公司的上诉，维持原判。

【律师解读】

本案二审阶段的争议焦点是：《信托合同》中关于劣后委托人追加保证

金的条款是否对劣后委托人程某具有约束力，以及程某是否应当按照该条款约定向信托专户追加保证金并承担相应的违约责任。此类追加资金的争议，在本金亏损的结构化资管产品中极为普遍，该争议具有普遍性和典型性。

通常的结构化信托业务中，信托公司根据投资者不同风险偏好对受益权进行分层配置。劣后级受益人的分配方式具有高风险和高收益之特征，优先级受益人则相应获得相对稳定的收益保障、承担较小的风险，意在为劣后级融资提供杠杆支持。从这一层面而言，标准的结构化信托产品的本质可以视为劣后级与优先级投资人之间的借贷关系。劣后级投资人借用优先级投资人的资金进行投资，并保障优先级资金的本金和收益，符合公平原则。

案涉《信托合同》以及相关信托文件对信托计划结构的设计存在特殊性，并非标准的结构化信托产品。主要表现在以下两方面：一、劣后级投资人无法实现对信托资金的控制权；二、信托计划并未确保优先投资人可以以固定的本息回报退出，而是不承诺保本和最低收益。信托公司作为信托计划受托人而非优先级投资人，在缺乏合同依据及法律依据的情况下不能依据借贷关系向程某主张支付保证金。

除此之外，关于程某是否应承担合同约定的追加保证金的义务、并承担相应的违约责任的问题，应当从以下几方面认定。

第一，本案中追加保证金条款是格式条款。关于作为劣后委托人的程某是否应当受到上述《信托合同》中追加保证金条款的约束，首先应当判断上述条款是否体现了当事人在订立合同时的真实意思表示。《信托合同》关于优先级和劣后级的安排以及劣后委托人在特定条件下追加保证金的约定，均仅体现在《信托合同》标准化制式文本中。但是《信托合同》在信托计划所有投资人认购时均反复使用，程某认购信托计划仅需在信托合同签署页上签字确认即可。所以无证据表明该追加保证金条款经过甲信托公司与程某协商确认，符合格式条款的基本特征。

第二，追加保证金条款明显加重一方义务。提供格式条款的一方应当遵循公平原则确定当事人之间的权利和义务，并采取合理的方式提请对方注意免除或者限制其责任的条款，按照对方的要求，对该条款予以说明。在本案信托计划的结构化安排下，经一审法院认定，优先级与劣后级资金比例为4∶1，优先级的预期收益为11.8%，在股票价值严重下跌时将可能引发劣后受益人追加四倍本金以上的保证金,该义务对于劣后委托人而言可谓利益重大。但《信托合同》中没有任何强制平仓及止损的安排,且交易的主动权为优先级委托人控制。因此,本案劣后委托人承担的风险与风控措施严重不匹配。

第三,追加保证金条款时并未以合法方式订入合同。在追加保证金条款对劣后委托人利益影响重大、杠杆率过高的情况下,按照法律规定甲信托公司应当采取合理的方式提请程某予以充分的注意。但是信托文件中未予以明确说明,亦未对保证金条款予以特别提示或者明显加粗加黑显示,因此,程某主张其未能注意并理解追加保证金条款对其权利义务的利害关系,上述条款不应作为合同内容,符合常理并具有法律依据。

在保证金条款未订入《信托合同》并对当事人发生法律约束力的情况下,无需再行认定保证金的法律属性。甲信托公司要求程某按照上述约定追加保证金并承担违约责任的诉讼请求,缺乏合同依据和法律依据。

信托等资管产品的结构化安排,一定要遵循公平合理的法制原则,符合正常的商业习惯和投资逻辑。任何主体都不能利用发行或管理产品的优势,通过格式条款等方式,单方强制加重投资人义务,否则不管以何种形式所做的安排,都不具有法律效力。

15. 车辆置换,如何认定消费欺诈?

□ 张　颖

【案情简介】

2021年3月27日,张某将其本田CRV汽车通过置换方式,向新城区某汽车销售部(A公司)购买梅赛德斯奔驰豪华小轿车一辆。双方于当日签订了《车辆销售协议》。合同签订后,张某依照合同约定支付了差价25万元,之后张某发现A公司隐瞒了车辆真实行驶里程,与A公司告知的行驶里程相差巨大(有录音为证)。作为A公司故意隐瞒车辆重大信息的行为,直接影响张某是否购买案涉车辆,其行为侵犯了张某的知情权。张某起诉至法院,请求撤销张某与 A 公司之间签订的《车辆销售协议》,A 公司向张某退还购车款 250000 元,并且 A 公司按照《中华人民共和国消费者权益保护法》(以下简称《消费者权益保护法》)之规定向张某赔偿三倍购车款 750000 元。

经某法院查明,张某与 A 公司签订的《车辆销售协议》约定表显示里程 9 万公里,张某通过车辆维修单位查询的案涉车辆保养记录显示 2019 年 5 月 6 日行驶里程即为 28 万公里。

【判决结果】

一审判决:

一、撤销原告张某与被告 A 公司之间签订的《车辆销售协议》。

二、被告 A 公司向原告张某退还购车款 250000 元。

三、被告 A 公司按照《消费者权益保护法》之规定向原告张某赔偿三倍购车款 750000 元。

【律师解读】

二手车交易过程中,《车辆销售协议》往往是由经营者提供,其内容是面对不特定的客户,为了重复使用而预先拟定的范本条款,并在订立合同时未与对方协商,其类型应属于格式条款。《车辆销售协议》中不对里程真实性予以承诺的条款,免除了经营者的如实告知义务和瑕疵担保责任,侵害了消费者的知情权,且未向消费者提示和明确说明,应属无效,经营者不能据此免责。《车辆销售协议》约定的检验期限过短,消费者在检验期限内难以完成全面检验的,该期限仅视为消费者对标的物的外观瑕疵提出异议的期限。根据标的物的性质和交易习惯,消费者及时检验并通知经营者,经营者以消费者未在约定检验期限内检验并通知为由,主张质量符合约定的观点,法院应不予采纳。

出卖人对标的物具有瑕疵担保责任。依据二手车交易市场行业惯例,行驶里程数系车辆重要参数指标之一,在二手车辆交易中对于车辆的估价具有极其重要的参考意义,足以影响消费者的购买意愿和车辆的转让价格。二手车经营者作为专门经营二手机动车买卖的市场主体，相对于普通消费者而言，具有车辆相关的专业知识，亦拥有检测能力，对其所出售的车辆状况及主要参数指标应当明知，并负有向消费者告知车辆真实使用状况的义务。经营者告知消费者的表显里程数与车辆实际行驶里程有较大差异，且未能充分证明系因客观原因无法对相关指标核查清楚的情形下，应当认定构成欺诈。

根据《中华人民共和国民法典》第一百四十八条规定，一方以欺诈，使对方在违背真实意思的情况下实施的民事法律行为，受欺诈方有权请求人民法院或者仲裁机构予以撤销。故合同撤销后，经营者应当向消费者返还购车款，同时，消费者应当向经营者返还案涉车辆，返还车辆时应当使该车外观良好、具有通常的使用性能。最后，《消费者权益保护法》第五十五条规定："经营者提供商品或者服务有欺诈行为的，应当按照消费者的要求增加赔偿其受到的损失，增加赔偿的金额为消费者购买商品的价款或者接受服务的费用的三倍；增加赔偿的金额不足五百元的，为五百元。法律另有规定的，依照其规定。"消费者为生活消费向二手车商购买车辆，应当受《消费者权益保护法》保护；经营者在向消费者出售车辆时存有欺诈，应当根据《消费者权益保护法》第五十五条的规定，进行惩罚性赔偿，赔偿的金额为消费者购买车辆销售价格的三倍。

16. 公益林滥伐树木，如何承担生态环境修复责任？

□ 郭灿炎

【案情简介】

2018年11月初，叶某雇请项某、陈某等5人在某县山场上清理枯死松木的过程中滥伐活的松树89株。经鉴定，叶某滥伐的立木蓄积量为22.9964立方米，折合材积13.798立方米，且案发山场属于国家三级公益林。

经专家出具修复意见，某县人民检察院诉请判令被告叶某在该山场补植2~3年生木荷、枫香等阔叶树种1075株，并申请先予执行。某市中级人民法院于 2020 年 3 月 31 日作出裁定，裁定准予先予执行，要求被告叶某在收到裁定书之日起三十日内在案发山场及周边完成补植复绿工作。在先予执行过程中，由于种植木荷、枫香等阔叶树的时间节点已过，经林业专家重新出具修复评估意见，某县人民检察院提出变更诉讼申请，请求判令被告依据修复意见改种杉木苗，并进行抚育，否则承担生态修复费用。

【判决结果】

一、被告叶某自收到本院民事裁定书之日起三十日内在"龙潭湾"山场补植 1~2 年生杉木苗 1288 株，连续抚育 3 年（截至 2023 年 4 月 7 日），且种植当年成活率不低于 95%，3 年后成活率不低于 90%。

二、如果被告叶某未按本判决的第一项履行判决确定的义务，则需承担生态功能修复费用 9658.4 元。

【律师解读】

一、什么是生态环境损害修复责任？

是指违反国家规定造成生态环境损害，生态环境能够修复的，国家规定的机关或者法律规定的组织有权请求侵权人在合理期限内承担修复责任。

本案中，林地是森林资源的重要组成部分，是林业发展的根本。林地资源保护是生态文明建设中的重要环节，对于应对全球气候变化，改善生态环境有着重要作用。叶某违反了《中华人民共和国森林法》第二十三条、第三十二条的规定，未经许可，在公益林山场滥伐林木，数量较大，破坏了林业资源和生态环境，对社会公共利益造成了损害，应当承担相应的环境侵权责任即生态环境损害修复责任。

二、生态环境修复责任承担方式有哪些？

《民法典》第一千二百三十四条（原《最高人民法院关于审理环境侵权责任纠纷案件适用法律若干问题的解释》相关内容）规定，违反国家规定造成生态环境损害，生态环境能够修复的，国家规定的机关或者法律规定的组织有权请求侵权人在合理期限内承担修复责任。侵权人在期限内未修复的，国家规定的机关或者法律规定的组织可以自行或者委托他人进行修复，所需费用由侵权人负担。

根据以上规定，环境侵权者对生态环境损害修复责任承担方式主要有如下两种：

（一）侵权人在合理期限内修复所造成的环境损害

如生态环境能够修复的，法院可以判决侵权人在合理期限内以补种树木、恢复植被、恢复林地土壤性状、投放相应生物种群等方式承担修复责任。具体是根据鉴定意见，或者参考林业主管部门、林业调查规划设计单位、相关科研机构和人员出具的专业意见，合理确定森林生态环境修复方案，明确侵权人履行修复义务的具体要求。

（二）未按规定修复的，相应机关或组织自行或委托他人修复，侵权人承担费用

本案中，法院判决第一判项即是要求被告叶某在自收到本院民事裁定书之日起三十日内在"龙潭湾"山场补植1~2年生杉木苗1288株，连续抚育3年（截至2023年4月7日），且种植当年成活率不低于95%，3年后成活率不低于90%。这就是在合理期限内修复环境损害，判决中有非常明确的修复方案及具体要求。第二判项就是在第一判项没有履行的情况下，承担生态环境功能修复费用9658.4元。

三、确定生态环境功能修复费用的考量因素？

2022年6月15日施行的法释〔2022〕16号《最高人民法院关于审理森林资源民事纠纷案件适用法律若干问题的解释》（新增内容）第十九条规定：人民法院依据《民法典》第一千二百三十五条的规定，确定侵权人承担的森林生态环境损害赔偿金额，应当综合考虑受损森林资源在调节气候、固碳增汇、保护生物多样性、涵养水源、保持水土、防风固沙等方面的生态环境服务功能，予以合理认定。

本案中，法院裁定如若被告未按判决的第一项履行判决确定的义务时，需要承担生态环境功能修复费用9658.4元，就是根据以上因素综合确定。

四、为什么生态环境修复责任可以先予执行？

森林生态环境修复需要考虑节气及种植气候等因素，如果未及时采取

修复措施补种树苗，不仅增加修复成本，影响修复效果，而且会导致生态环境受到损害至修复完成期间的服务功能损失进一步扩大。

本案中，叶某滥伐林木、破坏生态环境的行为清楚明确，而当时正是植树造林的有利时机，及时补种树苗有利于新植树木的成活和生态环境的及时有效恢复。基于案涉补植树苗的季节性要求和修复生态环境的紧迫性，本案符合《中华人民共和国民事诉讼法》第一百零六条第三项规定，因情况紧急需要先予执行的情形，故法院依法裁定先予执行。

17. 专利申请涉嫌公开商业秘密，判决如何认定？

□ 王俊林

【案情简介】

樊某某于1980年10月起在某印钞厂工作。1987年樊某某填写的《专业技术职务申报表》及同年的工作总结中均记载其参与研究设计、开发C111树脂。1989年10月至1995年3月，樊某某受某印钞厂指派到某区洁净技术试验厂任厂长。

1993年6月，中国印钞造币总公司发文批复《SB-1型雕刻凹印油墨研究可行性报告》。在SB-1型雕刻凹印油墨的鉴定证书中记载的主要研制人员名单中没有樊某某的名字。《SB-1连接料配方、工艺》及《补充规定》封面上标注"机密""受控"字样，其中载有1001油、1002油、1003油的配方和工艺过程。

樊某某于2001年12月25日提出"水擦不蹭脏雕刻凹版印刷油墨组合物"发明专利申请，该申请于2003年7月9日公开。

某印钞厂向法院提起诉讼，主张樊某某提出的上述专利申请公开了其商业秘密。

【判决结果】

一审判决：

驳回原告某印钞厂的诉讼请求。

原告某印钞厂不服一审判决，提起上诉。

二审判决：

驳回上诉，维持原判。

【律师解读】

《中华人民共和国反不正当竞争法》（以下简称《反不正当竞争法》）第九条规定，本法所称的商业秘密，是指不为公众所知悉、具有商业价值并经权利人采取相应保密措施的技术信息、经营信息等商业信息。这表明商业秘密具有非物质性，需要由一定的载体将其内容表现出来。

本案中，某印钞厂主张其商业秘密为C111树脂、3719油、2634油、1001油、1002油、1003油六种化合物产品。由于产品本身是商业秘密的载体，而不可能成为商业秘密保护的对象，且某印钞厂也认可上述化合物本身是公知的。因此，C111树脂、3719油、2634油、1001油、1002油、1003油六种化合物产品本身不能成为某印钞厂主张的商业秘密。

基于商业秘密无形性的特点，决定了商业秘密必须通过一定载体的形式才能将其内容体现出来，从而实现商业秘密的商业价值。因此，为了保护商业秘密就需要加强对商业秘密载体的保护。

商业秘密的载体一般是指以文字、数据、符号、图形、图像、声音等方式记载商业秘密的纸质文件、磁质文件等，包括计算机硬盘、软件、U盘、移动硬盘、磁带、录像带、光盘等。《中华全国律师协会律师办理商业秘密法律业务操作指引》第十四条规定，商业秘密的载体包括以下几类：（1）以文字、图形、符号记录的纸介质载体，如文件、资料、文稿、档案、电报、信函、数据统计、图表、地图、照片、书刊、图文资料等；（2）以磁性物质记录的载体，如计算机磁盘（软盘、硬盘）、磁带、录音带、录像带等；（3）以电、光信号记录、传输的载体，如电波、光纤等；

（4）设备、仪器、产品等物理性载体。

随着科学技术的不断发展，商业秘密的载体也呈现出电子化和无形化的发展趋势，这也为商业秘密权利人对其商业秘密的保护和管理提出了更高的要求。通常企业可以从以下几个方面来管理和保护企业商业秘密的载体：

首先，设立专门的管理机构及人员。大型企业可以设立商业秘密管理委员会，小型企业可以由专人负责管理，以实现对商业秘密进行统一的管理。其次，做好企业商业秘密的保护工作。由专门负责人员对商业秘密的范围、内容、知悉人员等进行明确且合理的划分，根据商业秘密对企业的影响程度，将企业涉密信息进行等级划分，并加以标识，针对不同等级的涉密信息制定不同形式的管理标准以区分管理。最后，专门负责人员应当经常对相关载体进行更新、整理和及时维护，以保证商业秘密不为公众所知悉。

18. 父母为已婚子女出资购房，是赠与还是借款？

□ 李小慧

【案情简介】

王某系于某和魏某的前儿媳，2010年，王某与于某和魏某的儿子小于登记结婚，婚后第二年，王某和小于在北京购买了一处房屋供全家居住，该房屋登记为王某和小于共同共有，购房款共计250万元，全款付清。其中，小于的父母于某和魏某共同出资100万元，于某向自己的两位亲戚借款15万元，以上共计115万元。王某的父母出资12万元，余款为王某和小于自行支付，购房时，王某和小于的父母均未表明自己的出资为借款。2016年，王某与小于因感情不和分居，2018年，王某正式向法院提起诉讼，要求与小于离婚。在庭审过程中，小于同意了王某的离婚请求，但却主张购房时父母的出资连带亲属的借款共计115万系夫妻双方的借款，要求王某承担其中一半的债务，王某不认同小于的说法，于是双方产生争执。

在离婚诉讼中，因该笔债务涉及案外人的利益，法院要求于某、魏某另案诉讼解决。2022年，于某与魏某两人将前儿媳王某诉至法院，要求王某向其返还自己出资的100万元中的一半及其所借的两位亲属15万元中的一半并支付相应利息，共计50余万元。于某的亲属分别与于某签订了债权转让协议，将二人的债权转让给了于某。

【判决结果】

驳回原告于某、魏某的诉讼请求。

【律师解读】

当事人对自己提出的诉讼请求所依据的事实或者反驳对方诉讼请求所依据的事实，应当提供证据加以证明，在作出判决前，当事人未能提供证据或者证据不足以证明其事实主张的，由负有举证证明责任的当事人承担不利的后果。因此，关于购房款问题，当事人结婚后，父母为双方购置房屋出资的，该出资应当认定为对夫妻双方的赠与，但父母明确表示赠与一方的除外。《民法典》第一千零六十二条的规定，夫妻在婚姻关系存续期间所得的下列财产，为夫妻共同财产，归夫妻共同所有：（一）工资、奖金、劳务报酬；（二）生产、经营、投资的收益；（三）知识产权的收益；（四）继承或者受赠的财产，但是遗嘱或者赠与合同中确定只归一方的财产除外。

本案中，于某和魏某主张其儿子儿媳婚后购买房屋时，其出资100万元，但未提供证据证明自己与儿子儿媳就上述款项的性质系借款达成合意，因此无法认定为借款，于某与魏某100万的出资应当视为对王某和小于的赠与，按照王某和小于的夫妻共同财产处理。而于某亲属借给于某的钱系出借给于某，供于某出借给儿子购买房屋，根据于某亲属签订的债权转让协议，借款首先是借给于某，于某当时是赠与还是借款给小于，未提供充分的证据证明当时已达成合意，因此也应当视为对儿子儿媳的赠与。

因此，对于于某和魏某要求前儿媳王某分担偿还购房款并支付利息的诉讼请求，法院最终没有支持。

19. 首付购房款后反悔，法院如何判决？

□ 张　璐

【案情简介】

2020年9月19日，A公司（甲方）与袁某（乙方）签订《商品房认购书》（以下简称《认购书》）。《认购书》主要约定：一、乙方认购甲方开发的一套商品房，总价款为3407534元。二、乙方同意按商业分期付款的方式进行贷款，乙方于签约本认购书时支付定金50000元，签订《商品房买卖合同》后，乙方已付的定金自动转为房款。

同日，袁某向A公司支付定金50000元，A公司出具了相应的收款收据。《认购书》签订后，袁某依约于2020年9月26日向A公司支付首期房款221538元，A公司出具了相应的收款收据，但袁某未支付《认购书》约定的第二、第三期首付款，且未与A公司签订商品房买卖合同。

2021年1月25日，A公司向袁某发送《认购书解除通知书》，主要内容为：袁某未在《认购书》约定时间内与A公司签订《商品房买卖合同》及其附件并支付首期房价款，经A公司多次催促仍未履行。根据《认购书》的主要约定，即日解除《认购书》并不退还袁某所缴纳的定金，A公司将对该单元另行出售并不再另行通知袁某。

2021年2月28日，袁某前往A公司销售中心协商退房事宜，A公司的工作人员提供了退款审批表模板给其签字，并收回了《认购书》和《收款收据》的原件，但退款审批表没有写明退款金额。此后，经双方多次协商、沟通，均无果。袁某诉至法院。

【判决结果】

一、判决被告A公司向原告袁某退还首期房款221538元以及利息；

二、驳回原告袁某的其他诉讼请求。

【律师解读】

一、袁某购房所支付的定金，为何不予返还？

袁某与A公司签订的《认购书》是为将来订立商品房买卖合同而签订的合同，性质为商品房预约合同。该认购书是双方真实意思的表示，不违反法律、行政法规的强制性规定，合法有效，双方应依约履行。

首先，袁某未在《认购书》约定的时间内向A公司支付第二期款、第三期款，也未与A公司签订商品房买卖合同，其行为已构成违约。其次，袁某作为一名具有完全民事行为能力的成年人，应对自身的行为承担相应的法律后果。其在作出认购房屋的重大决定之前，应审慎评估自身履约能力以及资金状况。最后，《认购书》明确约定了各期购房款的支付期限，袁某在《认购书》上签名确认，视为其认可该付款期限。即便如其所言需要以出售房屋所得价款来支付案涉房屋首付款，袁某作为成年人也应对出售房屋所需时长存在不确认性有所认识，其在明知存在三个月内无法出售房屋并收回房款的风险的情况下，仍决定与A公司签署《认购书》，则其应对自身行为负责并承担相应的风险和责任。因此，袁某未在《认购书》约定的时间内支付剩余首付款且未与A公司签订商品房买卖合同，属因自身原因造成违约，A公司有权解除双方签订的《认购书》。根据《中华人民共和国民法典》第五百八十七条以及《最高人民法院关于审理商品房买卖合同纠纷案件适用法律若干问题的解释》第四条的规定，给付定金的一方不履行债务或者履行债务不符合约定，致使不能实现合同目的的，无权请求返还定金，故袁某无权请求A公司返还定金。

二、袁某购房所支付的首期款及利息，为何予以返还？

如前所述，袁某因自身原因造成违约，A公司有权解除双方签订的《认购书》。A公司已于2021年1月25日向袁某发出《认购书解除通知书》，袁某亦确认于2021年1月26日或27日收到该解除通知书，故双方签订的《认购书》最迟已于2021年1月27日解除。《认购书》解除后，A公司应在合理期限内向袁某退还首期款221538元，A公司继续占用袁某支付的首期款221538元缺乏依据，袁某要求A公司退还首期款221538元，并自 2021 年 5 月 1 日起按照同期全国银行间同业拆借中心公布的贷款市场报价利率计付资金占用利息，有理合法，应予以支持。

20. 培训机构未履行结业包上岗承诺，法院如何判决？

□ 李炎朋

【案情简介】

2020 年 2 月 17 日，张某与 A 培训机构签署《铁路招聘入岗前协议》。协议约定：培训机构负责对张某进行初试和复试，负责安排张某培训上岗事宜，最终安排张某进入铁路系统工作。同时，由培训机构向张某收取 49800 元的服务费。

协议另约定，如未能及时为张某安排工作岗位，张某有权利要求培训机构退费。协议签订后，张某按照培训机构要求，将服务费打入了指定账户。缴费完成后就开始了为期一年的面试、培训等工作。2022 年 3 月，培训结束后，该培训机构以各种理由推拖，未按照协议约定为张某安排到铁路系统工作。张某遂将培训机构诉至法院。

【判决结果】

被告 A 培训机构于十日内退还原告张某缴纳的服务费 49800 元。

【律师解读】

2023 届高校毕业人数预计达到 1158 万，中央机关及其直属机构 2023 年度考试招录人数为 3.71 万人，由此可见就业压力巨大。品类繁多的就业培训机构应运而生，而青年朋友在选择就业培训机构过程中，如何保护自身权益是关键所在。

本案中，培训机构安排张某进行了长达一年的培训学习、实习。从客观方面讲，该机构对合同进行了一定程度的履行。从主观上看，作为学生而言上岗就业才是重中之重。所以，张某学习和培训目的在于结业后进入铁路系统工作，张某与培训机构签署的合同中也明确约定由机构安排其进入铁路系统工作。因此，培训机构未能及时为张某安排工作岗位，张某有权利要求退费。

《民法典》第一百七十六条规定，民事主体依照法律规定或者按照当事人约定，履行民事义务，承担民事责任。第五百七十七条规定，当事人一方不履行合同义务或者履行合同义务不符合约定的，应当承担继续履行、采取补救措施或者赔偿损失等违约责任。综上，依照协议约定，培训机构未能安排张某进入铁路系统工作，构成根本违约，应当承担相应违约责任。故张某要求培训机构退还服务费，于法有据，理应得到法院支持。

在该案中张某的合理诉求已得到法院支持，但从签订合同培训到处理结束已逾两年光景，金钱易得青春难回。广大青年同志毕业后为了有一份稳定的工作，有的会参加一些考试，有的会选择一些培训机构进行培训。就目前而言，市面上培训机构五花八门，且部分机构通过虚假承诺，给报名者一种报名招考必过的错误认知。因此，这些培训机构耗费了广大青年大量的时间、金钱，却让他们难以得到满意的结果。在此提倡，选择培训机构的时候，广大青年应当将机构所宣传所承诺的内容做好记录，统筹考虑，不可因一时的兴起草草签订合同。发生培训机构违反合同约定或承诺的情形，广大青年朋友应勇敢拿起法律武器捍卫自己的合法权利。

21. 婚前隐瞒精神疾病，婚姻是否可以撤销？

□ 刘 涛

【案情简介】

2020年6月，罗某和黄某经人介绍相识相恋，双方于2020年7月3日办理结婚登记手续。婚前，罗某给予黄某及其黄某父母共7.68万元作为结婚彩礼。婚后一周左右黄某突然离家出走，罗某多次寻找黄某未果。直至 2021 年 7 月，罗某才从黄某父母口中得知黄某婚前患有比较严重的精神疾病。

2022 年 1 月，罗某以黄某患有严重精神疾病导致双方无法共同生活为由将黄某诉至法院，请求法院撤销其与黄某的婚姻关系，并要求黄某及黄某父母返还彩礼金总共 7.68 万元。

【判决结果】

一、撤销原告罗某与被告黄某的婚姻关系；
二、责令被告黄某及其父母共同返还彩礼金 7.68 万元给原告罗某。

【律师解读】

一、关于婚姻的撤销

《民法典》第一千零五十二条规定，因胁迫结婚的，受胁迫的一方可以向人民法院请求撤销婚姻。请求撤销婚姻的，应当自胁迫行为终止之日起一年内提出。第一千零五十三条规定，一方患有重大疾病的，应当在结婚登记前如实告知另一方；不如实告知的，另一方可以向人民法院请求撤销婚姻。请求撤销婚姻的，应当自知道或者应当知道撤销事由之日起一年内提出。综上，在我国因受胁迫结婚和婚前隐瞒精神疾病的，才属于婚姻关系可撤销的情形。

本案中，黄某突然离家出走，在罗某多次寻找未果时，黄某父母才告知黄某婚前就已经患有严重的精神疾病。黄某在知道此事后，于一年内提出了撤销婚姻关系，合理合法。

二、为何返还彩礼？

《民法典》第一千零五十四条规定，无效的或者被撤销的婚姻自始就没有法律约束力，当事人不具有夫妻的权利和义务。同居期间所得的财产，由当事人协议处理；协议不成的，由人民法院根据照顾无过错方的原则判决。无过错方有权请求损害赔偿。

黄某在与罗某办理结婚登记前后，罗某不知晓黄某患有精神疾病，在黄某出走很久后，其父母才如实告知。因此婚后黄某因病发离家出走，导致双方婚后无法共同生活,是黄某过错造成的,并非罗某原因,故罗某属无过错方。

综上,本案中因黄某故意隐瞒婚前患有严重精神疾病的情况,所以依法判决撤销罗某与黄某的婚姻关系。因黄某的过错导致婚姻关系撤销,所以法院依法判决黄某及黄某父母共同返还彩礼金。

22. 为他人垫付维修费,为何构成无因管理?

□ 李停停

【案情简介】

沙某、高某都是某县供暖公司家属楼的住户,沙某系3单元702室的业主,高某系14号门面房的业主。供暖公司家属楼从2006年交工后投入使用,由于年久失修,该楼供暖管道、排水管道、自来水管道及化粪池等设施严重老化,影响到了全体业主的正常生活。

2020年10月8日,某县供暖公司家属楼以单元为单位,每个单元推选出一名楼长。其中一单元是王某,二单元是侯某,三单元是沙某,四单元是雷某。经民主征求意见,决定该楼房48户住户和22门面房共计70户,由四个单元选出的代表与拓某签订《某县供暖公司家属楼维修合同》。主要涉及对楼房的管道、排水沟及化粪池等设施进行维修,维修费用预计为11万元,由各业主均摊。合同签订后,拓某根据合同的约定实施了维修工程。

2021年10月底,该楼房的所有管道和化粪池维修工程全部结束,并交付投入使用。维修过程经过结算,维修费用共需116000元,各户业主每户应该承担1800元。该楼房的其他业主均向其对应的楼长支付了维修费,高某以收费方案不合理等理由,拒绝支付。为了保证维修工程顺利进行,沙某无奈,先行垫付了该费用。后沙某多次向高某索要维修费,高某以各种理由拒绝支付,沙某遂诉至本院。

【判决结果】

被告高某向原告沙某偿还垫付的维修费1800元。

【律师解读】

一、为何构成无因管理？

《民法典》第九百七十九条规定，管理人没有法定的或者约定的义务，为避免他人利益受损失而管理他人事务的，构成无因管理。

本案中，沙某系居民推选的楼长，故在本案属管理人身份。在实施供暖公司家属楼维修工程过程中，为了保证维修工程的顺利进行，避免全体住户的合法权益受损。在没有约定及法定义务的情况下，替高某垫付了维修费用。故沙某的行为构成了无因管理。

二、是否应偿还垫付费用？

《民法典》第一百二十一条规定，没有法定的或者约定的义务，为避免他人利益受损失而进行管理的人，有权请求受益人偿还由此支出的必要费用。

本案中，沙某系居民选出的楼长，高某作为某县供暖公司家属楼的住户，享受了该楼房维修工程带来的益处，是维修工程的受益人。沙某在替高某垫付了维修费用之后，有权要求高某偿还其垫付的合理费用。

三、维修费用收取是否合理？

高某对于供暖公司家属楼维修工程的实施及收费方案存在异议，认为收取维修费用应该按照住户所购买房屋的面积比例收取，故而拒绝支付维修费用。根据《中华人民共和国物权法》的相关规定，对于其各自的专有部分以外的其他部分及附属设施享有共有权，对于筹集和使用建筑物及其附属设施的维修资金，应当经专有部分占建筑物总面积三分之二以上的业主且占总人数三分之二以上的业主同意，业主大会的决议，对业主具有约束力。

本案中，由于某县供暖公司家属楼没有聘用专门的物业公司进行管理，也没有成立业主委员会。所以经过全体业主同意后，共同决定对该楼房的附属管道、化粪池等附属设施进行维修，并通过了维修及收费方案。该决议对某县供暖公司家属楼的全体业主具有约束力，各业主应该按照决议确定的方案，交纳各自应该承担的维修费用。目前该楼房的其他业主均已按照决议支付了相应的维修费，高某的异议虽然具有一定的合理性，但是与绝大多数业主的意见不一致，应根据绝大多数业主的意见支付维修费用。

23. 解除特许经营加盟合同，能否返还加盟费？

□ 张学琴

【案情简介】

2017年11月30日，王五与A公司签订了《餐饮业服务合同》（以下简称"合同"）。许可使用商标、技术配方、经营策划方案、管理方案，许可使用餐饮配套产品销售、餐饮技术服务、经营管理规范、技术、相关产品等，许可的经营区域为B市。A公司宣传称为王五提供光影技术及设备，为王五提供有市场潜力的相关产品、增进后续拓展力，为王五提供"一帮到底"的专业指导服务。

合同签订后，王五按照合同约定向A公司支付服务费（包括配套设备费、技术指导费、运营管理指导费、培训教学费等）人民币178000元，支付至指定的私人账户；A公司未开具发票。王五按照A公司选定的店面、提供的店面效果图进行装修，2018年3月初开业、经营，后于2018年6月10日暂停营业。

随后王五请北京盈科律师事务所律师为其代理诉讼，王五认为A公司提供的信息和服务与合同不符，构成违约，遂起诉。

【判决结果】

一审判决：

一、确认原告王五与被告A公司签订的《餐饮业服务合同》予以解除；

二、被告 A 公司返还原告王五服务费用 155750 元；

三、被告 A 公司赔偿原告王五房屋租金损失 20000 元。

原告王五不服判决，提起上诉。

二审判决：

驳回上诉，维持原判。

【律师解读】

一、双方的《餐饮服务合同》是否属于特许经营合同？

（一）双方签订的合同名为服务合同，但合同约定内容符合特许经营的特征，实质为特许经营合同。

（二）按照合同约定向公司支付服务费用，获准使用公司的餐饮配套产品销售和餐饮技术服务项目等经营资源，双方约定的内容符合特许人许可被特许人使用其拥有的经营资源、被特许人遵循合同约定的统一经营模式进行经营等商业特许经营合同的基本特征，应当认定双方之间建立特许经营合同关系。

二、双方的《餐饮服务合同》是否应当解除？

（一）违反了《商业特许经营管理条例》《商业特许经营信息披露管理办法》《北京市高级人民法院关于审理商业特许经营合同纠纷案件适用法律若干问题的指导意见》的规定：不具有特许经营"两店一年"资质；违法不备案、脱离主管部门监管；隐瞒重大信息；不向被特许人披露真实信息；具有重大过错，有权解除合同。

A 公司虽然主张其具有两家经营时间一年以上的直营店，但未提供证据证明，故公司并不符合《中华人民共和国商业特许经营管理条例》第七条规定的开展特许经营活动的条件，足以导致其与王五签订的合同目的无法实现，有权解除合同。

A 公司明确表示其未依照《中华人民共和国商业特许经营管理条例》的规定向王五进行相应的信息披露，王五有权解除合同。

（二）大量举证证明了公司存在虚假宣传、欺诈以及诱导签约，王五以公司存在虚假宣传、欺诈为由要求解除合同，具有事实与法律依据。

（三）诸多根本违约行为，致使合同目的不能实现，有权解除合同。

未依约提供"符合食品安全标准和质量标准"的原材料；提供的配套设备与宣传中的设备在质量、功能、使用上功效相差甚远，甚至无法正常使用，无法经营；违反区域保护承诺，造成同为加盟商之间的恶性竞争及经营压力，严重影响或无法正常经营。

三、合同解除后，公司应承担何种责任？

（一）根据《中华人民共和国合同法》第九十七条规定，合同解除后，尚未履行的，终止履行；已经履行的，根据履行情况和合同性质，当事人可以要求恢复原状、采取其他补救措施，并有权要求赔偿损失。

（二）涉案合同以免费续约形式确认为不限次数续签、免费延长合同有效期的、无期限限制的合同，有权要求全额返还特许经营费用（服务费）。对于服务费用的返还，法院应考虑双方合同履行情况及过错程度进行确定。

（三）任何商业经营活动均存在风险，因公司的过错导致合同解除，店铺停业后的房屋租金属于王五的损失。法院应综合考虑涉案合同的履行情况及房屋租赁情况，确定王五的房屋租金损失。

一审法院采纳了律师的代理意见，并判决支持解除合同、返还加盟费、赔偿损失的诉求，驳回了其他部分诉求。

24. 销售产品导致商业秘密公开，是否受法律保护？

□ 王俊林

【案情简介】

2012年11月30日，A公司（卖方、乙方）和某中医药大学（买方、甲方）签订产品购销合同书，约定甲方向乙方订购家具（八套公寓床）。付款方式为货到验收合格后付款；乙方在甲方签字确认图纸、色板、布板及其他相关技术要求后，需于双方商定日期前（2012年12月14日）交货；若甲方推迟确认，则乙方交货期顺延。合同尾部落款时间为2012年11月30日，在甲方处加盖"某中医药大学国有资产管理处"印章，并有姚某、吴某签名。合同第三页是一张公寓床设计图纸。2012年12月14日，A公司依约向某中医学院交付了公寓床产品。

2013年3月7日，某教育装备网发布某中医学院学生公寓采购项目招标公告，附有公寓床图样及详细参数。2013年4月11日，A公司向某省教委招标中心提交投标函和投标材料，参与投标。2013年4月12日，某教育装备网发布中标公告，A公司未能中标。

2013年4月24日，A公司向中医药大学发送告知书，称A公司在前期投标过程中向其提交了一份公寓床设计图，中医药大学对图纸负有保密义务，未经许可，不得复制、使用并不得向第三方提供图纸进行生产、制造产品。

2015年7月13日，A公司诉至法院，请求判令中医药大学赔偿经济损失60万元并承担全部诉讼费用。庭审中，A公司明确，其主张的商业秘密是公寓床设计图及相关规格参数。

【判决结果】

一审判决：
驳回原告A公司的诉讼请求。
原告A公司不服一审判决，提起上诉。
二审判决：
驳回上诉人A公司上诉，维持原判。

【律师解读】

《最高人民法院关于审理不正当竞争民事案件应用法律若干问题的解释》第九条第二款第（二）项规定，仅涉及产品尺寸、结构、材料、部件的简单组合等内容，进入市场后相关公众通过观察产品即可直接获得的信息不构成商业秘密。在司法实践中，法院在审理商业秘密侵权案件时，首先会认定当事人主张的商业信息是否符合商业秘密的构成要件，即是否符合秘密性、价值性、保密性。

本案中，A公司主张的商业秘密是公寓床设计图纸及相关规格参数。但涉案图纸仅涉及公寓床的尺寸、结构、材料和部件的简单组合，且A公司已经根据合同约定实际交付了实物，亦未采取有效的保密措施，故涉案图纸不符合商业秘密的构成要件。

同时，相关商业信息的内容不为公众所知悉、具有经济价值并被采取合理的保密措施，是上述信息能够作为商业秘密得到保护的基本要求。本案中，A公司请求对涉案图纸及相关技术参数予以保护，被诉侵权行为系中医药大学于2013年3月7日在某教育装备网上招标采购公寓床，并提供涉案图纸给他人用于生产的行为。故涉案图纸在被诉侵权行为发生之前是否构成商业秘密是首先需要审查的问题。在之前的2012年11月，A公司已经与中医药大学签订销售合同，并在同年12月向中医药大学交付了根据涉案图纸生产的公寓床实物及产品图纸。该销售合同并未约定任何保密条款，且在合同附件中清晰显示涉案公寓床的技术参数。

由此可知，在本案被诉侵权行为发生前，A公司请求作为商业秘密予以保护的涉案图纸已经通过产品销售过程中的交付行为处于公开状态。且因根据涉案图纸制造的产品实物进入市场后，相关公众完全可凭借观察和测量的方式直接获得公寓床的尺寸、结构等信息。据此，在被诉侵权行为发生之前涉案图纸及相关技术参数已经处于可为不特定的第三人所知悉的状态，涉案图纸不具备秘密性。所以，A公司主张的商业信息不符合商业秘密所应具有的"不为公众所知悉"的要件

因此，在涉案图纸不具备秘密性的基础上，A公司是否对涉案图纸采取了保密措施对该图纸是否构成商业秘密的认定已无实质意义。而实际上，A公司所称其于被诉侵权行为发生之后发送律师函等方式属于保密措施的主张，也明显缺乏法律依据，所以其诉讼请求没有获得法院支持。

25. 个人申请的两限房，是否被认定为夫妻共同财产？

□ 赵爱梅

【案情简介】

2015年2月14日，吕某与吴某登记结婚。婚后双方在共同生活中因家庭琐事产生矛盾，影响了夫妻关系，吕某曾诉法院请求与吴某离婚，法院于2018年10月31日作出A号民事判决书，判决不准吕某与吴某离婚。

2019年5月5日，吕某再次提起离婚诉讼，法院于2019年10月31日作出B号民事判决书，判决吕某与吴某离婚。

上述判决对双方婚内房屋和双方名下的住房公积金未予分割。

2020年8月22日，吴某向法院提起离婚后财产纠纷诉讼，请求法院：判令被告吕某支付原告吴某北京某区两限房婚后共同偿还贷款及房屋增值折价补偿款。

【判决结果】

一审判决：

北京市某区房屋归吕某所有，被告吕某于本判决生效后七日内向被告吴某支付房屋折价补偿款1173768.8元。

被告吕某不服一审判决，提出上诉。

二审判决：

驳回上诉人吕某上诉，维持原判。

【律师解读】

一、离婚后是否可以提起离婚后财产纠纷

《最高人民法院关于适用〈中华人民共和国民法典〉婚姻家庭编的解

释（一）》第八十三条规定，离婚后，一方以尚有夫妻共同财产未处理为由向人民法院起诉请求分割的，经审查该财产确属离婚时未涉及的夫妻共同财产，人民法院应当依法予以分割。现吴某主张对涉案房屋进行分割，吕某主张对公积金存款予以分割，因涉案房屋和吴某、吕某名下的公积金存款在离婚时未予分割，故在本案依法予以分割。

二、婚前个人申请的两限房是否会被认定为夫妻共同财产？

两限房全称为限房价、限套型普通商品住房，也被称为"两限"商品住房。

根据《最高人民法院关于适用〈中华人民共和国民法典〉婚姻家庭编的解释（一）》第七十八条夫妻一方婚前签订不动产买卖合同，以个人财产支付首付款并在银行贷款，婚后用夫妻共同财产还贷，不动产登记于首付款支付方名下的，离婚时该不动产由双方协议处理。

依前款规定不能达成协议的，人民法院可以判决该不动产归登记一方，尚未归还的贷款为不动产登记一方的个人债务。双方婚后共同还贷支付的款项及其相对应财产增值部分，离婚时应根据《民法典》第一千零八十七条第一款规定的原则，由不动产登记一方对另一方进行补偿。

涉案房屋虽然登记在吴某个人名下，由吴某婚前个人申请并获得购买资格，但在婚后签订合同、支付首付款并偿还贷款。即吴某婚前仅获得购买限价商品住房的资格，购买行为发生并完成于婚后，故涉案房屋应当认定为夫妻共同财产为宜。

三、吕某应当退还的房屋折价款如何计算？

根据《北京市限价商品住房管理办法（试行）》及《关于印发北京市限价商品住房申购家庭收入、住房和资产准入标准及已购限价商品住房上市交易补交比例的通知》的相关规定：已购限价商品住房家庭取得契税完税凭证或房屋所有权证满五年后，可以按市场价出售所购住房；限价商品住房上市出售应按照市有关部门公布的届时同地段普通商品住房价格和限价商品住房价格之差的35%交纳土地收益等价款。涉案房屋系吕某婚前以个人名义申请的两限房，吕某与吴某婚姻关系存续期间存在共同还贷，吕某应就共同还贷部分及对应的财产增值部分给予吴某一定的房屋折价补偿。依照涉案房屋的鉴定评估价格（3596774元）与当时购买时的价格

（495858元）之差的35%，涉案房屋应交纳的土地出让金为1085320.6元。本案在处理房屋时，将该部分土地收益款予以扣减，因房屋归被告所有，该土地收益价款日后亦由被告负担。同时，扣除尚未偿还完毕的银行贷款163915.8元，剩余的房屋价款2347537.6元由双方平均分割。故吕某应补偿吴某涉案房屋的折价补偿款为1173768.8元。

26. 农村房屋继承纠纷，法院如何判决？

□ 张　璐

【案情简介】

项某与刘某系夫妻关系，育有三子项某甲、项某乙、项某丙，二女项某丁、项某戊。项某于1992年1月15日报死亡，刘某于1998年11月10日报死亡，二人父母均先于其二人去世。135号院是1977年项某获批使用的农村宅基地。项某甲诉至法院，请求：位于135号院的北房四间由项某甲、项某乙、项某丁各继承三分之一份额。

【判决结果】

一审判决：

135号院内北房四间由项某甲、项某乙、项某丁继承，其中由项某甲使用北房四间的西数第一间，由项某乙使用北房四间的西数第二间和第三间，由项某丁使用北房四间的西数第四间。

项某甲、项某乙不服一审判决，提起上诉。

二审判决：

驳回上诉，维持原判。

【律师解读】

一、法院为何认定涉案房屋不属于项某乙的个人财产？

继承从被继承人死亡时开始。遗产是自然人死亡时遗留的个人合法财产。继承开始后，按照法定继承办理。遗产按照下列顺序继承：（一）第一顺序：配偶、子女、父母；……项某与刘某在世时，项某获批135号院宅基地，二人共同建设北房四间，根据查明事实，盖房时除项某丁已经出嫁、项某丙尚未成年，其余子女均对建房有一定贡献。项某与刘某已经死亡，未留有遗嘱，项某甲以法定继承案由起诉，要求按照法定继承分割北房四间。项某乙提交村委会出具的两份证明认为其已经获得135号宅基地使用权，且北房四间在其居住使用期间进行改造、装修等，故应当属于其个人财产，不属于遗产。然而，在法院向村委会核实情况时，村委会未能解释出具证明的依据，其对宅基地政策的陈述与证明内容不一致，故法院无法认定项某乙已经获得宅基地使用权、北房四间已确认为项某乙所有。

本案中，根据当事人庭审陈述可知，项某乙多年居住于135号，有对北房四间南侧墙体向外扩张和修缮房屋的行为。项某乙的改造和修缮行为仅系对部分墙体的扩展，未改变原楼板和原始格局，不因其有修缮和部分扩建行为改变房屋权利归属。因此，法院对项某乙主张北房四间属于其个人财产的抗辩意见不予采信，北房四间应当作为项某与刘某的遗产由二人的法定继承人进行继承。

二、法院对所继承的涉案房产如何处理？

首先，项某与刘某的法定继承人是本案的当事人，有权继承二人遗产。项某戊、项某丙在本案中放弃对135号院北房四间的继承份额，是真实意思表示，对此不持异议。北房四间应由项某甲、项某乙、项某丁继承。其次，当事人均无法提供有关部门批准盖房的证明文件，故法院无法处理北房四间的所有权问题，仅对于使用权进行处理。最后，法院因考虑到项某与刘某在1977年获批宅基地后，建房年代久远、房屋老旧，而项某乙多年居住于135号院且对北房四间进行改造和修缮的情况，酌情确定由项某甲使用北房四间西数第一间，由项某乙使用北房四间西数第二间和第三间，由项某丁使用北房四间西数第四间。

三、继承涉案房产，为何不适用诉讼时效？

因继承人在实际分割遗产之前对遗产属于共同共有状态，分割共有物系物权请求权，不适用诉讼时效的规定，故项某乙以项某甲起诉本案已经超过诉讼时效的抗辩意见，于法无据。

27. 买受人签约购房，开发商为何支付违约金？

□ 张学琴

【案情简介】

2021年3月，买受人与开发商A公司签订《某市商品房预售合同》（以下简称"预售合同"），预售合同约定买受人购买某市某区某小区X号住宅楼下跃房屋（-1层至1层，以下简称"案涉房屋"），预售建筑面积206.55平方米，房屋总价款8055108元。预售合同第十一条第（一）款约定开发商应于2021年5月31日前向买受人交付案涉房屋。第十二条第（二）款约定开发商逾期交付房屋的，按照预售合同附件十二补充协议第六条的约定承担责任，附件十二补充协议第六条约定：1、逾期在90日之内，自合同约定的交付期限届满之次日起至实际交付之日止，开发商按日向买受人支付已付购房款万分之三的违约金，合同继续履行；2、逾期超过90日后，买受人有权解除合同。买受人不解除合同的，自合同约定的交付期限届满之次日起至实际交付之日止，开发商按日向买受人支付已付购房款万分之五的违约金。

上述预售合同签订后，买受人已依约履行完房屋价款支付义务，但截至起诉之日（2021年9月6日），开发商仍无交付房屋之意向。开发商逾期交付房屋的行为严重影响了买受人合法权益。开发商逾期交房，既无法定的免责事由，也无约定的免责事由，违约事实客观存在且交付房屋期限不明，开发商依法、依约均应向买受人承担违约责任。故买受人诉至法院。

买受人诉求：（一）判令开发商立即向买受人支付逾期交房违约金476139.19元；（二）本案全部诉讼费由开发商承担。

【判决结果】

一审判决：一、被告开发商A公司于本判决生效后七日内向原告买受人支付违约金共计476139.19元；二、驳回原告买受人其他诉讼请求。被告开发商 A 公司不服一审判决，提起上诉。二审判决：驳回上诉人开发商 A 公司的上诉，维持原判。

【律师解读】

一、开发商逾期交房事实清楚，买受人按照预售合同约定主张的日万分之三或日万分之五的逾期交房违约金，合法、合理，依法、依约应予以支持。

开发商逾期交房，给买受人造成巨大经济损失及重大影响。买受人方在受到上述严重经济损失及巨大影响时，绝大多数买受人在预售合同约定范围及考虑司法实践情况，已经降低违约金标准（合同约定标准为日万分之五），按照日万分之三向开发商主张权利，合法、合理，应当得到支持。

二、新冠疫情并不必然对所有合同的履行均构成不可抗力，开发商以疫情作为逾期交房免责的抗辩理由不成立。本案中，在双方合同签订前，新冠疫情已经暴发，疫情防控已进入常态化阶段，疫情反复且时有发生。开发商对上述情况明知且应有预判。故而新冠疫情不符合不可预见的不可抗力这一特征。

首先，国家及市政府部门的各项文件充分证明，疫情虽然对建设工程存在影响，但通过各方的积极努力，完全可以消减其影响。其次，开发商官网等报道充分证明，面对疫情，其已做好充分准备并早已复工复产，疫情并未对开发商造成实质影响。再次，案涉小区自 2019 年至 2021 年期间，发生多次农民工讨薪事件，开发商拒绝或迟延支付农民工工资导致工期延误，是逾期交房的根本原因，而非疫情。最后，法院对住建委的调证表明，是开发商疫情防控工作不到位所以不能复工，而不是疫情本身原因。

三、天气原因、政府重大管制活动不构成开发商逾期交房的抗辩理由。

作为在某市的专业房产开发企业，开发商自身应当对本地区的天气原因、政府活动等带来的常态化管控措施有充分的预知或预判，开发商对这些行为是可以预见和明知的、并且可预留合理期限。本案预售合同的履行是一个相对长期的过程，即使因为天气原因、政府活动等引起短期停工，并不必然导致迟延交付，开发商扣除天数的理由不成立。

四、市政道路、配套建设、拿地手续均是开发商建设周期中应当自行解决的工作与事项，与买受人预售合同无关，开发商不能以此作为逾期交房的抗辩免责事由。

开发商自行扩大解释不可抗力情形（如市政道路、配套建设）无效，市政道路、配套建设原因不构成开发商逾期交房的抗辩免责理由。开发商故意隐瞒重大风险最终导致违约情形发生，开发商不可免责。

一审法院、二审法院均采纳了买受人代理律师团队的代理意见，法院认定：开发商以疫情为由提出不可抗力的抗辩，缺乏事实和法律依据；开发商所称停工、延期事实依据不足；开发商关于延期的免责抗辩，法院均不予支持；开发商应当根据双方约定就延期履约行为承担违约责任；开发商应以已付购房款为基数，按每日万分之三的比例，向买受人支付延期交房违约金。

28. 恋爱关系期间的转账，是否属于赠与？

□ 王雪东

【案情简介】

2019年2月22日，唐某与金某双方经人介绍见面相识，双方于同年3月建立恋爱关系。在未确定恋爱关系之前，唐某也给金某转过账，但金某没有收取。

双方确定恋爱关系之后，唐某通过微信、支付宝多次转账给金某，金某均收取，共计130325元。双方恋爱关系期间，有时一起生活，有时闹矛盾，至2019年12月双方正式分手。

2020年8月3日，唐某向法院起诉，请求金某返还钱款130325元。

【判决结果】

一审判决：

一、被告金某返还原告唐某121886元；

二、驳回原告唐某其他诉讼请求。

原告唐某不服一审判决，提起上诉。

二审判决：

驳回上诉人唐某的上诉，维持原判。

【律师解读】

一、本案为民间借贷还是不当得利？

民间借贷是指自然人、法人和非法人组织之间进行资金融通的行为。不当得利是指没有法律上的根据而取得不当利益，造成他人损失的法律事实。《民法典》第九百八十五条规定："得利人没有法律根据取得不当利益的，受损失的人可以请求得利人返还取得的利益，但是有下列情形之一的除外：（一）为履行道德义务进行的给付；（二）债务到期之前的清偿；（三）明知无给付义务而进行的债务清偿。"

根据该规定，构成不当得利的要件包括：

第一，得利人取得利益。不当得利制度目的在于使得利人返还没有法律根据取得的利益，因此，利益是认定不当得利的首要条件。

第二，另一方受有损失。不当得利中"损失"的概念与侵权责任中"损害"的概念不同：侵权责任中的损害不仅包括财产损害，还包括精神损害，且仅包括直接损害，不包括间接损害；而不当得利中的损失仅指财产损失，不包括精神损害，且财产损失不仅包括现有财产的积极减少（直接损失），也包括财产本应增加而未增加（间接损失）。

第三，存在因果关系。即一方取得利益与他方遭受损失是基于同一原因事实，他方的损失是因得利方取得利益造成的，二者之间存在牵连关系。

第四，得利人获得利益没有法律根据。没有法律根据在学理上又称为"无法律上的原因""无原因""无正当原因""无合法根据"。给付型不当得利中"无法律根据"的具体形态包括：（1）自始欠缺给付目的。如不知债务已经清偿仍履行，合同不成立、无效或被撤销，本拟出售甲物但误交付乙物等。（2）为实现特定目的而给付，但该目的未能实现的。如附停止条件的债务，债务人误认为条件已成就而给付，但实际上条件尚未成就的。（3）给付目的消灭。如在婚姻家庭关系中，订婚时交付聘礼，后婚约解除的；子女非其亲生，而误认为亲生加以抚养的。

本案，唐某向金某转账，不是因为双方形成了借贷合意，而是基于双方恋爱关系。唐某通过转账的行为，以达到发展双方的恋爱关系，巩固双方之间的感情，进而结为夫妻的目的。现因唐某、金某双方结束了恋爱关系，唐某通过转账促使双方结成夫妻的预期目的不能成就，唐某自己的行为给自己造成了损失；金某接受唐某的转账，因唐某受损使自己获得利益。而获取利益的基础是双方的恋爱关系，双方已结束恋爱关系，金某基于恋爱关系而接受唐某转账支付的款项应予返还。故本案案由应为不当得利纠纷，而非民间借贷纠纷。

二、如何判定为双方在一起生活支出？

常规裁判中，恋爱期间的小额财物赠与、日常的消费支出、特殊含义的转款应当认为是维系感情的必要支出或双方的共同消费，不应当要求返还。而大额财物的赠与，往往是当事人一方基于维持稳定的恋爱关系、以结婚为目的的一种赠与行为，其赠与行为可以视作一种附条件的赠与行为，分手后应当予以返还。

唐某与金某恋爱期间，难免有日常生活支出，恋爱中的情侣为对方负担部分开支，也是唐某表示爱意的一种行为，属于其为维系和发展双方感情的自愿付出。对于单笔金额不超过1000元的转账，"520、1314"等具有特殊含义的金额应为赠与，该部分款项不符合不当得利的法律要件。

对于单笔金额超过1000元的转账属于大额支出，应当认定为唐某为了巩固双方的恋爱关系、以达到缔结婚姻关系的赠与，非基于结婚目的不会给付金某。金某接受唐某多笔大额金额转账，应当明知唐某系以缔结婚姻为目的的付出，该支付是附条件的赠与行为。此后双方分手，赠与所附条件未能实现，赠与合同未发生效力，金某继续享有取得的财物没有法律依据，其拒不返还赠与的财物，构成不当得利。

29. 侵害商业秘密，如何进行价值性认定？

□ 王俊林

【案情简介】

A房地产营销策划有限公司（简称"A公司"）于2005年3月3日成立，法定代表人是程某，经营范围是房地产营销代理、营销策划、房产买卖、房地产咨询、房地产会展策划、房屋租赁及中介、房地产置换、物业管理。B房地产开发（集团）有限公司（简称"B公司"）于2001年2月26日成立，法定代表人是吴某，其经营范围为许可经营项目：按壹级资质从事房地产开发经营业务。B×县分公司于2007年7月19日成立，其经营范围为：代办公司委托业务，本身不得从事生产经营。2006年3月23日，《×省日报》第4版刊登"×县×大街东段开发建设招商公告"，对×东大街实施拆迁开发建设工程的有关事宜予以公告。2006年期间，程某及A公司员工赴×省部分地区就房地产市场进行调查研究，取得部分城市的基准地价表、楼盘销售广告、建筑公司宣传画册、各类报纸，并就楼盘的销售价格、建筑成本、部分房地产开发项目进度等形成相关调查分析表、分析报告、汇报材料及工作记录等。其中，涉及×县的调查分析表有两份。程某与×县人民政府经过多次谈判，最终于2006年10月31日就×县×大街东段拆迁修建道路及两侧商业与住宅建设项目合作事宜签订"开发项目协议书"。协议签订后，程某、A公司为尽快启动该项目，于2006年11月至2007年1月分别在《中国××报》《中国×××报》刊登"开发房地产商业街项目诚邀合作投资伙伴"广告。2007年1月19日，吴某与程某电话联系。1月20日上午，程某将形成于2006年11月8日的两份项目利润分析报告隐去具体地名后发送给吴某。此后，经过沟通，A公司员工申某又传真给吴某"共同投资设立房地产开发有限公司和开发县大街东拓新建道路两侧商业房（街）意向书""双方分别投资设立房地产开发公司分别开发×县大街东拓道路两侧商业房及住宅建设项目的转让合同"、"×县×大街商业楼盘"等材料。上述"意向书"的主要内容为：甲乙双方一致同意在×省×县共同投资设立×省C房地产开发有限公司（暂定名）和开发商业房。乙方对甲方（程某）提供的开发商业街项目有关协议资料、经营信息等商业秘密必须保密。意向书的内容属于商业秘密，乙方不得向第三方泄露等。2007年2月3日，程某等人至×县人民政府，在该县政府工作人员处发现吴某的名片以及B公司与×县人民政府签订的涉案项目开发合同。程某遂与×县人民政府及吴某多次交涉。在交涉无果后，程某、A公司以B公司侵犯其商业秘密、对其可得利益造成重大经济损失为由，向一审法院提起诉讼。

【判决结果】

一审判决：

被告B公司赔偿原告程某、A公司损失100万元。原告程某、A公司、被告B公司均不服一审判决，提起上诉。

二审判决：

驳回上诉人原告程某、A公司、被告B公司的上诉，维持原判。

【律师解读】

《反不正当竞争法》将价值性表述为"具有商业价值"，《最高人民法院关于审理不正当竞争民事案件应用法律若干问题的解释》对价值性的定义是，有关信息具有现实的或潜在的商业价值，能为权利人带来竞争优势。也就是说，商业秘密的"价值性"是指商业秘密能为权利人带来现实或潜在的商业价值或竞争优势。

本案中，程某、A公司认为其商业秘密的价值性，体现在项目利润分析报告显示涉案商业项目具有较高的投资回报价值，能为其带来巨大的经济利益。但商业秘密的价值性更多体现在，与未拥有该信息的主体相比，在相同市场中所具有现实的或潜在的经济利益或竞争优势。因此涉案房地产项目所带来的经济利益，不能等同于涉案商业秘密给程某、A公司带来的经济利益。我国国有土地使用权出让相关法律、行政法规及规范性文件明确规定，国有土地中的经营性用地必须采取招标、拍卖、挂牌方式出让。在招标、拍卖、挂牌出让程序中，任何竞买人均可以通过公开、公平的方式参与竞价，房地产开发项目涉及的土地使用权由价高者得。程某虽然与政府商定了土地价并签订了相关协议，但在没有通过合法的招标、拍卖、挂牌出让程序，与土地管理部门签订"国有土地使用权出让合同"之前并不意味着其必然取得相关土地使用权。因此，不应将涉案房地产开发项目可以获得的预期利润，视为涉案商业秘密可以给权利人带来的经济利益。由于房地产开发市场的信息是海量的，掌握含有土地价、优惠政策及预期利润额等重要数据的房地产项目利润分析信息，能够为信息拥有者作出是否关注及投资开发该房地产项目的决策提供信息服务，使其在海量信息中快速锁定特定的房地产开发项目、降低工作成本、缩短决策的时间及投入，从而获得相应商机，为其带来一定的竞争优势，故应当从上述意义来理解程某、A公司所主张信息具有的"商业价值性"。A公司整理的两份项目利润分析报告的确可以为房地产开发企业选择投资项目、做出投资决策提供帮助，故对于报告的所有人而言，其具有现实的或潜在的经济利益并能为其带来竞争优势。综上，法院认定以两份项目利润分析报告为载体的"关于在某地存在一项含有具体土地价等利润分析情况的房地产开发项目的经营信息"具有价值性。B公司在与程某、A公司就涉案房地产开发项目中接触、磋商过程中获取了相关商业秘密，但违反了与程某、A公司有关保守商业秘密的要求，擅自使用其掌握的商业秘密，构成商业秘密侵权。

30. 尽到主要抚养义务的继承人，能否多分遗产？

□ 张建武

【案情简介】

吴某、刘某系夫妻关系，1970年5月16日生育一子甲，1972年8月1日育有一女乙。2021年4月24日，吴某因病去世，2021年6月28日刘某因病去世。吴某、刘某的父母均先于二人去世多年，二人无其他子女。吴某、刘某去世时遗留有存款等遗产，二人均未留下遗嘱，吴某、刘某未收养过其他子女，没有丧失劳动能力、需依靠二人生活的人。

1996年，吴某、刘某购买了位于某区24号楼3层1单元6号的房屋（以下简称6号房屋），登记在吴某名下，房屋建筑面积83.67平方米。吴某去世后，刘某、甲、乙共同前往某公证处，甲、乙自愿放弃对6号房屋的继承权，刘某要求继承6号房屋，三方共同公证6号房屋由刘某继承。

现甲、乙由于遗产继承发生纠纷，乙起诉至法院，请求：

一、请求判令继承被继承人吴某、刘某的存款1648239.75元，乙享有70%的继承权；

二、请求判令分割被继承人的抚恤金69300元，乙享有70%的继承权；

三、请求分割被继承人遗留下来的现金16700元及金银珠宝共计20万元，要求继承70%。

【判决结果】

一、被继承人吴某、刘某名下所有银行存款、利息及抚恤金均归被告甲所有，被告甲于本判决生效后七日内给付原告乙折价款730007.38元；

二、坐落于某区24号楼3层1单元6号的房屋归甲、乙共同所有，其中原告乙享有40%的所有权，被告甲享有60%的所有权；

三、驳回原告乙其他诉讼请求；

四、驳回被告甲的其他反诉请求。

【律师解读】

一、被继承人吴某、刘某的遗产继承范围包含哪些？

《民法典》第一千一百二十二条规定，遗产是自然人死亡时遗留的个人合法财产。依照法律规定或者根据其性质不得继承的遗产，不得继承。本案被继承人吴某、刘某于2021年4月和6月相继去世，在被继承人去世时遗留有房产及存款，甲在被继承人去世后将被继承人名下的存款转入取走或转入自己的账户内，其辩称转走的存款内有部分存款系其个人财产，不是被继承人遗留的财产，但未能提供相关证据予以证明，且其个人名下与被继承人名下均有银行账户，通过现金给付并通过转账转出，不符合一般的钱款往来方式，故甲在两位被继承人去世后取走或转出财产的行为系无权处分，该行为无效，被继承人去世时均未留有遗嘱，故应按法定继承处理。吴某去世后，刘某、甲、乙共同前往公证处，均同意涉案房屋由刘某个人继承，故在刘某去世后，涉案的房屋应按法定继承处理。双方虽对房屋现价值达成了一致意见，但均表示不要求取得房屋的所有权，只要求房屋折价款或将房屋出售后分割卖房款，考虑到房屋尚未售卖且房屋出售成交需要较长时间，故房屋由二人共同共有为宜。

二、尽到主要抚养义务的继承人能否多分遗产？

《民法典》第一千一百三十条第二款规定，对被继承人尽到了主要扶养义务或者与被继承人共同生活的继承人，分配遗产时，可以多分。甲、乙均主张自己对被继承人尽了主要的扶养义务，但乙未提交证据予以证明，甲申请证人马某出庭作证，马某为吴某、刘某的保姆，自2017年开始长期与两位被继承人共同居住，照护被继承人的生活起居，且与甲、乙无亲属关系或其他利害关系，故其证言的可信性较强，可以作为认定事实的依据。根据马某的陈述，在其做保姆期间，一直由甲负担被继承人的保姆费支出，并且每周前去探望、照护老人，在被继承人生病就医、住院时亦由甲负责，当时甲家住昌平，被继承人住在丰台，乙家住被继承人家附近，马某表示基本没见到乙去看望过被继承人几次，可以看出，在被继承人生前甲对被继承人的照顾和关爱较多，这种照顾不仅体现在保姆费的支出上，更反映在日常的探望和生病期间的关心上，两位被继承人作为暮年的老人，需要的是子女在生活上的关注和精神上的关爱。甲在被继承人在世的最后几年中，虽然没有完全身体力行的每天看护和照护，但是帮老人聘用了负责的保姆，并能经常性地往返于昌平和丰台探望父母，给父母以精神上的慰藉，应认定为对被继承人尽到了主要的扶养义务，故对被继承人的遗产应予多分。具体从本案遗产处分上看，被继承人的主要遗产为涉案的房屋，且甲反诉要求处理房屋，故涉案房屋由甲、乙共同所有，其中乙享有40%的所有权，甲享有60%的所有权。

三、抚恤金及丧葬费的处理。

抚恤金为被继承人去世后取得,不是被继承人的遗产,但为减少当事人诉累,法院一般会一并处理。抚恤金打入被继承人账户后由甲取出,甲在被继承人去世后支付墓地及丧葬费共计188225元,该支出款项应先从抚恤金中扣除,不足部分,从存款中扣除,剩余部分由甲给付乙折价款。

31. 保险人代位求偿权纠纷,管辖法院如何确定?

□ 鲁 蕊

【案情简介】

2017年4月1日,甲公司(案涉被保险人)与党某(案涉第三者)签订《货物运输协议(集采)》,合同约定由党某承运甲公司的集采货物,争议解决法院为Y区人民法院。

2017年6月28日,甲公司的母公司乙公司以乙公司、甲公司等为被保险人与某财产保险公司签订《货物运输保险年度预约协议》,并向某财产保险公司投保《公路运输定额保险》,承保险种为国内公路运输定额保险,保险期限为2017年6月28日至2018年6月27日。

2017年7月7日,实际承运人顾某驾驶车辆运输一批货物,由a市b区起运,运往c市d区。运输途中,挂车中部位置突然起火燃烧,事故造成承运的货物烧损。

某财产保险公司于2019年1月25日向甲公司赔付保险金795000元,获得代位求偿权利。事后某财产保险公司以党某、顾某为被告向Y区人民法院提起保险人代位求偿权诉讼。诉讼中,某财产保险公司明确本案的基础法律关系为侵权法律关系,因顾某造成本案被保险货物毁损,且党某是被保险货物承运合同约定的承运人,对货物的毁损有过错。故要求党某、顾某共同承担侵权赔偿责任。

党某在提交答辩状期间,对管辖权提出异议,认为:首先,《货物运输协议（集采）》约定管辖为 Y 区人民法院，但 Y 区与本案争议并无实际联系，该项管辖约定无效；其次，某财产保险公司并非该合同相对人，该管辖约定对其并无约束力；另外，顾某承运的货物与党某并无实际关系，党某并未实际履行《货物运输协议（集采）》，该合同无效；且因党某住所地为 Z 市，请求将本案移送至 Z 市人民法院管辖。

【处理结果】

管辖权异议成立，本案移送 Z 市人民法院审理。

【律师解读】

一、保险人代位求偿权管辖法院是以被保险人与第三者之间的法律关系确定的

保险人代位求偿权的产生是基于被保险人对第三人享有损害赔偿请求的法定转让，所以人民法院审理保险人代位求偿纠纷案件仅就造成保险事故的第三人与被保险人之间的法律关系进行审理，在确定管辖法院时，也是以被保险人与第三者之间的法律关系来确定管辖法院。对此最高人民法院关于适用《中华人民共和国保险法》若干问题的解释（四）第十二条再次确定。

实务中，保险人代位求偿权纠纷中常见的基础法律关系是侵权法律关系、违约法律关系或者是两者的竞合。根据《中华人民共和国民事诉讼法》（2021 修订）第二十四条、第二十九条、第三十五条等规定，因侵权行为提起的诉讼，由侵权行为地或被告住所地人民法院管辖，侵权行为地包括侵权行为实施地、侵权结果发生地；因合同纠纷提起的诉讼，由以被告住所地或者合同履行地人民法院管辖。如果被保险人与第三人在合同中约定管辖法院，需要审查约定管辖是否有效，只能选择在原告住所地、被告住所地、合同签订地、合同履行地、标的物所在地或其他与合同有实际联系的地点，约定上述范围外的法院管辖无效，且协议管辖不得违反对级别管辖和专属管辖的规定等。如果被保险人与第三人约定仲裁解决纠纷的，经审查该仲裁条款合法有效的，应优先适用，保险人应向约定的仲裁委员会申请仲裁,不得直接提起诉讼;当侵权和违约法律关系两者竞合时,保险人应依据被保险人选择的法律关系确定管辖法院。

二、本案中,应以被告住所地或者侵权行为地确定管辖

某财产保险公司以造成保险事故的党某、顾某为被告提起保险人代位求偿权之诉,可基于违约和侵权向第三者提出请求权。虽然在被保险人(甲公司)与第三者(党某)签订的《货物运输协议(集采)》中约定管辖法院为Y区人民法院,但在请求权竞合的情况下,原告明确被保险人甲公司与党某、顾某之间的法律关系为侵权法律关系,故本案应当按照侵权法律关系确定管辖法院。因侵权行为提起的诉讼,由侵权行为地或者被告住所地人民法院管辖,侵权行为地包括侵权行为实施地及侵权结果发生地。本案中,诉争起火事故、货物毁损的结果及党某、顾某的住所地均不在Y区,故Y区人民法院对本案无管辖权。又因党某的住所地为Z市,某财产保险公司、顾某亦同意将本案移送至Z市人民法院审理。故党某提出的管辖权异议成立,本案移送至Z市人民法院处理。

三、管辖权提出的时间及后果

法律赋予当事人在答辩期内(自收到起诉状15日内)提出管辖权异议的权利,但如果当事人在此期间放弃管辖权异议,或超过管辖权异议提出时限而应诉,则根据《中华人民共和国民事诉讼法》第一百三十条规定,本不具有管辖权的人民法院,由于当事人未提出管辖权异议并应诉答辩的,人民法院有权对案件享有管辖权,但违反级别管辖与专属管辖的除外。

32. 贷款购房逾期付款,开发商请求违约金为何败诉?

□ 张学琴

【案情简介】

2019年3月18日,蔡某与甲公司签订《北京市商品房认购书》,约定蔡某购买某区某镇某小区×号住宅楼××房间(以下简称"案涉房屋"),

并约定房屋总价及定金；还约定双方在签订商品房买卖合同生效后本认购书自行终止。2019年3月24日，双方签订《北京市商品房预售合同》（草签合同1）。2019年6月28日，双方签订《北京市商品房预售合同》（草签合同2）及补充协议，其中，草签合同2附件四中约定了购买人首付款、贷款金额及支付时间，贷款金额273万元支付时间为2019年10月30日；补充协议明确约定双方的权利义务最终以网签备案的购房合同为准。

2019年7月2日，双方签订《北京市商品房预售合同》（网签合同），贷款金额及支付时间同草签合同的约定，并约定2019年7月2日前向贷款机构办理贷款申请手续，2019年10月30日前付剩余贷款部分273万元。网签合同第十一条第（一）款约定甲公司应于2021年5月31日前向购买人交付案涉房屋。第十二条第（二）款约定甲公司逾期交付房屋的，按照网签合同附件十二补充协议第六条的约定承担逾期交房责任。上述网签合同签订后，蔡某依约支付了首付款，贷款273万元的支付时间为2020年4月2日。

甲公司于2021年10月31日逾期交付了房屋。蔡某诉至法院，请求判令甲公司立即向蔡某支付逾期交房违约金。甲公司提出反诉，请求：蔡某向甲公司支付逾期付款违约金。

【判决结果】

一审判决：

一、被告（反诉原告）甲公司向原告（反诉被告）蔡某支付违约金共计33145.38元；

二、驳回被告（反诉原告）甲公司全部反诉请求。

被告（反诉原告）甲公司不服一审判决，提起上诉。

二审判决：

驳回上诉人（被告，反诉原告）甲公司上诉，维持原判。

【律师解读】

盈科律师团队批量代理蔡某（购买人）诉甲公司（开发商）逾期交

房违约金案、被反诉逾期付款违约金案 160 余件，这里主要介绍疫情前（2020 年 1 月 24 日）签约、贷款购房被反诉要求支付逾期付款违约金的情形。主要阐述如何驳回开发商反诉的逾期付款违约金，以其中一案为例。

一、原甲公司双方约定"双方的权利义务最终以网签备案的购房合同为准"，上述约定及网签合同系双方真实意思表示，且未违反法律法规强制性规定，属有效合同，对双方均具约束力。甲公司主张以失效的认购书、草签合同等确定双方权利义务、主张购买人逾期付款，没有合同及法律依据。

二、蔡某虽未在合同约定期限内支付购房尾款，但尾款以贷款方式支付，而贷款是否能够按时发放，与贷款申请、贷款批准等多个环节相关，也与工程建设进程等各方面有密不可分的关系。

三、合同履行过程中，无证据显示甲公司曾就延期申请贷款提出异议。本案审理中，甲公司亦未提交证据证明购买人申请贷款逾期。

购买人均是按照开发商指定的代办公司的要求提交贷款申请资料、完全配合贷款流程，贷款发放时间并非购买人所能控制，购买人申请贷款亦不存在懈怠行为。

四、考虑到购买人并无拖延申请贷款的动机，蔡某就贷款申请不存在过错。对于贷款申请后的批贷、放贷，购买人既无法控制其进展，也无证据显示因购买人原因导致拖延。

对于双方网签预售合同约定的贷款支付时间，实际上购买人无法控制进程与时间，能否放贷最终取决于开发商、银行及公积金中心的批贷流程。

五、鉴于甲公司曾出函《4 个月证明》自认因自身项目进度问题导致房屋无法按时达到按揭放款条件，不封顶就不符合央行关于按揭贷款的发放条件。故甲公司由于自身进度问题导致 2019 年批贷、放贷进程延误由此导致贷款部分尾款支付迟延，不属于购买人违约。

六、蔡某提交借款合同等证据证明双方曾合意延后尾款付款期限。虽甲公司主张盖章仅是配合贷款，但其对贷款基本情况及流程知情且未提异议，结合前述甲公司自认因自身进度导致批贷、放贷进程延误。故双方签订贷款合同，系双方就贷款迟延一节达成贷款延期支付的合意。由此导致贷款部分尾款支付迟延，不属于购买人违约。

一审法院、二审法院均采纳了律师团队的代理意见，判决书认定：双方网签合同约定购房款的尾款应以贷款方式支付，而贷款流程包括申请贷款、银行审核批准、放贷等多个环节。本案中没有证据显示蔡某存在逾期申请贷款的情形，而银行审核批准、放贷等后续环节并非购买人所能控制，亦没有证据显示因购买人原因导致拖延。开发商存在因自身项目进度问题导致房屋无法按时达到按揭放款条件的情形。本案贷款部分尾款支付迟延不应认定为购买人违约所致，驳回开发商反诉的逾期付款违约金请求。

33. 公共区域热管道，业主是否承担养护义务？

□ 岳广琛

【案情简介】

尹某系A市某小区6-1-202室业主，郑某系A市某小区6-1-302室业主，为该小区提供热力服务的是某发电有限公司A市分公司（以下简称供热公司）。

2020年12月15日，郑某家楼道内暖气管道分阀门通往入户管道一侧管道接头处漏水，水流入楼下住户尹某家，致尹某家厨房吊柜及厨柜柜体、过道及饭厅天棚顶面乳胶漆，客厅东侧墙面壁布等财产不同程度受损。经查看，漏水原因是A市某小区6号楼1单元3楼楼道管道立井内共用立管与302室进户分户管连接的暖气管线崩开脱落导致漏水，后物业公司相关维修人员将总阀门关闭。因漏水导致尹某客厅、卧室、厨房、地下室顶部被淹泡。

2021年10月27日，尹某申请对其房屋内的餐厅、客厅、厨房的现状进行证据保全，支出证据保全费用1000元。2021年11月4日，某价格评估报告机构出具价格评估报告书，确认尹某家因漏水造成的财产损失总计为12620元。尹某为此支付评估费4000元。

尹某诉至法院，要求郑某、某发电有限公司 A 市分公司共同承担赔偿责任。

【判决结果】

一审判决：

一、被告某发电有限公司 A 市分公司赔偿原告尹某财产损失 12620 元；

二、被告某发电有限公司 A 市分公司支付原告尹某评估费损失 4000 元；

被告某发电有限公司 A 市分公司不服一审判决，提起上诉。

二审判决：

驳回上诉人某发电有限公司 A 市分公司的上诉，维持原判。

【律师解读】

本案对涉案暖气管道漏水造成的财产损害承担赔偿责任的主体应如何认定？

《民法典》第六百五十一条规定，供电人应当按照国家规定供电质量标准和约定供电，本条同样适用于供水、供气、供热等合同，而且供热公司没有办法证明爆裂的管道是郑某独用。爆裂的管道属于公共区域，公共区域内的养护与业主无关。郑某交的供热费和物业费里包含了管线的维护和服务，并且当时供热公司并没有告知用户要加压，导致管线被冲开，案涉管道在公共区域的主线管道维护里面，自入住以来，供热公司没有尽到过养护的义务。《民法典》侵权责任篇第一千一百六十条规定，行为人因过错侵害他人民事权益造成损害的应当承担侵权责任。根据过错承担责任原则，主观上郑某没有错误，客观上也不存在任何错误，与结果之间没有任何因果关系，不能构成物权上的侵权行为。

《民法典》第二百八十四条规定，建筑物及其附属设施的管理主体，业主可以自行管理建筑物内及其他附属设施，也可以委托物业服务企业或其他人代为管理。公共区域内的代为管理，郑某每年上交的物业费和供暖费都已包含其中，且供热公司在热用户交钱时大部分是微信转账，没有跟热用户签订任何有效的合同表明公共区域内的管线由业主自行负责养护。《民法典》第二百八十五条规定，物业服务企业或其他管理人根据业主的委托，依照本法第三编有关物业服务合同的规定，管理建筑区域内划分的建筑物及其他附属设施，受业主的监督并及时答复。供热公司没有通知，热用户无法进行监督。

综上，本案漏水部位应由某发电有限公司A市分公司承担养护和维修义务，因该公司未尽到养护和维修义务导致漏水，造成尹某房屋受损，应由其承担责任。

34. 一审、二审均败诉，如何实现再审？

□ 张学琴

【案情简介】

W外国语学校（以下简称"W学校"）建设工程施工项目，某市集团有限公司（以下简称"A集团公司"）是承包人。其将W学校建设工程施工项目违法分包给不具备用工资质的个人刘章。刘章2018年9月与李四签订《建筑工程劳务扩大合同》及《补充协议》，约定刘章将W学校B、C、D三栋教学楼的施工转包给李四，李四包人工、包周转材料及机械设备等，结算时按李四实际完成的建筑面积计算，工程承包价格为490元/平方米。2018年10月，李四的工程队工人入场，一直施工到2019年春节前，完成主体结构并已封顶。到付款节点时，刘章以校方未拨款为由拒绝支付工程款；2019年2月春节后复工，刘章仍然拒绝付款。2019年3月，刘章与李四电话协商，要求李四到工地解除合同并结算工程款，要求李四撤场。因刘章多次通过围追堵截，甚至暴力方式，拒绝、阻碍农民工工资发放、恶意拖欠工程款，李四只得按照刘章要求被迫撤场。2019年4月，刘章与李四签署《施工面积确认单》。确认截至2019年4月，李四已实际完成教学楼B、C、D区三栋楼+连廊，1-5层建筑面积共50000平方米。

截至 2020 年 12 月，剩余工程款 500 余万元刘章至今拒绝支付。2021 年 5 月，李四向某市某区人民法院提起民事诉讼。一审法院、二审法院均已查明实际施工的事实，但仅以无《施工面积确认单》原件、无竣工资料、无法证明全部完工、工程量存在争议为由，驳回了李四的诉讼请求。李四为此进行多次诉讼，进行了行政诉讼一审、二审、再审均败诉；进行了劳动监察投诉、劳动仲裁；进行了民事诉讼一审、二审均败诉。

随后李四委托盈科律师团队代理，向某省高级人民法院申请再审。

【判决结果】

指令某市中级人民法院再审本案。

【律师解读】

一、原一审法院、二审法院已经查明并认定李四是涉案工程的实际施工人，确已实际施工的事实。

二、涉案工程李四施工事实清楚、完成工程量 50000 平方米及价格 490 元/平方米明确，与刘章等双方对工程量进行过确认，一审、二审法院均以无《施工面积确认单》原件、案涉工程工程量存在争议，按照合同约定单价结算条件尚不具备为由驳回全部诉讼请求，损害了的李四程序利益。根据《最高人民法院关于审理建设工程施工合同纠纷案件适用法律问题的解释（法释〔2004〕14 号）》第十九条："河北省高级人民法院关于印发《建设工程施工合同案件审理指南》的通知（冀高法〔2018〕44 号）未施工完毕的工程项目，当事人就已完工程的工程量存有争议的，应当根据双方在撤场交接时签订的会议纪要、交接记录以及监理材料、后续施工资料等文件予以确定；不能确定的应根据工程撤场时未能办理交接及工程未能完工的原因等因素合理分配举证责任。发包人有恶意驱逐施工方、强制施工方撤场等情形的，发包人不认可承包方主张的工程量的，由发包人承担举证责任。发包人不提供相应证据，应承担举证不能的不利后果"的规定，依法应当确认 50000 平方米《施工面积确认单》的证据效力，完成工程量 50000 平方米。

三、涉案工程至今未竣工结算的根本原因系甲方违法违规、未批先建，被行政部门勒令停工，而不能以此就认为李四未竣工验收、不具备按固定单价结算的条件。

四、原一、二审判决适用法律错误，根据法律规定及双方合同约定，双方应当按照合同约定的承包价格、确认的施工面积、据实结算工程款。《最高人民法院关于适用〈中华人民共和国民事诉讼法〉的解释》第一百零八条第一款、《最高人民法院关于民事诉讼证据的若干规定》第八十五条、《最高人民法院关于审理建设工程施工合同纠纷案件适用法律问题的解释（法释〔2004〕14号）》第十六条，《河北省财政厅河北省建设厅转发财政部建设部关于印发〈建设工程价款结算暂行办法〉的通知》第十一条（三）等法律法规均有明确的据实结算工程款的规定，应当依法适用。双方应当依据《建筑工程劳务扩大合同》第四条、第五条第二款的约定据实结算。

五、原审法院未向当事人就举证责任分配、是否申请鉴定以及举证不能的后果进行充分释明，在此基础上，依法、据实认定已经完工工程价款、已付工程款、是否存在欠付工程款及具体数额。原一二审法院在未进行上述释明工作的情况下，径行驳回李四的诉讼请求，适用法律错误，剥夺了李四最后救济的途径与权利，显失公平、公正。如果案涉工程的工程量、工程造价确有争议，根据《河北省高级人民法院关于印发〈建设工程施工合同案件审理指南〉的通知》，人民法院经审理认为就建设工程价款等专门性问题需要进行鉴定的，应当向负有举证责任的当事人进行充分释明、明确告知其不申请鉴定可能承担的不利后果的规定，法院应当告知双方当事人申请鉴定。原审法院从未向当事人释明需要申请鉴定，或者提供厘清双方工程争议的解决办法，而是简单粗暴驳回诉求，严重违反法定程序，应当裁定撤销原判决进行重审。

35. 知名主播演唱传播《相思》，为何被判侵权？

□ 徐智省

【案情简介】

知名歌曲《相思》是电视剧《西游记后传》主题曲，该歌曲自上线以来受到广泛关注，传唱度极广，具有很高的经济价值。2019年10月25日，《相思》词作者赵某将该歌词信息网络传播等权利独家授权A文化传媒有限公司（以下称"A公司"），授权期限自2019年10月8日至2024年11月7日，授权地域为全世界。

某主播唐某拥有"抖音"粉丝3000多万，抖音短视频获赞1.2亿次，该主播唐某通过抖音账号发布短视频吸引粉丝关注，并且通过直播带货开展商业活动。

2021年10月，A公司发现该主播唐某通过该抖音账号发布内容为"街头公开表演歌曲《相思》"的片段短视频，以及该短视频内音频部分通过该主播唐某"QQ音乐"个人账号内传播。A公司随后进行证据保全，后以该主播唐某侵害其涉案歌曲歌词之表演权、信息网络传播权向某互联网法院提起诉讼，要求"抖音"平台披露该主播唐某真实身份信息，后起诉该主播唐某本人，要求其删除"抖音""QQ音乐"个人账号内的音视频，并且赔偿经济损失。诉讼过程中，该主播唐某主动删除"抖音"账号内被诉短视频，但是未删除"QQ音乐"账号内音频。

【判决结果】

一、判决被告唐某删除"QQ音乐"账号内的侵权音频；
二、判决被告唐某赔偿原告A公司经济损失2500元。

【律师解读】

音乐作品包括歌词、旋律，词曲作者依法拥有其所创作歌词、旋律的著作权，著作权属于作者私权利，作者有权将该著作权转让或授权他人。歌曲《相思》词作者将歌词相关著作权独家授权于 A 公司，A 公司有权基于著作权人身份追究未经许可擅自使用歌曲《相思》歌词侵权者的法律责任。

主播为了吸引粉丝关注，一般会持续拍摄上传短视频，在众多粉丝关注下开展直播、直播带货、广告短视频发布等商业活动，该活动具有经营获利性。唐某通过在街头向不特定公众公开表演歌曲《相思》，一定程度上也是为了吸引观众的关注，难说其公开表演不具有营利目的，不构成合理使用。

《中华人民共和国著作权法》（以下简称《著作权法》）第四十四条第二款规定，被许可人复制、发行、通过信息网络向公众传播录音录像制品，应当同时取得著作权人、表演者许可，并支付报酬。唐某将含有涉案歌词作品的公开表演内容拍摄成短视频（录像制品）通过"抖音"平台主播唐某账号传播，以及将短视频内容音频（录音制品）通过"QQ音乐"平台主播唐某账号传播，应当事先经涉案歌词作品著作权权利人许可且支付报酬。主播唐某未按照前述规定事先取得著作权人许可且支付报酬，擅自通过网络传播涉案音视频。同时，《著作权法》第十条第一款第（十二）项规定，信息网络传播权，即以有线或者无线方式向公众提供，使公众可以在其选定的时间和地点获得作品的权利。网络用户可以通过个人选择的时间、地点获得涉案音、视频内容，唐某构成侵害涉案歌曲歌词信息网络传播权。因音、视频属于不同呈现方式，以及传播平台也不相同，唐某构成对涉案歌词作品信息网络传播权两次侵权。

《著作权法》第五十二条、五十三条、五十四条相关规定，构成著作权侵权的，应当承担停止侵权、赔偿损失等法律责任，因原被告双方未举证证明权利人的实际损失，也未证明侵权人的违法所得，最终一审法院判决唐某删除"QQ音乐"内的侵权音频，以及法院酌定被告赔偿 A 公司损失 2500 元。

笔者作为本案原告 A 公司代理人，建议尊重他人知识产权，先获权，付报酬，后使用，否则被认定构成侵权，除承担法律责任外，个人信誉也会受到一定影响。

36. 离婚冷静期内的新增财产，如何认定其归属？

□ 高　庆

【案情简介】

丈夫蔡某与妻子王某就财产分割、子女抚养方面达成并签订了《自愿离婚协议书》，后向民政局登记离婚。二人离婚后，蔡某没有按照离婚协议书内容向王某支付抚育补偿款，于是王某向法院提起离婚后财产纠纷诉讼。庭审过程中，王某得知蔡某父亲在两人离婚冷静期内去世，其名下还留有两套房产，蔡某为唯一继承人，且蔡某按照蔡某父亲遗嘱办理了遗产公证，并将上述房屋出卖得到相应的售房款。

王某认为，蔡某父亲去世时其与蔡某正处于离婚冷静期内，婚姻关系属于存续状态，因此蔡某继承的售房款应属于蔡某和王某的夫妻共同财产，于是再次提起诉讼要求分割售房款。

【判决结果】

被告蔡某出售房屋所得房款作为夫妻共同财产依法分割。

【律师解读】

一、什么是"离婚冷静期"

离婚冷静期为自婚姻登记机关收到离婚登记申请并向当事人发放《离婚登记申请受理回执单》之日起三十日（自婚姻登记机关收到离婚登记申请之日的次日开始计算期间，期间的最后一日是法定休假日的，以法定休假日结束的次日为期间的最后一日)。根据《民法典》第一千零七十七条之规定,离婚冷静期仅适用于登记离婚这一情形,且属于向婚姻登记机关申请发给离婚证的法定前置程序。即使夫妻双方离婚态度一致且坚决,也无法越过离婚冷静期直接向婚姻登记机关申请发给离婚证。而且,双方当事人在离婚冷静期内依然存在婚姻关系,应受婚姻关系的约束。无论是30天的离婚冷静期期间还是离婚冷静期期限届满后的30天,夫妻任何一方均享有单方撤回离婚登记申请的权利。

二、"离婚冷静期"内的婚姻状态及财产归属

在双方未能完成最终的离婚登记前,即申领取得离婚证前,双方实际上也仍处于婚姻状态。在此期间产生的新增财产,原则上应当视为夫妻共同财产,属于夫妻共同所有。

本案中,蔡某父亲的自书遗嘱并未写明蔡某继承取得的房产份额属于蔡某个人所有或者注明不属于蔡某夫妻共同财产,故离婚冷静期蔡某继承所得房屋应为夫妻共同财产。

但是,并非所有在此期间的新增财产均应视为夫妻共同财产。除双方另行签订有效的婚内财产协议外,法院同样也会依据《民法典》第一千零六十二条和第一千零六十三条的规定,判断新增财产的法律性质。如王某(女)在离婚冷静期内向案外人借款购车以供自己使用,其购车目的不是满足家庭日常生活、经营所需,该新增财产就应认定为王某(女)的个人财产,非夫妻共同财产,当然,该笔借款也非夫妻共同债务。

37. 违背婚前协议,登记在对方名下的百万豪车能否追回?

□ 武景生

【案情简介】

章某系某公司负责人,实力雄厚,生育二子无女,拟生育一女,满足儿女双全的人生夙愿。2015年至2017年,刘某为了达到攫取巨额财富的目的,与章某短暂结婚后二人离婚。得知章某想生女儿后,又抛出复婚及共同生活为诱饵。双方就复婚事宜订立《婚前协议》,并进行了明确的约定,第一条第五款明确约定,自2018年1月以后,由男方购买赠与女方的房屋、车辆(保时捷)、首饰,在女方怀孕前,有使用权,怀孕后,所有权归女方。第二条第一款领结婚证以后,女方掌管家庭财务权,家庭各种生意的本金以及盈利收入存入女方名下银行卡中,用于家庭生活费用的支出以及家庭各种生意及公司的投资。领结婚证前,共同生活期间,男方给女方名下银行账户内存入60万,卡内低于30万时,男方及时给女方卡内续存,用于女方本人和家庭生活费用的支出。

订立协议后,男方出资150多万元在某市为女方购买了一辆保时捷,并登记在女方名下,平时由女方使用。日常生活中男方给女方生活开支约99万元。

2019年,章某因刘某未履行《婚前协议》诉至法院,诉求刘某返还保时捷车辆和未用于共同生活的费用。

【判决结果】

一审判决:
车辆归原告章某所有。
原告章某不服一审判决,提起上诉。
二审判决:
一、车辆归上诉人章某所有;
二、被上诉人刘某返还章某30万元。

【律师解读】

因本案发生在2019年,故本案适用当时的有效法条。
一、《婚前协议》是否是附条件的合同
《中华人民共和国民法总则》(以下简称《民法总则》)第一百五十八条规定,民事法律行为可以附条件,但是按照其性质不得附条件的除外。附生效条件的民事法律行为,自条件成就时生效。

从合同生效要件来看,《婚前协议》是附条件的协议,本案条件未达成,协议未生效。具体讲,对于赠与车辆前提条件是刘某怀孕,时间点是怀孕后归刘某所有。本案中女方未怀孕是无可辩驳的事实,应当认定不能履行合同。对于赠与生活费的前提条件是共同生活期间赠与刘某金钱。由于双方没有共同生活,刘某不应当接受赠与,应当全部返还99万元,这部分应该视为不当得利。

二、合同目的是否达成

《中华人民共和国合同法》(以下简称《合同法》)第九十四条规定,有下列情形之一的,当事人可以解除合同:当事人一方迟延履行债务或者有其他违约行为致使不能实现合同的;法律规定的其他情形。

从合同目的来看,签订《婚前协议》的真实目的是准备共同生活怀孕生子、复婚。刘某未怀孕、并且二人未结婚,无法达成合同目的,章某有权解除合同,解除合同的效力及于全部、有追溯权。

三、关于附条件赠与条件未成就时解除合同后,对涉案财产应当返回

《民法总则》第一百二十二条规定,因他人没有法律根据,取得不当利益,受损失的人有权请求其返还不当利益。

《合同法》第九十七条规定,合同解除后,尚未履行的,终止履行;已经履行的,根据履行情况和合同性质,当事人可以要求恢复原状、采取其他补救措施,并有权要求赔偿损失。

四、车辆登记是物权凭证,还是管理性登记?

《物权法》第二十三条规定,动产物权的设立和转让,自交付时发生效力,但法律另有规定的除外。《民法通则》第七十二条规定,财产所有权的取得,不得违反法律规定。按照合同或者其他方式取得财产的,财产所有权从财产交付时起转移,法律另有规定或者当事人另有约定的除外。由此可见,机动车属于特殊动产,其物权设立和转让可以进行登记,登记后可以对抗善意第三人,但现有法律并未规定对机动车的所有权实行登记取得的制度,因此机动车的所有权实行的是实际交付或约定取得制度。

2000年,公安部就确定机动车所有权人的问题向最高人民法院复函中说明了机动车辆所有权认定问题。内容是:"根据现行机动车登记法规和有关规定,公安机关办理的机动车登记,是准予或者不准予上道路行驶的

登记,不是机动车所有权的登记。为了交通管理工作的需要,公安机关车辆管理所在办理车辆牌证时,凭购车发票或者人民法院判决、裁定、调解的法律文书等机动车来历凭证,确认机动车的车主。因此,公安机关登记的车主,不宜作为判别机动车所有权的依据。"办理车辆行驶登记仅仅是车辆管理部门对车辆进行管理的一种行政手段,而非法定的物权取得方式,仅有登记公示行为而欠缺合法取得行为即车辆交付是不能取得车辆所有权的。故将车辆管理部门办理行驶登记作为车辆财产所有权转移的方式是没有法律依据的。

最高人民法院在 2000 年 11 月 21 日发布的《关于执行案件车辆登记单位与实际出资购买人不一致应如何处理的问题的答复》认为,如果能够证明车辆实际购买人与登记名义人不一致,对本案的三辆机动车不应确定为登记名义人为车主,而应当依据公平、等价、有偿原则,确定归第三人所有。该答复是采用"公平、等价、有偿原则"确定机动车的所有权人。

38. 购买"拆迁安置房"居住数年却判决物归"原主",如何维权?

□ 李姝婷

【案情简介】

2009 年,A 公司(甲方)与袁某(乙方)签订《XX 村腾退补偿安置协议书》,约定:(1)甲方因新农村建设需要,拆除乙方房屋并腾退其宅基地,甲、乙双方确认,乙方安置人口 4 人:袁某、袁 A(袁某儿子)、袁 B(袁某女儿)、瞿某(袁 A 妻子)。(2)乙方置换、购买安置房 3 套:某小区 201 号房屋、501 号房屋、502 号房屋。

2010 年 10 月,袁某将 501 房屋、502 房屋出售给简某。该《卖房协议》由袁 A 代笔,王某证明。同日,邱某(简某公司会计)通过其名下银行账户向袁某转账相应价款。2010 年 12 月,简某将 502 房屋出卖给案外人袁某某。2011 年 6 月,简某又将 501 房屋出卖给袁某某。房屋价款均已付清并交付袁某某使用。

2012年袁某自书遗嘱表明：201号房屋及其所有财产，由其女儿袁B一人继承。遗嘱真实有效。2013年，某区人民法院就袁某与袁A、袁B、瞿某分家析产纠纷一案作出判决，判定501房屋归袁某居住使用，502房屋归袁A、瞿某共同居住使用，201房屋归袁B居住使用；待上述房屋所有权证下发后，归各自所有。

2016年，开发商A公司开始陆续为小区住户办理房产证。2017年8月，袁某去世。2017年9月，某区人民法院就袁B与A公司拆迁安置补偿合同纠纷一案作出判决，判决A公司协助袁B办理201房屋的房屋所有权登记手续。2018年11月，某区人民法院就袁B与袁A遗嘱继承纠纷一案作出判决，判定501房屋由袁B继承。

2019年2月，简某去世。2022年，简某某（简某唯一继承人）诉至法院，请求判令袁A、袁B协助配合简某某办理501房屋的产权登记手续，将房屋所有权登记至简某某的名下。某区人民法院判决驳回简某某诉讼请求，简某某不服一审判决向某市第一中级人民法院提起上诉。

【判决结果】

一、撤销一审判决；

二、被上诉人袁A、袁B协助上诉人简某某将501号房屋过户登记至上诉人简某某名下。

【律师解读】

在2013年分家析产案件判决、2017年袁B与A公司拆迁安置补偿合同纠纷案件判决、2018年遗嘱继承纠纷案件判决、2022年一审判决作出后，情况对于简某某一方极为不利。然而，只要耐着性子在纷繁的事实之中寻踪觅源、抽丝剥茧，自会在法律与常情之下收获迷津指点，还原真相和正理。

本案的争议焦点为：（1）袁某与简某就501号房屋是否成立房屋买卖合同关系；（2）501号房屋是否应登记至简某名下。如欲证立该合同的有效性，证否相关法院判决的正确性，以下工作极为关键：

一、代理意见之步步为营

一审判决理由如下：

"本案中，在进行分家析产之前，袁某、袁A、袁B、瞿某对安置房屋（201号、501号、502号房屋）共同共有，因此处分应当经全体共同共有人同意。袁某未取得其他家庭成员的一致同意或事后追认，擅自处分共同共有涉案房屋，属于无权处分行为，无权处分的合同效力待定。"

针对一审判决理由，代理人提出以下反驳意见：

首先，袁某出售501号、502号房屋，从一开始已取得袁A、袁B的同意，《卖房协议》自签订之日起生效。在袁某将两套房屋出售给简某，简某又将其出售给案外人袁某某的整个过程中，袁B自始至终的行为（与袁某某比邻而居，在长达10年的时间里未曾对房屋出售事宜提出异议），充分证实她对于袁某出售房屋行为的认可。

其次，即使不谈袁B知晓并同意袁某的处分权问题，2013年分家析产判决生效后，根据《合同法》（当时有效）第五十一条（无处分权的人处分他人财产，经权利人追认或者无处分权的人订立合同后取得处分权的，该合同有效），袁某、袁A即刻取得对501号、502号房屋的处分权，《卖房协议》同时生效。

再次，《卖房协议》并未侵害被上诉人袁B的合法权益；相反，一审判决认定《卖房协议》无效，反而会侵害善意第三人（案外人袁某某）的合法权益。《卖房协议》已经实际履行，未办理产权登记系开发商原因，与买卖双方无关。法律应当保护已经履行的合同。

最后，即使法院认定《卖房协议》无效，袁B也应当向简某某返还购房款本金、孳息、赔偿简某某的损失。

二、类案提交之精准检索

在提出代理意见时，代理人通过全面精确的检索，找到一桩与本案基本事实高度相似的案例：两案的诉争房屋位于同一小区、由同一开发商开发建设、腾退时间相仿、诉争房屋买卖过程基本一致。该案经北京市海淀区人民法院一审、北京市中级人民法院二审、北京市高级人民法院再审审查，已有生效判决如下：

"当事人行使权利履行义务应当遵循诚实信用原则。涉案房产系拆迁安置房与其他拆迁安置房均位于同一小区……自涉案房产出售至提起本次诉讼，长达9年的时间里，未有证据表明被告对涉案房产的出售事宜提出异议。应当视为被告对出售涉案房产行为的确认"、"原告已经……支付了全部购房款，涉案房产已经交付给原告多年，合同已经实际履行，被告作为张某某的继承人理应依据诚实信用原则继续履行未完的合同义务，将涉案房产过户到原告的名下……"

该例类案裁判是本案二审胜诉的重要原因之一。

三、法律与常理之交相印证

在论证时，代理人不仅精确引用法条，并且结合人之常情常理对相关论点进行佐证。例如，在论证袁B对于《卖房协议》的认可态度时，提交了201号、501号、502号房屋楼层的卫星地图，以说明袁B与501号房屋实际居住人"本是比邻而居，相煎何太急"之反常；又如，在论证袁B为何多年后产生"恶意"时，查询了涉案房屋10年来的房价升值数据，以"天下熙攘，皆为利往"说明"日光之下，并无新事"。

四、代理思路之全面周密

由于本案牵涉许多已生效（错误）判决，因此代理人做了两手准备。一方面向法院提交上述代理意见，一方面同时向北京市检察院第一分院提交举报信，请求推翻已生效（错误）判决，以为后招，有备无患。

第二部分

刑事法篇

39. 一个涉外诈骗案，嫌疑人为何没有批捕？

□ 韩英伟

【案情简介】

2018年9月份，刘某与代持人Tom（柬籍，中文名：程某）和Jerry一起购买柬埔寨某省某区土地一块，面积为3853平米，价格为1300美元一平米，共5008900美元。为此，刘某成立了A房地产有限公司（以下简称"A公司"），刘某任董事长兼法定代表人（按照柬埔寨法律规定，因为土地产权还没过户，政府还未批准成立该公司，但材料已提交当地政府商务部门）。

2018年10月，刘某回国，经人介绍认识了吴某。吴某多次到刘某投资的土地和搅拌站考察，吴某托朋友多次说情，想参与刘某的投资项目。吴某与刘某约定，吴某投资100万美元（土地已升值，按估值1000万美元计算），刘某将其所持有公司股权的10%转让给吴某，刘某帮吴某代持。刘某收到吴某的投资款后，将资金以支票或打款方式支付给了代持人Tom个人或其指定的法院或办案律师的银行账户，并备注土地或土地律师费。

因疫情等原因，该土地项目推进缓慢。2021年7月份，吴某提出退股，刘某表示待土地手续全部办理完毕并将土地变卖后按照其股份才能变现退股。

2021年9月份，吴某向上海市某区公安局以刘某对其诈骗进行报案。警方对刘某发布红色通缉。2023年9月27日，刘某回国投案，上海市公安局某分局对刘某予以刑事拘留。刘某委托北京市盈科律师事务所韩英伟律师和郭灿炎律师为其辩护。

【判决结果】

上海市某区检察院对刘某作出不予批准逮捕决定。

【律师解读】

接受委托后，韩英伟律师、郭灿炎律师及岳广琛律师作为辩护人团队,先后四次往返北京上海,前后会见八次,向侦查机关、检察机关提交调取证据申请书、取保候审申请书、不予批准逮捕申请书,根据诈骗罪构成要件,提交三百二十一页证据材料。最终,某区检察院对刘某作出不予批准逮捕决定。具体如下:

一、刘某没有虚构事实

1. 刘某在转让股份前已经购买土地并支付部分款项。

刘某通过朋友介绍认识吴某时,此时土地买卖协议已经签署,150万美元已经支付,土地在迅速升值。吴某本人多次亲自去土地所在地现场考察后,通过朋友多次说情,刘某才同意转让其股份给吴某。

2. 吴某带领风水师(和尚)考察土地,并与其他股东参与讨论土地开发设计方案。

二、刘某没有侵占吴某的个人财产

诈骗罪是典型的目的犯,主观上要求行为人具备诈骗故意,同时要求行为人具有非法占有目的。要分析刘某是否具有非法占有目的,主要看其实施的具体客观行为。

1. 刘某在接受吴某投资并向代持人 Tom 本人及其指定的银行账户付款的过程中,其付出的资金金额完全大于吴某投资金额,能完全覆盖吴某的投资金额。虽然有些是以人民币方式、有些是以美元方式进行支付,打入个人账户,但这是柬埔寨的交易惯例,也是出于交易便利性的目的,无论什么样的形式,但客观上达到目的即可。

2. 吴某入股投资之后,刘某也在土地购买上支付了150万美元,还差大概70多万美元未支付给代持人 Tom 或法院,原因是土地硬卡还没有变更,尾款还没有全部支付,但刘某已支付款项超过100万美元。由于购买时价格较低,吴某受让股份时土地升值很大,刘某也跟吴某说明土地已升值很多,吴某经过考察评估后也同意按照升值后的价格购买。吴某受让股份后,曾有买主愿意以2000万美元购买该宗土地,吴某不愿意出售,还阻止刘某出售该块土地。可见,土地升值很大。

3. 吴某没有退股,其还是 A 公司股东,只是股份暂由刘某代持而已。

虽然吴某向刘某支付了转让款,刘某承认收到该款项,但该部分财产份额没有降低,案涉土地仍然存在并处于升值状态。土地硬卡过户后,具有很高的商业价值,可以进行开发,也可以按照升值后的价格进行出售。

吴某按照10%的比例受偿时会获得相当高的溢价，远远高于将资金存入金融机构获得的收益，即其投入入股的股份并非化为乌有，只是暂时还没有变现而已。

三、刘某没有使吴某陷入错误认识

诈骗罪的构成，要求行为人在客观上有实施虚构事实、隐瞒真相的行为，被害人因其行为产生错误认识进而处分财产，造成被害人损失。本案中：

1. 刘某购买和开发土地项目本身是真实存在的，并未虚构、隐瞒真相，土地升值也是告诉了吴某。吴某入股也是通过朋友等再三说情，去土地实地考察，并与其他股东一起讨论土地开发和设计方案，说明其对投资入股没有陷入错误认识。

2. 吴某的股份问题，其他股东也是认可的，并不是说一定不能退，只是要召开股东会共同讨论表决决定，评估公司土地资产，根据评估后的资产价值按比例方能退还。吴某要求退股时，刘某与卖主的土地购买争议还在诉讼中，土地价值不好评估，此时退伙比较麻烦，资产评估也不精准，其他股东不同意此时退股。

3. 并非刘某不与吴某签署股份转让协议，而是吴某主动提出待土地硬卡变更到代持人Tom名下后，注册公司时一并签署，明确其股份即可，并非刘某不愿签署。

四、本案的其他焦点问题

1. 本案属于典型的经济纠纷，其他法律救济途径可以解决。

吴某投资入股一个企业，在企业经营过程中退股，这属于正常的商业经营中的经济纠纷。在中国《公司法》中，完全可以通过转让股权、要求公司收购股权等方式退出股东身份，如果其他股东不同意，可以向股东之外的第三人转让甚至可以申请解散公司，这些在《公司法》上均有制度安排，在柬埔寨也是同样。作为经济纠纷，吴某完全可以通过司法诉讼途径解决，这也符合《民法典》合同编的精神。

2. 本案应重点参照柬埔寨的刑事和土地相关法律判断本案。

刘某曾因本案主动自行到柬埔寨内政部接受调查，根据柬埔寨当地的法律规定、交易习惯、社会惯例等，柬埔寨内政部经过调查，结论是刘某不构成犯罪。因行为发生地主要是在柬埔寨境内进行，应充分考虑柬埔寨的法律规定、政策习俗、交易惯例等，充分考虑民事违法（违约）与刑事犯罪的界限。

3. 本案还应考虑鼓励交易与打击犯罪的平衡问题。

刑法在立法时就具有谦抑性原则，即考虑刑事手段打击的必要性。本案中，刘某和吴某的争议从实质上讲就是典型的经济纠纷，特殊是在境外土地买卖、共同开发，并且土地在买卖过程中存在纠纷，经历疫情时长时间的停止导致时间拉长，吴某无法忍受长时间的等待而认为刘某在实施诈骗行为，拖延战术，认为购买土地是子虚乌有之事，因而报案。但从事实上讲，刘某确实一直盯着土地买卖项目之事，并在该宗土地买卖上付出了时间精力，支付了很多款项，购买土地之事也确实属实。

从本质上，中国企业或商人在境外发展符合国家提出的"一带一路"和"走出去"战略，多参与交易才能有更多更大发展，这些应当是鼓励的。刘某确实法律意识不高，严重缺乏法律知识，只顾交易而没有重视法律合规，单纯质朴的认为"只要把地拿到手，早晚都有澄清的一天……事实会证明一切……"，其主观确实没有诈骗的故意，但忽视了重点交易行为签署书面协议的重要性和交易行为的合规合法性，对其行为以刑事手段打击存在明显过当。

4. 根据党中央、国务院、最高检、公安部、最高法等相关文件精神，本案不应当以刑事立案。

近些年，党中央、国务院、两高一部都格外重视企业经营过程中的经济纠纷处理，从规范司法解决途径抓起，多部文件精神都注重要求以诉讼手段解决经济纠纷，严禁办案机关借刑事立案插手经济纠纷。辩护人认为，本案属于经济纠纷，不应当属于公安机关立案管辖范围，也不符合党中央、两高一部等一系列的通知精神，应当予以纠正。

综上，上海市某区检察院采纳了韩英伟、郭灿炎律师的意见，对刘某作出不予批准逮捕决定。

40. 发送不雅视频给他人，涉嫌犯罪被判刑

□ 姚志明

【案情简介】

王某是一名在校大学生，在某交友网站上认识了一个女孩李某，双方约定在网上进行裸聊。在裸聊过程中，王某将李某裸聊视频截取录制，并保存在自己手机中。双方在裸聊了一段时间后，李某不希望再继续下去，但王某希望李某继续与自己裸聊。于是王某告诉李某自己已经将其裸聊的视频截取了，如果李某不再继续与自己裸聊，就将这些图片及视频发送到李某家庭微信群。李某认为王某没有这个胆量，不再理睬王某，王某遂将李某裸聊的视频及图片发送至李某家庭微信群中，李某父母发现后报警，王某被以涉嫌强制猥亵妇女罪被刑事拘留。

【判决结果】

王某构成强制猥亵、侮辱妇女罪，判处有期徒刑两年缓刑三年。

【律师解读】

首先，本案中王某将与李某裸聊的视频截屏并录屏后，将裸聊视频及图片发送到李某家庭微信群的做法是严重的违法行为。由于其发送的不雅视频的对象是李某的家庭微信群，所有在微信群中的亲戚好友均能看见，让李某在家人之间瞬间曝光，危害很大，这种行为应当为法律所严厉禁止。

但本案中公诉机关指控的王某通过以发送裸聊视频及图片的方式威胁李某继续和自己裸聊的行为，构成强制猥亵、侮辱妇女罪，却值得商榷。辩护人认为王某发送视频及图片的行为客观上侮辱了李某，该侮辱行为与强制猥亵无关，因为王某并没有强制猥亵李某的行为，辩护人认为本案应属于刑法第二百四十六条侮辱罪调整范围，而不属于刑法第二百三十七条调整范围。

根据我国刑法第二百三十七条规定："以暴力、胁迫或者其他方法强制猥亵他人或者侮辱妇女的，处五年以下有期徒刑或者拘役。"此处的侮辱一般是指在强制猥亵妇女过程中对妇女的侮辱行为，而不是单纯地侮辱妇女行为。本案中王某发送视频及图片后，李某没有被迫与王某继续裸聊，而是将王某微信拉黑，不再理睬王某，不属于强制猥亵、侮辱李某的行为，不符合刑法第二百三十七条规定强制猥亵、侮辱罪的构成要件。

如果公诉机关认为王某的行为涉嫌侮辱李某，则应当适用《刑法》第二百四十六条的侮辱罪：即涉嫌以暴力或者其他方法公然侮辱他人，情节严重的行为。而侮辱罪属于刑事自诉范围，不属于公诉案件。

本案辩护人介入时王某已经处于刑事拘留状态。由于王某将李某的裸聊视频及截屏发送到了李某家庭微信群中，导致李某家人都能看到，给李某带来很大的心理负担，且李某属于未成年人，王某的行为比较恶劣。辩护人提交前述辩护意见后，由于本案涉案罪名确有一定争议，最终人民检察院没有批准逮捕王某的申请，王某被取保候审，法院最终判决王某构成强制猥亵、侮辱妇女罪，判处有期徒刑两年缓刑三年。

本案中，被告人一时冲动行为不仅造成对李某的严重伤害，也给自己招致牢狱之灾。笔者在接待当事人过程中，了解到当事人经常获取他人不雅视频、照片后，以公开这些照片、视频为由威胁李某继续保持不正当关系、勒索钱财等，这些行为都是严重违法，甚至犯罪的行为，为法律所绝对禁止。不过，从李某的角度讲，也应当尽量保护好个人隐私，不被他人恶意利用。

41. 贷款诈骗罪被判无期徒刑，为何改判骗取贷款罪六年？

□ 袁方臣

【案情简介】

2019年10月16日，B市中级人民法院以贷款诈骗罪判处被告人林某某无期徒刑，剥夺政治权利终身，并处没收个人全部财产。被告人林某某不服，提出上诉。A省高级人民法院于2020年8月28日作出二审刑事裁定，裁定撤销原判，发回重审。重审一审阶段，B市人民检察院指控，被告人林某某以非法占有为目的，使用虚假的经济合同，超出抵押物价值进行抵押等方法，诈骗某市农信社贷款5笔，共计6030万元。公诉机关认为，被告人林某某明知没有归还能力，采用虚假经济合同，诈骗某市农信社贷款，数额特别巨大，并转移资金、隐匿财产、隐匿或者销毁账目以逃避返还资金，应当以贷款诈骗罪追究其刑事责任。本案二审及重审一审阶段，被告人林某某委托北京市盈科律师事务所律师为其提供辩护。

【判决结果】

一审判决：

被告林某某犯贷款诈骗罪，判处无期徒刑，剥夺政治权利终身，并处没收个人全部财产。

被告林某某不服一审判决，提出上诉。

二审裁定：

裁定撤销原判，发回重审。

重审一审判决：

改判被告林某某犯骗取贷款罪，判处有期徒刑六年，并处罚金人民币二百万元。

【律师解读】

贷款诈骗罪与骗取贷款罪仅有一字之差，但在司法实践中两者往往容易混淆，如何准确地界定罪与非罪，此罪与彼罪，是案件审理的关键。

一、贷款诈骗罪与骗取贷款罪的区别

骗取贷款罪是《刑法》修正案（六）在《刑法》第一百七十五条"高利转贷罪"之后新增加的罪名，是指以欺骗的手段取得银行或者其他金融机构贷款，给银行或者其他金融机构造成重大损失或者有其他严重情节的行为。贷款诈骗罪是指以非法占有为目的，编造引进资金、项目等虚假理由，使用虚假的合同，使用虚假的证明文件，使用虚假的产权证明作担保，超过抵押物价值重复担保或者以其他方法诈骗银行或者其他金融机构的贷款，数额较大的行为。

从犯罪构成上看，两罪较为接近，均是通过编造虚假理由或使用虚构事实的方法获得银行或者其他金融机构的信贷资金。因此，区分两罪的关键在于主观要件。虽然两罪采取的手段相似，但骗取贷款罪不是以非法占有为目的，只因在不符合贷款条件的情况下为取得贷款而采用了非法手段，有归还的意愿。而贷款诈骗罪的主观意图就是通过非法手段骗取贷款并非法占有。

判断行为人是否以非法占有为目的，可参考以下三点。

1. 明确对"占有"的理解。非法占有的目的中的"占有"与民法上的占有不是等同的概念，也不是仅指事实上的支配或控制。因为如果将不法占有理解为单纯事实上的支配或者控制，例如，盗用他人财物时，行为人事实上也支配或者控制了该财物，于是盗用行为具有不法占有的目的，因而成立盗窃罪，这便扩大了盗窃罪的处罚范围。又如，公司、企业或者其他单位的工作人员，利用职务上的便利挪用单位资金时，具有支配、使用该资金的目的，但由于准备归还，所以不具有非法占有的目的，因而不成立职务侵占罪。因此，不能将非法占有目的解释为事实上的支配、控制，而应理解为不法所有的目的。具体地说，非法占有（不法所有）目的，是指排除权利人、将他人的财物作为自己的所有物，并遵从财物的用法进行利用、处分的意思。

2. 参考生活中一般人对取得占有财物的经验性质的认识常识。非法占有是高度浓缩抽象的刑法学术语，无论采取文义解释还是体系解释，对法律术语的拿捏剖析始终离不开经验常识的判断。在贷款欺骗行为中，如果行为人没有按贷款用途使用贷款，而是将贷款用于非法活动或者用于高风险投资，大肆挥霍贷款，携款逃匿，隐匿贷款去向，贷款到期后拒不归还等，就应认定是以非法占有为目的。反之，行为人没有前述行为表现，仅是采取了非法手段取得贷款应认定为骗取贷款罪。

3. 充分了解案件的证据情况。非法占有的认定须基于案件事实与证据，在案证据是否齐备充足直接影响到判断非法占有的程度。现实中案件证据的情况也充满变数，不能仅以片面证据认定当事人行为的性质。《全国法院审理金融犯罪案件工作座谈会纪要》中规定"对于有证据证明行为人不具有非法占有目的的,不能单纯以财产不能归还就按金融诈骗处罚。并要求严格区分贷款诈骗与贷款纠纷,对于合法取得贷款后,没有按规定的用途使用贷款,到期没有归还贷款的,不能以贷款诈骗罪定罪处罚;对于确有证据证明行为人不具有非法占有的目的,因不具备贷款的条件采取了欺骗手段获取贷款,案发后有能力履行还贷义务,或者案发时不能归还是因为意志以外的原因,如因经营不善、被骗、市场风险等,不应当以贷款诈骗罪定罪处罚。"由此可见,整体把握案件的证据情况十分重要

二、林某某的行为为何被认定为骗取贷款罪而非贷款诈骗罪

本案争议焦点——林某某的行为是否具有非法占有的目的。

重审一审判决认定,现有证据不能认定林某某有实施隐匿、销毁账本的行为,不能证明涉案贷款用于建设安某墓园(非法占用农用地)和行贿公职人员等违法犯罪活动,故本案证据不足以认定林某某使用骗取的贷款进行违法犯罪活动。涉案五笔贷款中的第2笔800万元、第3笔1900万元和第5笔780万元贷款的抵押物价值高于贷款数额,属足额抵押;至于第1笔2000万元和第4笔550万元贷款的抵押物价值均低于对应贷款金额(二笔贷款差值合计770.85万元),但林某某在贷款期间以卡某达公司名义入股某市农信社2000万元,并有股金分红435万元。故,现有证据不足以认定林某某存在明知没有归还能力而大量骗取贷款的情形。被告人林某某的行为不符合《全国法院审理金融犯罪案件工作座谈会纪要》(法〔2001〕8号)中列举的关于认定金融诈骗罪中行为人具有非法占有目的的7种情形。林某某虽然客观上多次实施了编造项目,以虚构用途,利用虚假的经济合同,并编造虚假财务报表等手段骗取贷款的行为,主观上有骗取贷款并挪作他用的故意,但认定其具有非法占有之目的的证据不足。

重审一审判决认为,被告人林某某侵犯金融机构的信贷管理制度和金融安全,以欺骗手段取得某市农信社贷款,其行为已构成骗取贷款罪,但认定林某某以非法占有为目的的证据不足,故公诉机关指控林某某所犯的罪名不当。

42. 李某涉嫌诈骗罪，为何不予批准逮捕？

□ 金玲玲

【案情简介】

佟某向公安机关报案，称犯罪嫌疑人李某存在以和田玉石冒充和田玉籽料出售的行为，因此犯罪嫌疑人李某涉嫌诈骗罪名被某市公安分局刑事拘留。经侦查，认为犯罪嫌疑人李某构成诈骗罪并向检察院报请批准逮捕。

笔者律师团队在接受家属委托后，第一时间会见了犯罪嫌疑人李某，并在侦查机关报请批捕的第一时间与检察机关积极沟通，提出不予批捕的辩护意见。

【处理结果】

检察院在查明案件事实的基础上依法对李某决定不予批准逮捕。

【律师解读】

作为犯罪嫌疑人李某的辩护律师，根据现有已知案情和相关法律规定，认为犯罪嫌疑人李某不构成犯罪；即便构成犯罪，也符合取保候审条件，故建议对犯罪嫌疑人李某不予批准逮捕。

成立诈骗犯罪必须具备以下构成要件：行为人以非法占有为目的而实施欺诈行为；欺诈行为致使受害人产生了错误认识；受害人基于错误认识而处分了财产；行为人基于这种欺诈行为取得了财产；被害人的财产基于这种欺诈行为受到损害。欺诈行为表现为向受害人表示虚假的事项，或者向受害人传递不真实的信息。这种欺诈行为必须是能够使被害人陷入错误认识，并且"自愿"处分自己财产的行为。通过会见李某本人、了解案情和研究相关法律规定，辩护律师认为，犯罪嫌疑人李某并没有骗取他人财物的故意，也没有虚构事实骗取他人财物的行为，不构成诈骗罪，具体理由如下：

一、犯罪嫌疑人李某没有非法占有目的

佟某向公安机关报案称犯罪嫌疑人李某存在以和田玉石冒充和田玉籽料出售的行为。但通过会见犯罪嫌疑人李某，律师得知其在向佟某出售玉石时，始终表示自己出售的是和田玉石，并未表示自己出售的玉石为和田玉籽料。且其出售的玉石也确实是真实的和田玉石，至于品质如何，自己不能保证。就玉石买卖来说，行业内并没有明确的价格标准。多少价格出售和购买，完全取决于双方的磋商和洽谈。一块玉石的价格并不取决于玉石本身，而是取决于买家自身对玉石的鉴赏甄别能力和与欲购买之玉石的眼缘。本案中犯罪嫌疑人李某对自己所出售的玉石并未做任何保证，是否购买和多少价格购买，完全出于买方自愿。

本案所涉玉石的买卖为正常、合法的交易行为，不能认定犯罪嫌疑人李某有诈骗佟某的故意，仅凭佟某本人的陈述不能认定犯罪嫌疑人李某具有"非法占有目的"。

二、犯罪嫌疑人李某是否使用真实身份与购买玉石没有直接因果关系，并不足以使佟某产生错误认识

犯罪嫌疑人李某隐瞒身份与佟某购买玉石没有直接因果关系，伪造身份也不能足以使被害人陷入对玉石的错误认识。犯罪嫌疑人李某确实在交易过程中隐瞒了真实身份，但佟某的主要目的是购买玉石，真正决定其是否购买玉石的因素是玉石本身的品质与价格而不是犯罪嫌疑人李某的身份。

三、该笔交易最终并未成交，佟某没有任何经济损失

犯罪嫌疑人李某虽提出以380万的价格出售和田玉石，但该价格仅为最初的报价，依商业惯例，双方应就玉石价格进行反复磋商并达成合意，本案中佟某最终并没有购买涉案和田玉石，不存在被骗事实，犯罪嫌疑人李某不构成诈骗罪。

综上所述，犯罪嫌疑人李某与佟某之间的交易属于正常、合法的玉石买卖行为，犯罪嫌疑人李某自始至终不具有诈骗佟某的故意和行为，也并没有给佟某造成经济损失，故犯罪嫌疑人李某主客观上皆不符合诈骗罪的构成要件，不构成诈骗罪，故检察院最终在查明案件事实的基础上依法对犯罪嫌疑人李某决定不予批准逮捕。

43. 非国家工作人员侵占专项资金，是否构成贪污罪？

□ 刘　涛

【案情简介】

石某于 2011 年 12 月至 2013 年 5 月任某村党支部书记。2012 年 5 月，石某向乡民政部门虚报石某甲、胡某两户危房改造资料并通过县乡两级验收检查。2012 年 12 月，石某利用协助乡政府发放 2012 年本村危房改造补助款的工作之便，侵吞危房改造款 33500 元。上述款项中的 2500 元交给时任乡民政助理员刘某，30593 元用于村委会修缮。在修理街道和修缮村委会之前，村里至少开过两次"支村两委"会，会议决议修缮资金由各村干部集资解决。农村危房改造补助资金是省级下达的财政专项资金，实行专项管理、分账核算、专款专用，支持对象为居住在危房中的农村贫困户，优先支持农村分散供养五保户、低保户、贫困残疾人家族等贫困户危房改造，资金性质属于扶贫类。

【判决结果】

一、被告人石某犯贪污罪，判处有期徒刑一年，并处罚金人民币 100000 元；

二、追缴被告人石某的违法所得人民币 33500 元，上缴国库。

【律师解读】

一、石某能否认定为贪污罪主体？

《中华人民共和国刑法》（以下简称《刑法》）第三百八十二条规定，国家工作人员利用职务上的便利，侵吞、窃取、骗取或者以其他手段非法占有公共财物的，是贪污罪。受国家机关、国有公司、企业、事业单位、人民团体委托管理、经营国有财产的人员，利用职务上的便利，侵吞、窃取、骗取或者以其他手段非法占有国有财物的，以贪污论。与前两款所列人员勾结，伙同贪污的，以共犯论处。村委会负责对本村危房改造户进行调查摸底，接受申请，按上级下达的指标确定危房改造对象并进行审查，制作档案，层报上级民政、住建等部门批准。有关部门核对后统一发放危房改造款，由村委会统一领回后下发个人。从危房改造款的申请、审批和发放全过程来看，这是一种协助行政管理的行为，是基于人民政府通过有关规定授权的。根据《全国人大常委会关于第九十三条第二款的解释》的规定："村民委员会等村基层组织人员协助人民政府从事下列行政管理工作，属于《刑法》第九十三条第二款规定的，其他依照法律从事公务的人员：（一）救灾、抢险、防汛、优抚、扶贫、移民、救济款物的管理……"石某的主体身份符合立法解释和刑法的规定，对协助管理的职务具有实质处分权，应以国家工作人员论，符合贪污罪的主体身份。

二、石某主观上是否存在故意占有？

石某在主观上有非法占有公共财物的犯罪故意。在之前的村委会召开专门会议时，决议村委会装修用款由各专委集资，自行解决。石某作为支部书记从刘某处领取了危房改造款后，未通知村委会其他成员，未在村里进行公示，未归入村里账目，擅自将钱款用于村委会装修、建设，事后也未向相关人员作出释明。使公众产生村委会修缮款是由个人自掏腰包、自行垫资，日后待村里账上有钱后还需归还该垫资款的错误认识，由此可推断石某有非法占有该危房改造款的犯意。石某的行为所侵犯的客体是国家公共财物。农村危房改造补助资金是省级下达的财政专项资金，专款专用，资金性质属于扶贫类。符合贪污罪的构成要件。石某身为村支书，虚构危房改造户的档案，骗取国家危房改造款，该行为是在协助人民政府从事危房改造工作的过程中实施的。他的行为之所以能够得逞，就是职务的便利为其提供了作案条件。综上所述，石某的行为符合贪污罪的全部构成要件，应以贪污罪追究其刑事责任。石某将赃款用于单位公务支出，且到案后及庭审过程中能够如实供述犯罪事实，认罪、悔罪态度良好，可酌情从轻处罚。为了维护国家机关的正常管理活动和国家工作人员的廉洁性，法院作出如上判决。

44. 信访办公区内惹事端，法院如何判决？

□ 王　珏

【案情简介】

张某（女）因对钱某（张某之子）犯诈骗罪被某区人民法院判刑一案不服，该案经终审裁定维持原判。某市中级人民法院与某省高级人民法院均驳回申诉，张某继续申诉至最高人民法院。2011年4月15日，最高人民法院将申诉驳回。

张某仍不服，开始上访。每逢敏感节日、重要会议节点，特别是全国、省、市"两会"期间，张某都到会场进行上访，并多次到北京"非访"。在北京上访期间，张某多次到北京市的非访区上访，被北京市公安局训诫33次。

2013年11月22日10时50分许，张某与四十余名上访人员到某省人民代表大会常务委员会信访接待室悬挂标语横幅。于当日15时开始，将负责接访的工作人员围堵在信访接待室内，阻止工作人员离开。踹砸接待室门窗等室内物品，反锁大门，关闭灯光，强占接待大厅长达七个半小时。当日23时30分许，经各部门合力协作才使接访干部脱困。次日凌晨1时30分许，张某等人才全部离去。

2015年4月9日，张某携带非访材料，欲冲击领导在某省会的驻地，被行政拘留十日。张某以上访为名，向政府机关施加压力，索要财物，迫使地方政府为维稳而浪费了大量人力、物力、财力。

2015年4月19日，因涉嫌寻衅滋事罪被某市公安局朝阳区分局刑事拘留；因涉嫌寻衅滋事罪、聚众冲击国家机关罪，于2015年4月25日被逮捕。

【判决结果】

被告人张某犯寻衅滋事罪，判处有期徒刑四年九个月。

【律师解读】

信访是公民的权利,保护自身合法权益无可厚非,必须依法合理表达诉求。对自己的诉求必须有理性的判断,是否确实合理合法,解决是否具有现实性。切忌较死理儿,甚至胡搅蛮缠、无理取闹、不达目的誓不罢休,极端的上访不但不能解决问题,反而要承担法律后果。本案中,张某的行为是否已构成公诉机关所指控的寻衅滋事罪、聚众冲击国家机关罪,律师作出如下分析:

一、为何本案认定张某的犯罪行为,属于寻衅滋事罪?

寻衅滋事罪是指肆意挑衅,随意殴打、骚扰他人或任意损毁、占用公私财物,或者在公共场所起哄闹事,严重破坏社会秩序的行为。主观上必须只能由故意构成。刑法将寻衅滋事罪的客观表现形式规定为四种:(1)随意殴打他人,情节恶劣的;(2)追逐、拦截、辱骂、恐吓他人,情节恶劣的;(3)强拿硬要或者任意损毁、占用公私财物,情节严重的;(4)在公共场所起哄闹事,造成公共场所秩序严重混乱的。

本案中,张某多次在国家规定的非访区上访,抛撒传单。在公共场所起哄闹事,造成公共场所秩序严重混乱。在国家机关无理闹访,妨害国家机关办公秩序。强拿硬要和占用公私财物,情节严重。因此,张某的行为已构成寻衅滋事罪。

二、为何本案认定张某的犯罪行为,不属于聚众冲击国家机关罪?

聚众冲击国家机关罪是指组织、策划、指挥或者积极参加聚众强行侵入国家机关的活动,致使国家机关工作无法进行,造成严重损失的行为。聚众冲击国家机关罪相比聚众扰乱社会秩序罪的行为更为恶劣、后果更加严重。主要形式有聚众强行冲闯国家机关;包围国家机关驻地;用石块、杂物投掷、袭击;切断电源、水源、电话线等;堵塞通道,阻止国家工作人员出入;强占办公室、会议室,辱骂、追打工作人员;毁损公共财物、毁弃文件、材料;强行侵入、占据办公场所拒不退出等。此罪对首要分子和积极参加者,最高可判处 10 年有期徒刑。

本案中,公诉机关指控张某与四十余名上访人员的上述行为仅凭证言,并未提交其他证据加以佐证。根据刑事证据规则,据以定罪量刑的事实都必须要有证据证明,证据与证据、证据与案件事实之间不能存在矛盾或矛盾得以合理排除。尤其是证实实施了犯罪行为的证据,是定罪证据的核心和关键,更是必须达到确实、充分的标准。在缺乏客观证据、关联证据的情况下,仅凭存疑的有罪供述不能认定有罪。公诉机关指控聚众冲击国家机关罪,事实不清,证据不足,张某的行为不构成聚众冲击国家机关罪。

信访必须依法合理表达诉求,极端地上访不但不能解决问题,可能还要承担法律后果。

45. 经销商未参与侵权产品制作,是否构成犯罪?

□ 张建武

【案情简介】

"GreatWallofChina"拼装玩具系乐高公司创作的美术作品。乐高公司根据该作品制作、生产系列拼装玩具,并在市场上销售。

2015年至2019年4月间,窦某雇佣杜某、闫某、余某、王某、张某、吕某等人(均已判决)在未经乐高公司许可的情况下,采用拆分组装乐高公司销售的上述拼装积木。并通过电脑建模、复制图纸、委托他人开制模具等方式,在某厂生产、复制上述663种货号的拼装积木玩具产品,冠以"乐拼"品牌通过线上、线下等方式销售。

2017年9月至2019年4月,李某在明知窦某未经乐高公司授权的情况下,仍以擎天柱、大黄蜂的名义从窦某处定制、购进大量侵犯乐高著作权的乐拼产品对外销售。

2020年2月3日,李某在某省A检查站被抓获归案,到案后如实供述了上述事实。

【判决结果】

被告人李某犯侵犯著作权罪,判处有期徒刑三年七个月,并处罚金人民币八百八十万元。

【律师解读】

《刑法》第二百一十七条规定，侵犯著作权罪，是指以营利为目的，未经著作权人许可复制发行其文字、音像、计算机软件等作品，出版他人享有独占出版权的图书，未经制作者许可复制发行其制作的音像制品，制作、展览假冒他人署名的美术作品，违法所得数额较大或者有其他严重情节的行为。侵犯著作权罪中的"复制发行"，包括复制、发行或者既复制又发行的行为，侵权产品的持有人通过广告、征订等方式推销侵权产品的，属于"发行"。"发行"包括总发行、批发、零售、通过信息网络传播以及出租、展销等活动。本案中，李某虽不直接参与侵权产品的研发、设计和实际生产，但其在明知涉案乐拼玩具系仿冒乐高玩具的情况下，仍以营利为目的，作为经销商大量批发、销售侵权乐拼玩具，其行为属于侵犯著作权罪中的发行行为。

李某作为经销商，拥有大量且稳定的客户渠道和销售渠道。渠道信息独立于窦某以及其他经销商，由李某自行控制。李某根据自有客户的需求向窦某购进不同型号及数量的侵权产品并销售，其行为不同于仅负责推销、零售的销售人员。李某除大量批发、销售涉案乐拼玩具外，还通过微信群积极参与窦某及其下属员工关于侵权产品定价、下单布产、产品包装等生产经营活动的商议。对窦某等人生产、经营侵权乐高产品起到了积极帮助的作用，与窦某构成共犯。从社会危害性角度看，被害单位系全球知名企业，并在侵权产品所涉领域具有较高市场地位。李某购进和销售侵权产品的作案时间较长，涉案金额属特别巨大，不仅给权利人的商誉和经济利益造成重大损失，也破坏了社会主义市场经济秩序，具有较大社会危害性，依法应予严惩。

综上，李某在主观故意和客观行为上均具有明确的连续性，应进行整体评判，其行为符合侵犯著作权罪的构成要件，应以侵犯著作权罪定罪处罚。

46. 程某贪污巨款潜逃逾二十年，为何未到案就能被判刑？

□ 郭灿炎

【案情简介】

程某，历任某市市委书记，豫某集团董事长等职务。2000年12月7日至2000年12月15日，程某利用担任豫某集团董事长的职务便利，以在新西兰设立分公司为由，先后三次指使财务人员将公款转入其名下支票账户及其在新西兰开设的个人账户，非法占有公款港元、新西兰元、美元折合人民币共计308.88万余元。其本人于2001年2月7日逃往境外后案发，国际刑警组织对其发布红色通报，中央追逃办也将其列为"百名红通人员"。

【判决结果】

某市中级人民法院一审判决：

一、被告人程某以贪污罪判处有期徒刑十二年，并处罚金人民币五十万元；

二、追缴程某贪污犯罪所得依法予以返还。

【律师解读】

一、程某的行为构成贪污罪

我国《刑法》第三百八十二条第一款规定："国家工作人员利用职务上的便利，侵吞、窃取、骗取或者以其他手段非法占有公共财物的，是贪污罪。"

本案中，被告人程某利用职务上的便利，指使财务人员将公款转入其名下支票账户及其在新西兰开设的个人账户，非法占有公款港元、新西兰元、美元折合人民币共计308.88万余元。程某作为国家工作人员，利用职务便利，非法占有公共财物，数额特别巨大，构成贪污罪。

二、什么是刑事缺席审判？适用范围有哪些？

缺席审判与对席审判相对应，是法院在犯罪嫌疑人、被告人潜逃境外或因其他原因出境后在境外滞留不归等情况时适用的审判程序。该程序于2018年10月26日在十三届全国人大常委会第六次会议表决通过了《关于修改刑事诉讼法的决定》中予以建立，也是为适应新时代反腐败国际追逃追赃工作需要的重要立法。

修改的《中华人民共和国刑事诉讼法》（以下简称《刑事诉讼法》）明确规定：对于贪污贿赂犯罪案件，以及需要及时进行审判，经最高人民检察院核准的严重危害国家安全犯罪、恐怖活动犯罪案件，犯罪嫌疑人、被告人潜逃境外，监察机关、公安机关移送起诉，人民检察院认为犯罪事实已经查清，证据确实、充分，依法应当追究刑事责任的，可以向人民法院提起公诉。人民法院进行审查后，对于起诉书中有明确的指控犯罪事实，符合缺席审判程序适用条件的，应当决定开庭审判。

本案，程某的行为属于贪污贿赂犯罪案件，数额特别巨大，且程某逃匿境外逾20年，拒不到案接受审判，拒不退缴赃款。某市人民检察院认为依法应当追究刑事责任，因而提起公诉，但依传统对席审判程序无法使其接受正义的审判，经某市中级人民法院审查认为本案符合缺席审判程序适用条件，最终按照缺席审判程序公开审理本案，并给予被告人从重处罚。

三、刑事缺席判决中应如何保障被告人的权利？

根据我国《刑事诉讼法》的规定，缺席审判被告人的权利从告知、送达以及辩护等方面将得到有效保障。

1. 人民法院缺席审判案件，被告人有权委托辩护人，被告人的近亲属可以代为委托辩护人。

2. 被告人及其近亲属没有委托辩护人的，人民法院应当通知法律援助机构指派律师为其提供辩护。

3. 交付执行刑罚前，人民法院应当告知罪犯有权对判决、裁定提出异议。罪犯对判决、裁定提出异议的，人民法院应当重新审理。

本案中，郑州市中级人民法院在审理过程中坚持实体公正与程序公正并重的基本原则，允许被告人近亲属代为委托两名辩护人为其出庭辩护，控辩双方分别出示证据，进行质证，依法充分保障了缺席被告人程某的各项诉讼权利。

四、本案对中国法治建设的重大意义

本案是我国适用刑事缺席审判程序审理的第一起外逃被告人贪污案，被称为"中国缺席审判第一案"，是党的十九大以来追逃追赃和法治建设的标志性案件，本案件也被最高人民检察院、最高人民法院写入十三届全国人大五次会议工作报告，入选2022年度最高人民法院全国十大刑事案件……。

再者，境外不是法外，法网就是天网。依法惩罚犯罪，同时警示意图逃往境外以及拒不归国的腐败分子，本案的办理有效检验了刑事缺席审判制度在实践运行中的科学性、合理性，具有开创性意义，同时也彰显了我国以零容忍态度惩治腐败的鲜明立场及司法机关在反腐败斗争中发挥的关键作用。

47. 放任黑社会性质组织欺行霸市，为何构成玩忽职守罪？

□ 韩英伟

【案情简介】

2012年6月至2017年6月，田某任B市公安局刑事警察支队支队长，对全市刑侦系统的业务工作负总责，组织并指挥全市重特大案件、上级督办案件的侦破工作。

2009年以来，A省"打黑办"先后多次将A省B市某县甲公司总经理于某涉嫌黑社会性质组织犯罪的案件线索交给B市公安局办理，B市公安局将该线索转交给某县公安局查办。

田某在明知于某被A省公安厅列为涉黑社会性质组织犯罪督办案件线索的对象，严重违反办案纪律，与于某保持不正当交往。2012年至2015年，多次收受于某贿赂现金人民币85万元、美金9300元、港币40万元。导致不正当履行公务，没有按照黑社会性质组织犯罪的标准，组织、指挥、督办上级交办的于某涉黑案，以个案处理代替涉黑组织犯罪结案。使于某黑社会性质组织在某县不断实施寻衅滋事、欺行霸市、强迫交易、开设赌场、高利转贷、故意伤害等违法犯罪行为，为害一方，造成恶劣社会影响。

【处理结果】

一审判决：

犯罪嫌疑人田某犯受贿罪，判处有期徒刑五年六个月，并处罚金人民币50万元；犯滥用职权罪，判处有期徒刑三年；总和刑期有期徒刑八年六个月，并处罚金人民币50万元；决定执行有期徒刑八年，并处罚金人民币50万元。

犯罪嫌疑人田某不服一审判决，提起上诉。

二审判决：

一、撤销A省B市中级人民法院刑事判决；

二、上诉人田某犯受贿罪，判处有期徒刑五年六个月，并处罚金人民币50万元；犯玩忽职守罪，判处有期徒刑二年；总和刑期有期徒刑七年六个月，并处罚金人民币50万元；决定执行有期徒刑七年，并处罚金人民币50万元。

【律师解读】

一、关于田某是否构成滥用职权罪

滥用职权罪是指国家机关工作人员超越职权，违法决定、处理其无权决定、处理的事项，或者违反规定处理公务，致使公共财产、国家和人民利益遭受重大损失的行为。滥用职权罪中行为人对危害结果的发生在主观上一般是出于故意。某县公安局负责办理涉黑案件，自2012年至2015年期间，于某涉嫌黑社会性质组织犯罪的案件侦办的责任人、主办人、经办人均非田某，田某并非于某涉黑案件的责任人、主办人和经办人。审批于某案件是田某的工作职责，法院仅以田某与于某保持不正当交往为由而认定田某不正当履行职务，据理不足。

在于某涉黑案件处理过程中，根据B市公安局对于某涉黑案件处理的分工，案件由某县公安局办理，市公安局刑警支队只负责督办。刑警支队也确实进行了督办。将于某案件按个案处理，不按涉黑组织案件处理，是某县公安局、市公安局刑警支队、市公安局领导共同研究的集体意见,不是田某的个人行为。将涉黑案线索最终按个案处理是集体研究意见,并非田某个人意见所致。

鉴于田某并非办案人和直接责任人,没有证据证明田某利用职权对于某涉黑案件直接承办人或分管责任人施加影响,故此,目前在案证据无法证明在办理于某涉黑案件中,田某具有超越职权,违法决定、处理其无权决定、处理的事项,或者违反规定处理公务等滥用职权行为。田某收受于某贿赂的行为已按受贿罪论处,田某并无异议,不宜仅以田某收受于某贿赂就进而推定田某必然滥用职权,即不应对收受于某贿赂之行为进行重复评价。

二、关于上诉人田某行为的定性

根据《最高人民检察院关于渎职侵权犯罪案件立案标准的规定》,玩忽职守罪是指国家机关工作人员严重不负责任,不履行或者不认真履行职责,致使公共财产、国家和人民利益遭受重大损失的行为。玩忽职守罪中行为人对发生危害结果主观上是过失。本案在案事实和证据难以证明田某对于某涉黑案件所造成的危害结果抱持希望或放任的态度,其行为属于不认真、不正当地履行职责。

根据A省公安厅省打黑办2014年1月7日《关于B市于某等人涉嫌违法犯罪线索核查工作情况的报告》,省打黑办认为:"惠州、博罗两级公安机关核查工作流于表面,查复内容不具备办结条件,要求B市公安机关继续深入开展工作,但此后近18个月时间内,B市在此前报告基础上再无进展。""从惠州及我处前期工作的情况看,于某团伙从20世纪90年代开始起步,从一般性违法犯罪团伙逐渐壮大为成员众多并拥有多个经济实体、控制垄断多个行业的涉黑团伙,于某等人在发展过程中涉嫌多宗严重刑事案件,但一直未受到根本性的打击处理,此外惠州、某县公安机关在线索核查过程中以各种理由推诿、拖拉,侦办工作仅停留在表面没有实质性进展。主要问题有:领导重视不足,专案侦办力量薄弱;核查工作不深入;侦办工作存在泄密问题。"即使在省打黑办对B市的于某等人涉嫌违法犯罪线索核查工作情况提出批评和明确工作要求的情况下,B市公安局在随后上报的几份情况报告里依然作出"于某团伙尚未发展成稳定的犯罪组织,建议省打黑办将此案的涉黑涉恶线索办结处理"的结论,明显属于敷衍塞责，不认真履行职责。

田某于2012年6月至2017年6月期间任B市公安局刑事警察支队支队长，对全市刑侦系统的业务工作负总责，组织指挥了全市重特大案件、上级督办案件的侦破，审批并多次参与签发《关于于某等人涉嫌违法犯罪线索问题的情况调查报告》，属于严重不负责任，不履行或者不认真履行职责，同意于某案以个案处理代替涉黑组织犯罪结案，致使于某黑社会性质组织在某县不断实施寻衅滋事、欺行霸市、强迫交易、开设赌场、高利转贷、故意伤害等违法犯罪行为，为害一方，造成恶劣的社会影响。应认定上诉人田某的行为构成玩忽职守罪。

综上，田某身为国家机关工作人员，无视国家法律，非法收受他人财物，为他人谋取利益，严重不负责任，不认真履行职责，致使国家和人民利益遭受重大损失，造成恶劣的社会影响，其行为已分别构成受贿罪、玩忽职守罪，依法应数罪并罚。

48. 一房二卖，为何构成合同诈骗罪？

□ 庞立旺

【案情简介】

孙某在经营A公司期间，因资金周转而向多人借款，并于2019年11月将其所有的一套厂房抵押给商业银行，借款人民币750万元。

2020年4月15日，孙某先将上述厂房以1,420万元的价格出售给贾某并签订协议，收取购房款总计360万元。2020年5月2日，孙某隐瞒涉案厂房已出售给他人的事实，又以1400万元的价格出售给B公司（法定代表人陆某）并签订协议，收取购房款总计200万元，于2020年5月7日进行了网签备案。

2020年5月8日，孙某在隐瞒了已与B公司网签的情况下，以解除房产抵押方便过户为由，向贾某催讨购房款750万元。2020年5月20日，孙某以同样的理由向B公司催讨并收到购房款400万元。

孙某收取上述钱款后逃匿，未归还银行欠款。2020年6月2日，贾某找到孙某妻子丁某，索回 550 万元。

【判决结果】

一、被告人孙某的行为构成合同诈骗罪，判处有期徒刑十一年六个月，剥夺政治权利二年，并处罚金人民币二十万元；

二、被告人孙某未退出的违法所得，予以追缴。

【律师解读】

一、为何孙某构成合同诈骗罪？

《刑法》第二百二十四条规定，合同诈骗罪是以非法占有为目的，在签订、履行合同过程中，采取虚构事实或者隐瞒真相等欺骗手段，骗取对方当事人财物的行为。合同诈骗罪的行为人具有非法占有目的，将通过签订、履行合同而获取的财物非法占为己有。

本案中，孙某的行为之所以构成犯罪，是因为在于孙某假借履行房屋买卖合同的名义，再分别向贾某、B 公司索要了所谓的购房款合计 1150 万。

二、如何审查行为人是否具有"非法占有目的"？

一般从以下四个方面进行审查：

第一，履约能力。履约的能力是判断行为人是否具有非法占有目的的重要指标。最高人民法院《全国法院审理金融犯罪案件工作座谈会纪要》（以下简称《纪要》）的规定，"在司法实践中，认定是否具有非法占有为目的，应当坚持主客观相一致的原则，既要避免单纯根据损失结果客观归罪，也不能仅凭被告人自己的供述，而应当根据案件具体情况具体分析。根据司法实践，对于行为人通过诈骗的方法非法获取资金，造成数额较大资金不能归还，并具有下列情形之一的，可以认定为具有非法占有的目的：（1）明知没有归还能力而大量骗取资金的……"由此可知，目前司法机关在审理包括合同诈骗罪在内的金融犯罪案件时尤其关注行为人履约的能力。

第二，履约行为。在合同诈骗罪的审理过程中，控辩双方均无法回避的一个争议的焦点是：犯罪嫌疑人究竟有没有履行合同的真意。履行合同的真意除了可以通过上述履约能力在一定程度上反映外，再一个集中的体现就是行为人的履约行动。在缔约后，若行为人客观上具有一定的履约能力，只是在数量、质量等方面有不实之处，合同签订后积极履行，即使失败也不应定性为刑事犯罪，而是属于民事违约责任；如行为人没有履行合同的诚意和行为，获取合同权益后，对合同义务予以搪塞、推托，甚至逃匿，则可以认定其具有非法获利的动机，应认定为合同诈骗罪。

第三，财产处置。《纪要》规定：可以认定"非法占有目的"的情形有：明知没有归还能力而大量骗取资金的；非法获取资金后逃跑的；肆意挥霍骗取资金的；使用骗取的资金进行违法犯罪活动的；抽逃、转移资金、隐匿财产，以逃避返还资金的；隐匿、销毁账目，或者搞假破产、假倒闭，以逃避返还资金的。这些总结起来就是对非法获取的财产的处置，这都显示出行为人内心追求非法占有所获财产利益的目的，因此可以认定该行为具有可处罚性。

第四，合同不能实际履行的原因。真正追求非法占有的行为人往往会主动追求合同履行不能，所以可以探究合同履行不能的真实原因，如果导致合同不能实际履行的原因既不是行为人乐于看到的，也非行为人能够掌控的，那么不应将被害人的损失归责于行为人。另外，《纪要》也指出"如果行为人因自己的行为导致合同没有履行之后……能积极采取补救措施，用实际行动赔偿或者减少对方的损失，就不能认定其具有非法占有目的。"

49. 政府开发项目代理人索贿，是否构成受贿罪？

□ 邓凤文

【案情简介】

2009年2月13日，某地区农场党委会会议研究，成立了农贸市场改造领导小组，赵某担任办公室常务副主任。2009年10月，A公司与某地区农场签订合作协议,共同开发三角地项目,其中某地区农场以土地挂牌评估价、地面附着物及评估费、土地出让金、拆迁费等作为入股,持有总股份的25%;李某以负责项目全部资金作为入股,持有总股份的49%;贾某以项目前期各类手续办理作为入股,持有总股份的26%,各方按照持股比例,根据实际利润进行利益分成。2010年3月29日,赵某以某地区农场委托代理人的身份与A公司三角地项目部法人代表李某签订了该项目的《合作协议》补充条款,该条款明确约定该项目的资产评估、拆迁安置补偿费、土地出让金、勘察设计费、工程监理、项目审批手续费、设备购置费等各项资金支出的原始凭证等均须经双方法定代表人或委托代理人签字认可。2012年5月18日,赵某受某地区农场委托,作为甲方某地区农场的委托代理人,全权负责该项目的前期土地评估、拆迁安置、项目资金监管、后期资产清算和日常管理工作。

2010年7月,赵某利用职务上的便利,凭借自己在项目实施中享有的会议需要自己参加才能形成决议、财务票据需要自己签字才能支付的职权,以个人没有交通工具、不方便出行为由,多次向某市场项目投资人李某和股东贾某索要车辆。2010年8月16日,赵某在某市的汽车销售服务有限公司选中一辆价值860000元的进口大众途锐3580CC越野车,并以电话方式向李某告知由其支付购车款,李某接到赵某要求支付购车款的电话后,安排其公司财务人员向该汽车销售服务有限公司账户汇入860000元购车款。2010年8月23日李某为赵某支付了该车辆购置税73504元,机动车交强险950元,合计为赵某购置车辆支付了934454元。赵某将该车登记在自己名下,并长期归自己个人使用。

2012年8月,赵某利用职务上的便利,以自己没有办公场所为由,向某市场项目投资人李某索要位于B小区内7号楼2单元202室商铺,价值98802.2元(其中商铺96865.2元,维修基金1937元),赵某在对该商铺未支付任何款项的情况下将该商铺产权登记归属于自己名下。

【判决结果】

赵某犯受贿罪,判处有期徒刑五年两个月,并处罚金人民币三十五万元。

【律师解读】

一是根据中共某地区国资委《关于调整地直国有企业党组织设置的批复》、公司登记审核表、企业法人营业执照等可证实 B 公司系国有企业，且根据 B 公司党组《关于成立内设机构的通知》以及 2019 年 11 月 1 日出具的情况说明可证实乙农贸市场属于某地区农场的下属单位，工贸中心属于某地区农场的内设机构。

二是根据调查机关依法调取的赵某个人简历、某地区农场干部任免文件、招收新工人登记表、社保缴纳情况说明、中共某地区国资委出具的情况说明等证据足以证实赵某系国有企业工作人员的身份。

三是在案的证据以及赵某本人当庭陈述证实犯罪时，赵某代表某地区农场负责某市场项目的征收、拆迁和安置等工作，且有证人证言相互印证。

四是根据《中华人民共和国刑法》第九十三条第二款之规定"国有公司、企业、事业单位、人民团体中从事公务的人员和国家机关、国有公司、企业、事业单位委派到非国有公司、企业、事业单位、社会团体从事公务的人员，以及其他依照法律从事公务的人员，以国家工作人员论。"故认定赵某涉案时为国家工作人员并无不当。

关于认定赵某犯受贿罪问题。赵某陈述涉案的车辆和商铺系其以某公司入股某市场项目分得 10% 股份分红所得，认为自己不构成受贿罪。首先，本案系职务犯罪，赵某作为某地区农场负责某市场项目的委托代理人向他人索要车辆房产，不属于合作经营的收益分成，符合受贿罪的法律特征，应当认定为受贿。查明，赵某提交涉及 10% 股份的会议纪要系意向性材料，赵某本人当庭陈述未对案涉项目进行实质投资，其陈述的农贸市场系该项目二期规划，实际亦未实施。其次，2009 年 2 月 13 日，某地区农场党委会会议研究，成立了农贸市场改造领导小组，赵某担任办公室常务副主任（委托授权），以某地区农场授权代表身份参与该项目的管理工作，且根据在案中共某地区国资委出具的情况说明以及国务院《关于规范国有企业职工持股、投资的意见》可以证实赵某不能从事与本企业经营同类业务相关的经营性活动。故无论从形式上还是实质上看，赵某均不符合该项目的股东身份。以上评判内容与赵某在监委留置期间、起诉审查阶段、一审审理期间的多次有罪供述相印证，其供述的内容与证明其犯罪事实的证人证言及相关书证等证据材料均能够相互印证，足以确认其供述的真实性，可以证实赵某所作的有罪供述均是其真实意思的表示；且一审审理期间未提交涉嫌非法取证的相关线索或者材料，在过程中未向法院书面申请非法证据的排除，亦未提供监察机关采用刑讯逼供、暴力、威胁等非法方法收集言词证据、违反法定程序收集物证、书证的相关线索和材料，现有在案证据系调查人员依照法定程序，全面、客观收集的，具备证据的客观性、合法性、关联性。

50. 青少年卖卡被刑拘，为何构成帮助信息网络犯罪活动罪？

□ 李炎朋

【案情简介】

2021年4月，未成年人A在明知银行卡不得出售、出租、出借给他人从事违法犯罪活动的规定的情况下，将两张银行卡及绑定的手机卡、U盾卖给了B。A的银行卡在2021年6月15日至6月18日期间共计收入37万余元，A从中获利800元。

2021年7月3日，A因涉嫌帮助信息网络犯罪活动罪被某区公安分局刑事拘留，2021年7月25日被某区公安分局取保候审，2021年12月10日被某区人民检察院取保候审。

【判决结果】

某区人民检察院依法作出对A的不起诉决定。

【律师解读】

未成年人是国家的希望，亦是民族的未来，未成年人健康成长关乎社会的长治久安。然而近年来，未成年人犯罪和侵害未成年人犯罪均呈上升趋势。2018年至2021年，检察机关受理审查起诉未成年人犯罪24.9万人，年均上升8.3%。未成年人犯罪犹如附骨之疽，如不及时介入，便极易引发严重的社会问题。引导、关心未成年人健康成长，使其成为"希望之花"，这不仅是学校和家庭的责任，更是整个社会的共同责任。

依据《刑事诉讼法》第一百七十七条规定，犯罪嫌疑人没有犯罪事实，或者有本法第十六条规定的情形之一的，人民检察院应当作出不起诉决定。对于犯罪情节轻微，依照刑法规定不需要判处刑罚或者免除刑罚的，人民检察院可以作出不起诉决定。人民检察院决定不起诉的案件，应当同时对侦查中查封、扣押、冻结的财物解除查封、扣押、冻结。对被不起诉人需要给予行政处罚、处分或者需要没收其违法所得的，人民检察院应当提出检察意见，移送有关主管机关处理。有关主管机关应当将处理结果及时通知人民检察院。《未成年人刑事检察工作指引（试行）》第一百七十六条，对于犯罪情节轻微，具有下列情形之一，依照刑法规定不需要判处刑罚或者免除刑罚的未成年犯罪嫌疑人，一般应当依法作出不起诉决定：

（一）被胁迫参与犯罪的；

（二）犯罪预备、中止、未遂的；

（三）在共同犯罪中起次要或者辅助作用的；

（四）系又聋又哑的人或者盲人的；

（五）因防卫过当或者紧急避险过当构成犯罪的；

（六）有自首或者立功表现的；

（七）其他依照刑法规定不需要判处刑罚或者免除刑罚的情形。

对于未成年人轻伤害、初次犯罪、过失犯罪、犯罪未遂以及被诱骗或者被教唆实施犯罪等，情节轻微，确有悔罪表现。当事人双方自愿就民事赔偿达成协议并切实履行，或者经被害人同意并提供有效担保。符合《刑法》第三十七条规定的，人民检察院可以依照《刑事诉讼法》第一百七十三条第二款的规定，作出不起诉决定，并根据案件的不同情况，予以训诫或者责令具结悔过、赔礼道歉、赔偿损失，或者由主管部门予以行政处罚。

律师在担任 A 的辩护人伊始，从 A 的成长经历、犯罪原因、监护教育等情况着手并综合分析。认为其作为未成年人在缺乏家庭教育和学校监管的情形下，在辍学后能够积极承担起作为子女的责任打工补贴家用实属难得。且 A 在到案后能够如实供述，主观恶性较小社会危害性不大，因此律师向办案机关提交了法律意见书，希望人民检察院本着"惩前毖后，治病救人"的原则给 A 一个改过自新、重新做人的机会。2022 年 3 月 17 日某区人民检察院依法作出对 A 的不起诉决定。

本案中，A 在明知银行卡不得出售、出租、出借给他人从事违法犯罪活动的规定的情况下，将两张银行卡及绑定的手机卡、U 盾卖给他人为电信网络犯罪提供了帮助。其行为已触犯《刑法》第二百八十七条之二，明知他人利用信息网络实施犯罪，为其犯罪提供互联网接入、服务器托管、网络存储、通信传输等技术支持，或者提供广告推广、支付结算等帮助，情节严重的，处三年以下有期徒刑或者拘役，并处或者单处罚金。单位犯前款罪的，对单位判处罚金，并对其直接负责的主管人员和其他直接责任人员，依照第一款的规定处罚。A 构成了帮助信息网络犯罪活动罪。但客观上 A 作为未成年人身心发展处于不平衡阶段，缺乏成年人所有的分析判断能力，加之不好的成长环境使其走向了犯罪道路。

少年强，则中国强，青少年的健康成长关系着家庭的幸福和祖国的长治久安。对于未成年人犯罪，我们应该综合考虑其成长环境等因素给予一定的包容；惩治犯罪不是目的，最主要的是全社会行动起来防范化解社会矛盾，共同努力打造一个充满光明和希望的未来。

51. 网上发文侮辱烈士，为何判刑又赔礼道歉？

□ 温奕昕

【案情简介】

2021 年 10 月 6 日，罗某在某市住处用手机观看《长津湖》电影和长津湖战役纪录片视频后，为博取关注，使用新浪微博账号"罗某"发布帖文，侮辱在抗美援朝长津湖战役中牺牲的中国人民志愿军"冰雕连"英烈，侵害英雄烈士的名誉、荣誉，引发公众强烈愤慨，造成恶劣的社会影响。上述帖文因微博用户举报，当日 14 时许，罗某到某派出所投案，如实供述其犯罪事实。后检察机关提起刑事及附带民事公益诉讼。

2022 年 5 月 5 日，某人民法院对罗某侵害英雄烈士名誉、荣誉暨刑事附带民事公益诉讼一案依法公开宣判。

【判决结果】

判处被告人罗某有期徒刑七个月并承担在新浪网、《法治日报》和《解放军报》上公开赔礼道歉等民事责任。

【律师解读】

英雄烈士是民族的脊梁、时代的先锋，英烈事迹和精神是中华民族共同的历史记忆和宝贵的精神财富，是激励全党全国各族人民不懈奋斗的力量源泉。伟大的抗美援朝精神跨越时空、历久弥新，是社会主义核心价值观的重要体现，需要全体中华儿女永续传承、世代发扬，绝不容许亵渎、诋毁。

《刑法》第二百九十九条之一规定，侮辱、诽谤或者以其他方式侵害英雄烈士的名誉、荣誉，损害社会公共利益，情节严重的，构成侵害英雄烈士名誉、荣誉罪。《中华人民共和国英雄烈士保护法》第二条规定，刑法第二百九十九条之一规定的"英雄烈士"，主要是指近代以来，为了争取民族独立和人民解放，实现国家富强和人民幸福，促进世界和平和人类进步而毕生奋斗、英勇献身的英雄烈士。司法实践中，对侵害英雄烈士名誉、荣誉的行为是否达到"情节严重"，应当结合行为方式，涉及英雄烈士的人数，相关信息的数量、传播方式、传播范围、传播持续时间，相关信息实际被点击、浏览、转发次数，引发的社会影响、危害后果以及行为人前科情况等综合判断。根据案件具体情况，必要时，可以参照适用《最高人民法院、最高人民检察院关于办理利用信息网络实施诽谤等刑事案件适用法律若干问题的解释》（法释〔2013〕21 号）的规定。侵害英雄烈士名誉、荣誉，达到入罪标准，但行为人认罪悔罪，综合考虑案件具体情节，认为犯罪情节轻微的，可以不起诉或者免予刑事处罚；情节显著轻微危害不大的，不以犯罪论处；构成违反治安管理行为的，由公安机关依法给予治安管理处罚。

本案中,罗某在互联网上侮辱英烈,否定社会主义核心价值观和抗美援朝精神,破坏社会公共秩序,损害社会公共利益,情节严重,其行为已构成侵害英雄烈士名誉、荣誉罪,应依法惩处,并承担相应的民事侵权责任。法院经审理查明:罗某帖文处理前被阅读22397次。罗某于6日6时20分删除该帖文,经公安机关电话传唤后,于13时48分在其微信朋友圈发布致歉声明,但该帖文内容已经在网络上广泛传播,引发公众强烈愤慨,造成恶劣社会影响。当日14时许,罗某到某派出所投案,如实供述其犯罪事实。

附带民事公益诉讼部分查明:罗某曾系知名媒体人,于2009年9月9日注册新浪微博账号"罗某"。罗某使用上述微博账号曾发表侮辱、嘲讽英雄烈士等违法帖文9篇,9篇帖文阅读量累计17613621次、评论量19152条、转发量32015次。其间,新浪微博账号"罗某"因发表言论违反微博社区公约被平台处置30次。

罗某具有自首情节,自愿认罪认罚,愿意赔偿公益损害赔偿金8万元,用于抗美援朝烈士精神事迹纪念、宣传等公益事业,法院予以认可。综合辩护人的辩护意见及公诉机关的量刑意见,法院作出上述判决。

52. 非法销售涉疫物资,为何获徒刑?

□ 郭灿炎

【案情简介】

2020年1月至2月,在新型冠状病毒肺炎疫情期间,方某某为牟取利益,从某地批量采购白色二层、三层口罩,且在明知该口罩属于"三无"劣质产品的情况下在网上及线下向柯某某、蒋某某(两人另案处理)等人进行销售赚取利益。

经查明,2020年1月25日至2月5日期间,方某某共销售该"三无"口罩25万余只,销售金额达24万元左右,非法获利7万余元。经鉴定,方某某销售的白色二层、三层口罩其过滤效率均不符合标准要求,系不合格产品。

【判决结果】

被告人方某某犯销售伪劣产品罪，判处有期徒刑二年八个月，并处罚金人民币三十五万元。

【律师解读】

随着疫情防控进入新阶段，各类治疗发热、咽干咽痛的药物、N95口罩、抗原试剂等市场需求激增，这些物资也在近期成为"网红"。然而，不少朋友反映，在药店买不到抗原检测试剂，但在社交平台上却有多人兜售甚至促销，质量无法确保，鱼龙混杂。

一、抗原试剂属第三类医疗器械，无资质的个人私自贩卖违法

2020年3月30日，国家药品监督管理局发布《中国对新型冠状病毒检测试剂和防护用品的监管要求及标准》，将抗原试剂作为第三类医疗器械管理。

《医疗器械监督管理条例》第四十二条，从事第三类医疗器械经营的，经营企业应当向所在地设区的市级人民政府负责药品监督管理的部门申请经营许可并提交符合本条例第四十条规定条件的有关资料。

另外，根据《国家药监局综合司关于做好新冠病毒抗原检测试剂质量安全监管工作的通知》要求，在疫情防控期间，取得药品经营许可证或者医疗器械经营许可证，并具备相应储存条件的零售药店和医疗器械经营企业，可销售新冠病毒抗原检测试剂。

总之，个人不能从事第三类医疗器械（包括第二类）经营活动，个人在朋友圈等网络平台销售新冠抗原试剂盒是违法行为。

二、在社交平台上私自贩卖抗原试剂要承担什么法律责任？

个人私自贩卖抗原试剂，应由县级以上药品监督管理部门责令停止经营，没收违法经营的产品和违法所得，违法所得五千元以上的，并处违法所得二倍以上五倍以下的罚款；除了受到行政处罚以外，如果涉及扰乱市场秩序，情节严重的，可能涉嫌非法经营罪，非法经营数额超过五万元，或者违法所得超过一万元的，就已经达到了刑事犯罪的追诉标准，应当由公安机关进行立案调查。

如果私自售卖的抗原试剂是假冒伪劣产品，或者是以假充真、以不合格产品冒充合格产品，而且销售金额较大的，还涉嫌生产销售伪劣产品罪。根据《刑法》的规定，销售金额超过两百万的，最高可判处无期徒刑，并处销售金额50%以上二倍以下罚金，或者没收财产。

根据《中华人民共和国刑法》第一百四十条、第二百二十五条的规定，无销售资质的个人所售卖的抗原检测试剂是假冒伪劣产品，或者以假充真、以不合格产品冒充合格产品，销售金额达五万元以上或严重扰乱市场秩序的，可能涉嫌销售伪劣产品罪、非法经营罪。

三、销售假药、劣药生产、销售不符合标准的医用口罩要承担什么法律责任？

生产、销售用于防治新型冠状病毒感染肺炎的假药、劣药，符合《中华人民共和国刑法》第一百四十一条、第一百四十二条规定的，构成生产、销售假药罪或者生产、销售劣药罪，将判处拘役、有期徒刑、无期徒刑直至死刑等，还要并处罚金或者没收财产，追缴违法所得。

生产不符合保障人体健康的国家标准、行业标准的医用口罩，或者销售明知是不符合标准的医用口罩，足以严重危害人体健康的，依照《中华人民共和国刑法》第一百四十五条的规定，构成生产、销售不符合标准的医用器材罪。

总之，涉疫物资作为自主防疫的重要民生物品也仅是一时紧缺，无资质的个人不要置法律红线于不顾，把防疫做成生意。在涉疫物资上投机取巧，必定将受到重拳打击！

53. 泄愤打架出人命，为何被认定正当防卫？

□ 张 璐

【案情简介】

2012年9月9日19时许，在A市商贸城内，植某甲为发泄与妻子争吵的怒气，将刘某经营的"红玫瑰美甲店"的广告灯箱踢烂。当潭某出来询问为何要踢烂灯箱并要求植某甲赔偿的过程中，植某甲再次踢了广告灯箱，植某乙踢了一脚潭某的腹部。潭某即拿起拖把抵抗，植某甲、植某乙、杨某等人就抢去拖把并对其进行殴打。在打斗过程中，潭某被推倒在旁边"理财咨询信息部"门前，停放在一旁的摩托车亦被推倒压在其左腿上，"理财咨询信息部"的玻璃门被撞碎，但植某甲、植某乙、杨某等人仍继续殴打潭某的背部。潭某便从地上抓起一块玻璃向后划去，划伤植某乙颈部、植某甲鼻梁、左上臂。植某乙被划伤后倒在地上，后经送医院救治无效死亡。经鉴定，植某乙死于外伤性（左颈动脉完全横断）失血性休克；植某甲面部及左上臂的损伤均为轻微伤；潭某右小指及背部的损伤均为轻微伤。

【判决结果】

一审判决：
一、被告人潭某无罪；
二、驳回刑事附带民事诉讼原告等人的诉讼请求。
二审判决：
驳回上诉，维持原判。

【律师解读】

一、关于正当防卫与防卫过当的界限

正当防卫，是指正在遭受不法侵害行为的人，而采取的制止不法侵害的行为，对进行不法侵害人造成损害的，属于正当防卫，不负刑事责任。

防卫过当，是指防卫行为明显超过必要限度造成重大损害的应当负刑事责任的情形。所谓防卫过当是指正当防卫行为超越了法律规定的防卫尺度，因而应当负刑事责任的情况。

正当防卫与防卫过当区别如下：首先，正当防卫必须是没有明显超过必要限度，防卫行为必须在必要合理的限度内进行，否则就构成防卫过当。其次，正当防卫不负刑事责任，也就是不构成犯罪，而防卫过当需要负刑事责任。

二、潭某的行为，为何被认定为正当防卫？

潭某在与植某甲理论赔偿广告灯箱事宜时，遭受与赔偿无关的死者植某乙脚踢，并继续遭受植某乙及植某甲等人的殴打，植某乙及植某甲等人主观、行为上明显对潭某实施了不法侵害。潭某被打倒面朝地背朝天俯卧在地，其左腿也被一辆摩托车压住。在此情况下，植某乙等人没有放弃对潭某的殴打，仍然俯身弯腰殴打其背部并致轻微伤，不法侵害始终没有停止。潭某由于激愤、慌张、恐惧的心理作用，对于所遭受正在进行的不法侵害的意图的危险程度一时难以分辨，在没有办法选择一种恰当的防卫行为的情况下，为避免继续遭受正在进行的不法侵害，出于防卫本能，随手抓起地上的碎玻璃条朝背后乱划，导致植某乙被划伤左颈动脉并死亡。

根据《中华人民共和国刑法》第二十条第一款："为了使国家、公共利益、本人或者他人的人身、财产和其他权利免受正在进行的不法侵害，而采取的制止不法侵害的行为，对不法侵害人造成损害的，属于正当防卫，不负刑事责任"。因此，潭某的行为虽然造成植某乙死亡的损害事实，但其防卫行为系针对正在进行的严重危及人身安全的暴力犯罪，未明显超过必要的限度，潭某的行为具备了正当防卫的客观要件，不属于防卫过当，而是正当防卫，依法不负刑事责任。

三、潭某的行为虽然造成植某乙死亡的损害事实，为何不承担赔偿责任？

综上所述，潭某为使自己的人身权利免受正在进行的不法侵害，而采取措施制止不法侵害，虽然造成了不法侵害人植某乙死亡，但其防卫行为系针对正在进行的严重危及人身安全的暴力犯罪，依法属于正当防卫。根据《民法典》第一百八十一条第一款："因正当防卫造成损害的，不承担民事责任"。因此，正当防卫造成损害的，依法不承担刑事责任和民事赔偿责任。

54. 涉嫌暴力干涉婚姻自由，法院为何判决无罪？

□ 庞立旺

【案情简介】

韩某（男）与郑某甲（女）于 2003 年 1 月 27 日在 A 县人民政府办理结婚登记，婚后生育 2 个子女。2014 年郑某甲确诊为运动神经元病，经多方寻医问诊仍未康复，但郑某甲具有独立、正常的思维意识，能作出真实的意思表示，系完全行为能力人。

韩某控诉郑某乙（郑某甲之父）分别于：2018 年 1 月 13 日，对其实施暴力殴打行为；2018 年 2 月 8 日，限制其人身自由，以强迫其与郑某甲离婚；2018 年 5 月 3 日，限制郑某甲人身自由和强迫郑某甲提起离婚诉讼的行为。

2018 年 6 月 14 日，韩某以郑某乙暴力干涉婚姻自由罪为由，诉至法院。

【判决结果】

被告人郑某乙的行为不构成暴力干涉婚姻自由罪。

【律师解读】

《刑法》第二百五十七条规定，以暴力干涉他人婚姻自由的，处二年以下有期徒刑或者拘役。犯前款罪，致使被害人死亡的，处二年以上七年以下有期徒刑。第一款罪，告诉的才处理。

暴力干涉婚姻自由罪作为一种亲告罪，遵循不告不理的原则，需要向人民法院控诉（暴力干涉婚姻自由的行为人），而不是向公安机关报案，从法律定义上是指用暴力手段干涉他人结婚自由或离婚自由的行为。

本罪的客观方面表现为使用暴力干涉他人婚姻自由的行为，使用暴力是本罪在客观方面的一个显著特征,没有暴力干涉就不构成本罪。因此构成本罪要求行为人实施暴力行为,且实施暴力行为是为了干涉他人婚姻自由,此处的暴力行为指实施捆绑、殴打、禁闭、抢掠等对人身行使有形力的行为,极为轻微的暴力,不能视为本罪的暴力行为。本罪的主观方面表现为直接故意,即明知自己的行为就是为了干涉他人的婚姻自由。

经法院查明,韩某控诉的两次纠纷均与韩某婚姻无关。2018年1月13日,韩某确与郑某乙发生肢体冲突,是因郑某甲车辆去向问题,并非郑某乙强迫韩某与郑某甲分开以干涉其婚姻自由。韩某在冲突中受伤系双方撕扯推拉所致,双方均存在过错,不能认定为郑某乙暴力殴打韩某。

2018年2月8日,双方因郑某甲母亲养老金的事宜发生争执。韩某报警后离开,过程中未发生郑某乙限制韩某人身自由的行为,亦不存在郑某乙干涉韩某婚姻自由的事实。同时法院认定,郑某甲具有独立、正常的思维意识,能作出真实的意思表示,系完全行为能力人。因身体疾病现由其母和保姆照顾,行动不便,所以郑某甲委托郑某乙办理离婚诉讼等事务。郑某乙没有做出限制郑某甲人身自由,强迫郑某甲提起离婚诉讼的行为。故郑某乙既不存在暴力殴打、限制人身自由的客观行为,亦无干涉韩某离婚自由的犯罪故意。韩某提交的证据无法证明郑某乙存在暴力干涉婚姻自由的犯罪事实。

综上所述,韩某控诉郑某乙暴力干涉婚姻自由罪缺乏证据支持,控诉罪名不成立,不能认定郑某乙有罪,应依法对郑某乙宣告无罪。

55. 贩卖电子烟油用他人账号收款,为何涉嫌贩毒和洗钱?

□ 高 庆

【案情简介】

2021年7月1日至8月21日,万某明知合成大麻素类物质已被列管,其为牟取非法利益,通过微信兜售含有合成大麻素成分的电子烟油,先后六次采用雇请他人送货或者发送快递的方式向多人贩卖,得款共计4900元。黄某两次帮助万某贩卖共计600元含有合成大麻素成分的电子烟油,刘某帮助万某贩卖300元含有合成大麻素成分的电子烟油。为掩饰、隐瞒上述犯罪所得的来源和性质,万某收买他人微信账号并使用他人身份认证,收取毒资后转至自己的微信账号,再将犯罪所得提取至银行卡用于消费等。

2021年8月23日,公安人员在万某住处将其抓获,当场查获电子烟油15瓶,共计净重111.67克。次日,公安人员在万某租赁的仓库内查获电子烟油94瓶,共计净重838.36克。经鉴定,上述烟油中均检出ADB-BUTINACA和MDMB-4en-PINACA合成大麻素成分。

【判决结果】

一、被告人万某的行为构成贩卖毒品罪,判处有期徒刑十五年,并处没收个人财产人民币六万元,以洗钱罪判处有期徒刑十个月,并处罚金人民币五万元,决定执行有期徒刑十五年,并处没收个人财产人民币六万元、罚金人民币五万元;

二、被告人黄某、刘某的行为构成贩卖毒品罪,均判处有期徒刑八个月,并处罚金人民币一万元。

【律师解读】

一、什么是合成大麻素类物质

合成大麻素类物质是人工合成的化学物质,相较天然大麻能产生更为强烈的兴奋、致幻等效果。吸食合成大麻素类物质后,会出现头晕、呕吐、精神恍惚等反应,过量吸食会出现休克、窒息甚至猝死等情况,社会危害极大。

2021年7月1日起,合成大麻素类物质被列入《非药用类麻醉药品和精神药品管制品种增补目录》,以实现对此类新型毒品犯罪的严厉打击。合成大麻素类物质往往被不法分子添加入电子烟油中或喷涂于烟丝等介质表面,冠以"上头电子烟"之名在娱乐场所等进行贩卖,因其外表与普通电子烟相似,故具有较强迷惑性,不易被发现和查处,严重破坏毒品管制秩序，危害公民身体健康。

二、毒品犯罪与洗钱犯罪的关系

毒品犯罪是洗钱犯罪的上游犯罪之一。洗钱活动在为毒品犯罪清洗毒资的同时，也为扩大毒品犯罪规模提供了资金支持，助长了毒品犯罪的蔓延。《中华人民共和国刑法修正案（十一）》将"自洗钱"行为规定为犯罪，加大了对从洗钱犯罪中获益最大的上游犯罪本犯的惩罚力度。本案中，被告人万某通过收购的微信账号等支付结算方式，转移自身贩卖毒品所获毒资，掩饰、隐瞒贩毒违法所得的来源和性质，妄图"洗白"毒资和隐匿毒资来源。

《刑法》第三百四十七条规定，走私、贩卖、运输、制造毒品，无论数量多少，都应当追究刑事责任，予以刑事处罚。视情节轻重，处有期徒刑、无期徒刑或者死刑，并处没收财产。第一百九十一条规定，为掩饰、隐瞒毒品犯罪、黑社会性质的组织犯罪、恐怖活动犯罪、走私犯罪、贪污贿赂犯罪、破坏金融管理秩序犯罪、金融诈骗犯罪的所得及其产生的收益的来源和性质，构成洗钱罪。

万某、黄某、刘某向他人贩卖含有合成大麻素成分的电子烟油，其行为均已构成贩卖毒品罪。万某为掩饰、隐瞒毒品犯罪所得的来源和性质，采取收买他人微信账号用以收取毒资后转至自己账号的支付结算方式来转移资金，其行为又构成洗钱罪。对万某所犯数罪，应依法并罚。

综上，人民法院对其以贩卖毒品罪、洗钱罪数罪并罚。以同步惩治上下游犯罪，斩断毒品犯罪的资金链条，摧毁毒品犯罪分子再犯罪的经济基础。社会公众应自觉抵制新型毒品诱惑，切莫以身试毒。

56. 向某采用暴力信访，是否构成犯罪？

□ 张　璐

【案情简介】

2015年4月5日8时许，向某因不满其多次上访事件未达到其要求，在某市国际旅行社门口附近，向周围的旅客抛撒控告传单，并以自焚的方式将随身携带的汽油倒入怀中点燃，引起现场游客及群众恐慌。经某市公安局物证鉴定所鉴定：向某携带的可燃液体中检出甲醇、乙醇成分。公诉机关认为向某的行为已构成以危险方法危害公共安全罪，提请法院依法惩处。

【判决结果】

一审判决：
被告人向某犯以危险方法危害公共安全罪，判处有期徒刑三年。
被告人向某不服一审判决，提出上诉。
二审判决：
一、撤销对上诉人向某犯以危险方法危害公共安全罪的定罪部分；
二、上诉人向某的行为构成寻衅滋事罪，判处有期徒刑三年。

【律师解读】

一、向某的犯罪行为，为何不被认定以危险方法危害公共安全罪？

《刑法》第一百一十四条规定，以危险方法危害公共安全罪，是放火、决水、爆炸以及投放毒害性、放射性、传染病病原体等物质以外其他危险方法危害公共安全，并足以危害公共安全的犯罪。常见的几种形式有私设电网、驾车冲撞、传播疾病等。

本案中，向某以自焚的方式想引起公众的关注，但用以自焚的汽油量少，并倒入自己怀中点燃，其行为不足以对公共安全造成危害。因此，向某的行为不构成以危险方法危害公共安全罪。

二、向某的犯罪行为，为何被认定寻衅滋事罪？

司法实践中，寻衅滋事罪是一种常见的罪名。《刑法》第二百九十三条规定，寻衅滋事行为大致有以下几种：（一）随意殴打他人，情节恶劣的；（二）追逐、拦截、辱骂、恐吓他人，情节恶劣的；（三）强拿硬要或者任意损毁、占用公私财物，情节严重的；（四）在公共场所起哄闹事，造成公共场所秩序严重混乱的。

本案中，向某长期信访、上访，所反映的问题自认为没有得到解决。以自焚的方式想引起公众的关注，发泄自己的情绪，造成了公共场所秩序严重混乱，符合寻衅滋事罪的犯罪特征。

综上，二审法院作出如上判决。上访切勿采取极端手段，可能你无意危害他人和公共安全，但是只要威胁公共安全或者造成公共场所秩序混乱就可能涉罪。

57. P2P 平台非法吸收公众存款，程序员是否有罪？

□ 侯蒙莎

【案情简介】

2014年至2019年，夏某等人在某市等地，以 A 甲、A 乙、A 丙三家公司及其他"A 系"关联公司的名义，利用公司运营的 P2P 平台及线下门店。通过债权转让等方式与集资参与人签订《定向委托认购协议》《魔投系列服务协议》等协议，承诺高额回报，非法吸收公众资金。

其中，冀某自2014年6月至案发，先后入职三家"A 系"关联公司，作为上述三家公司的技术人员，负责为"A 系"公司提供官网制作等技术方面支持。经统计，夏某等人吸收资金共计人民币1200余亿元。冀某在职期间，"A 系"公司所运营的 P2P 平台非法吸收资金人民币200余亿元。

冀某被公安机关抓获归案，案发后，冀某退缴人民币13万元。2020年9月23日，检察院提起公诉，指控冀某犯非法吸收公众存款罪。

【判决结果】

一、被告人冀某犯非法吸收公众存款罪，判处有期徒刑一年，罚金人民币二万元；

二、继续追缴被告人冀某违法所得，用于退赔集资参与人经济损失；

三、被告人冀某退缴的人民币十三万元，用于执行判决第二项。

【律师解读】

《刑法》第一百七十六条规定，非法吸收公众存款罪指的是违反国家金融管理相关法律法规，非法吸收公众存款或变相吸收公众存款，扰乱金融秩序的行为。近年来，以公司名义面向公众，通过股权投资、债权转让等方式，以在一定期限内还本付息、承诺给付高额回报为诱饵，非法吸收公众资金的违法行为层出不穷。

此等情形下，不同岗位的员工作为非法吸收公众存款罪的涉案人员，如何对其在犯罪过程中的地位、作用、犯罪数额进行认定，对量刑有着至关重要的影响。非法吸收公众存款罪的涉案人员，无论其所任职务是何名目，最终还是要结合其实际工作职责、工作性质，以其在整个非法吸收公众存款过程中的地位、层级及所起到的作用来进行综合判断。

在本案中，冀某作为技术人员，从2014年6月至案发，先后入职三家"A系"关联公司，长期为公司提供网站制作、页面调试等技术支持，且冀某本人亦在P2P平台进行过投资，客观上对公司用于非法吸收公众存款的主要途径之一，即公司旗下P2P平台的正常运营起到了一定的帮助作用，且主观上对于公司通过其本人维护、调试的P2P平台进行非法集资的行为应当明知，应以非法吸收公众存款罪论处。

综上，鉴于其在共同犯罪中起次要作用，系从犯，且已退缴部分违法所得，故法院依法对其予以减轻处罚，做出以上判决。

58. 暴力袭击警察，如何定罪量刑？

□ 温奕昕

【案情简介】

2020年9月，因新冠肺炎疫情导致某健身房关闭，王某来到健身房办理转店退卡手续。然而健身房工作人员不履行双方签订的协议，拒绝配合办理转健身卡手续，反而在无理情况下报警。某派出所接警后在电话里警告王某，王某只能听从警察的吩咐但感觉很委屈。事后王某跟朋友喝白酒一斤多，酒后王某去派出所报警并想当面说清事情的原委，后与警察发生冲突并辱骂殴打执法民警。

案发后，本案由辖区异地派出所侦查，后经检察院审查起诉后向法院公诉。

【判决结果】

被告人王某犯妨害公务罪，判处有期徒刑七个月。

【律师解读】

妨害公务罪，又称"阻碍执行公务罪"。是指以暴力、威胁方法阻碍国家机关工作人员依法执行职务的行为。是刑法中妨害社会管理秩序罪的一种。《刑法》第二百七十七条，以暴力、威胁方法阻碍国家机关工作人员依法执行职务的，处三年以下有期徒刑、拘役、管制或者罚金。2020年12月，《中华人民共和国刑法修正案（十一）》第三十一规定，将刑法第二百七十七条第五款修改为："暴力袭击正在依法执行职务的人民警察的，处三年以下有期徒刑、拘役或者管制；使用枪支、管制刀具，或者以驾驶机动车撞击等手段，严重危及其人身安全的，处三年以上七年以下有期徒刑。"正式明确袭警罪，并于2021年3月1日起施行。因此，对于2021年3月1日后案发袭击人民警察的，罪名是袭警罪，不再按照妨害公务罪定罪。

《北京市高级人民法院〈关于常见犯罪的量刑指导意见〉实施细则》（十一妨害公务罪）第4条规定，因执行公务行为不规范而导致妨害公务犯罪的，减少基准刑的20%以下。

本案中，民警在口头警告已足以阻止王某继续实施违法行为，然而本案中警察并没有口头警告，直接对王某采取擒拿并将其按倒在地强行带离的行为，激化了矛盾，直接导致了王某后续的推搡反抗，因此民警在本案执法过程中存在明显的不规范。

虽然王某造成一名民警两名辅警受伤，但经过司法鉴定损伤程度均不构成轻微伤。同时，民警当时也在派出所接待室，对外未造成影响。因此，王某的行为未造成严重的后果。

王某与民警的冲突，只是王某一时情绪亢奋引起的激情违法。同时在案发前，王某喝白酒一斤多，处于醉酒的极度亢奋状态，其辨认能力与控制能力明显受到一定的限制，这种情形下的一时过激行为也正好印证了事发时其主观恶性较轻，王某去派出所是解决纠纷，并不是去寻衅滋事妨害公务的。因此，王某是在醉酒状态下违法的，主观恶性较小。

妨害公务罪所侵犯的客体是国家正常的社会管理秩序，因此，对本案定性应该综合考虑多方情节：犯罪嫌疑人是否持枪持械，被妨害的公务重要程度，是一般性公务还是特殊时期、特殊场所的公务执法、是否造成社会秩序的混乱等情况综合考虑。王某从最开始并没有与民警发生争执冲突，只是在派出所嚷嚷要解决问题，到后来试图挣脱强制措施，没有造成任何严重的财产损失和人身伤害。王某空手一人未持械，在情节上，案发场所也是派出所治安接待大厅，并非人流密集的公共场所，由此发生的争执、挣脱等只是一般的妨害公务行为，本案暴力、威胁行为没有达到一定危害程度，且对执法工作的延续性未能造成阻碍，其情节显著轻微，王某的行为没有造成严重后果。

综上所述，本案警察执法程序不规范，事件没有造成社会后果，鉴于王某没有主观恶意、真诚悔罪认罪，情节显著轻微，故人民法院作出上述判决。

59. 介绍相亲出人命，为何被认定正当防卫？

□ 张　璐

【案情简介】

俎某与王某系老乡关系，俎某请王某帮忙介绍对象。林某与王某系朋友关系，得知此事后，林某告知王某，称可以给俎某介绍对象，但需要到林某住处见面。

2017年1月7日上午11时许，俎某与王某共同来到林某家。闲聊中，林某称介绍的对象下午才能来，遂挽留俎某与王某在家中共同做饭、吃饭。午餐期间，林某喝了两小瓶劲酒，并对俎某和王某无故辱骂。俎某与王某欲离开，被林某阻止。至15时50分许，王某以上厕所为由趁机离开。俎某也欲离开时，因未能打开房门，被林某拦住。林某挥拳并用家中的擀面杖击打俎某的头面等部位，同时将视力残疾（残疾等级三级）的俎某的眼镜击落。厮打过程中，二人双双摔倒。俎某骑压在林某身上，并用双手掐林某颈部，林某则用双手抓住俎某的头发不放。俎某拿起自己掉在地上的丝巾，绕在林某的颈部用力勒，直至林某抓其头发的手松开才放手。

随后，俎某找到房门钥匙并通过防盗门的防护栏传递给门外返回的王某，王某打开防盗门后，俎某离开林某居所。闻讯赶来的王某丈夫吴某拨打120急救电话并报警，医疗人员和民警随即赶至现场，发现林某已死亡。经鉴定，林某系颈部受外力作用致机械性窒息死亡，心血中酒精含量90.6mg/100ml；俎某因外伤致左眼眶内壁骨折，左眼顿挫伤，其伤情构成轻微伤。案发后，俎某明知他人报警，并未离开案发现场。

【判决结果】

一审判决：
俎某行为属正当防卫，判决无罪。

【律师解读】

一、俎某的行为，为何被认定具有防卫性质？

本案中，林某对俎某实施拳击、使用擀面杖殴打、持续拉拽头发等行为，俎某是在人身安全面临现实威胁的情况下才进行的反击，俎某主观上不具有危害社会的犯罪目的。因此，应认定其行为目的是制止不法侵害，具有防卫性质。

二、俎某实施的防卫行为，为何被认定系针对正在进行的不法侵害？

《刑法》第二十条第一款规定，为了使国家、公共利益、本人或者他人的人身、财产和其他权利免受正在进行的不法侵害，而采取的制止不法侵害的行为，对不法侵害人造成损害的，属于正当防卫，不负刑事责任。由此可见，如果出现不法侵害人自动放弃侵害行为或逃离现场，不法侵害人已被制伏或已经丧失了侵害能力等情形，被侵害人的合法权益已不再处于紧迫、现实的侵害、威胁之中，其也就不再享有正当防卫的权利。

本案中，林某的侵害行为与俎某的防卫行为均一直处于持续状态，何者处于优势地位并不能确定。并且，即使能够判定被侵害方处于优势，也不能因为防卫过程中产生的此消彼长、强弱转换等情形变化，就要求其立即停止防卫行为。进一步言之，不法侵害的停止应具有彻底性，并在客观方面表现出明显的不可逆转性。在不法侵害停止的情况下，如被侵害人仍然不加节制加害对方，就不再属于正当防卫。本案中，林某倒地以后，仍用双手抓住俎某的头发不放，挣扎不止，并未表现出不能继续侵害或者放弃实施侵害行为的情形，故其不法侵害始终延续，并未停止，俎某的行为属于正当防卫。

三、俎某实施的防卫行为，为何不宜认定为特殊防卫？

根据《刑法》第二十条第三款规定，正当防卫明显超过必要限度造成重大损害的，应当负刑事责任，但是应当减轻或者免除处罚。

对正在进行行凶、杀人、抢劫、强奸、绑架以及其他严重危及人身安全的暴力犯罪，采取防卫行为，造成不法侵害人伤亡的，不属于防卫过当，不负刑事责任。

对正在进行的行凶、杀人、抢劫、强奸、绑架以及其他严重危及人身安全的暴力犯罪，公民有权进行特殊防卫。该款规定的"行凶"行为，必须是指严重危及人身安全的暴力犯罪。本案中，林某持续对俎某实施暴力侵害行为，但鉴于林某正在进行的侵害行为尚不属于严重危及人身安全的暴力犯罪，故本案不宜适用特殊防卫条款。

四、俎某的防卫行为，为何不属于防卫过当？

《刑法》第二十条第二款规定，正当防卫明显超过必要限度造成重大损害的，应当负刑事责任，但是应当减轻或者免除处罚。评判防卫是否过当，一般可以从不法侵害行为的危险程度、侵害者的主观心态以及侵害手段、人员多少、现场所处的客观环境与形势，防卫的条件、方式、强度和后果等情节。应结合制止不法侵害的可能性、防卫行为是否为制止不法侵害所必要进行综合判断。

本案中，林某酒后失控，以拳击、用擀面杖殴打、拉拽头发等手段殴打俎某，扬言要"闹死"俎某，从目的和意志上看，反映出林某的暴力行为具有不节制性及持续侵害的危险性。俎某身处陌生环境中，无端被林某殴打，精神处于高度紧张状态，其眼镜被打掉难以视物、二人扭打倒地后，林某抓住俎某的头发不放，意图控制俎某。在此情况下，俎某为制止林某的侵害行为，利用压在林某身上之机，实施了以双手掐颈、在行将力尽时抓起身边的丝巾勒林某颈部的行为，直至林某松手。综合考虑林某暴力行为的不节制性及危险性、林某明确表达出的企图进一步行凶的主观恶性、俎某眼镜被打掉后难以视物的困境、各种情形导致的恐惧感、身处他人家中在封闭陌生环境下可采用防卫手段的有限性、防卫工具只是仅能顺手获得的随身脱落的丝巾、林某松手后其即停止反击行为所反应的防卫行为的节制性等因素。俎某防卫行为的手段和强度显然属于制止林某不法侵害行为以保护自身安全所必要，没有超过为有效制止不法侵害，保护个人权利所必需的限度。防卫过当的判断，不能仅仅以结果判断为准，还应该考量防卫行为是否为制止不法侵害所必需，只有结果和行为均过当，才能认定防卫过当。本案的情况显示，虽然防卫行为导致严重后果，但并未超过必要限度，不能以结果过当推论行为过当，故不能认定为防卫过当。

综上，俎某在自身受到不法侵害的情况下进行防卫，具有正义性，虽造成不法侵害人死亡的后果，但并非明显超过必要限度，其实施的是正当防卫的合法权利，是保护公民人身权利的合法秩序所必需。判断防卫行为是否明显超过必要限度，应当遵循"权利无需向不法让步"的原则，应从制止不法侵害的实际需要出发进行全面衡量。防卫行为在客观上有必要，防卫强度就可以大于侵害强度。即便造成不法侵害人伤亡的，也不能认定为明显超过必要限度。不能仅将不法侵害者已经造成的侵害与防卫人造成的损害进行比较，还必须对不法侵害者的侵害行为表现出的未来可能造成的侵害与防卫人造成的损害相比较。因为，不法侵害者可能造成而没有造成的侵害，正是防卫人实施防卫行为所制止和避免的结果，这正是防卫行为产生的鼓励人民群众同不法行为作斗争的社会普遍正义价值。尽管从客观方面看，俎某的防卫行为符合故意杀人罪的客观方面要件，但由于其行为符合违法阻却事由，不具刑事可罚性，故依法不负刑事责任亦不承担民事赔偿责任。

60. 谈恋爱冒充军人，法院如何判决？

□ 于创开

【案情简介】

2020年10月，刘某为了方便与女学生谈恋爱冒充军人身份，先后在网络上购买中国人民解放军陆军常服、迷彩服及臂章、军衔等物品。并谎称自己是国防科技大学军人刘某甲，并通过微信方式与在校女生张某聊天相识，随后二人确定恋爱关系。期间，为了让张某更加相信自己的身份并方便在学校内谈恋爱，刘某伪造"某学院党委纪检科"印章一枚、"某学院院党委纪检科副组长"工作证一份、荣誉证书一本。刘某还以刘某甲身份向张某借款712元，用于个人开支。

2020年12月9日，刘某被某学院保卫处查获，随后被公安机关传唤归案。因涉嫌冒充军人招摇撞骗犯罪，于2020年12月9日被刑事拘留，同年12月24日被执行逮捕，现羁押某区看守所。

【判决结果】

一、被告人刘某的行为构成冒充军人招摇撞骗罪，判处有期徒刑一年六个月；

二、对公安机关扣押的被告人刘某的迷彩服、印章、工作证等予以没收；

三、对被害人张某被骗损失人民币712元，责令由被告人刘某退赔。

【律师解读】

一、关于没收和退赔。

《刑法》第六十四条的规定，犯罪分子违法所得的一切财物，应当予以追缴或者责令退赔；对被害人的合法财产，应当及时返还；违禁品和供犯罪所用的本人财物，应当予以没收。没收的财物和罚金，一律上缴国库，不得挪用和自行处理。

因此，本案中刘某用于犯罪的物品应予以没收，对张某的借款应予以退还。

二、诈骗罪与冒充军人招摇撞骗的区别。

《刑法》第二百六十六条规定，诈骗公私财物，数额较大的，构成诈骗罪。第三百七十二条规定，冒充军人招摇撞骗的，构成冒充军人招摇撞骗罪。

二者区别在于以下几点：

（一）侵犯的客体不同。冒充军人招摇撞骗罪侵犯的客体是武装力量的威信及其正常活动；而诈骗罪侵犯的客体仅限于公私财物。

（二）行为手段不同。冒充军人招摇撞骗罪的手段只限于冒充军人的身份或职称进行诈骗；诈骗罪的手段并无此限制，嫌疑人可以利用任何虚构事实、隐瞒真相的手段和方式进行。

（三）构成犯罪有无数额限制不同。只有诈骗数额较大的公私财物，才构成诈骗罪，而冒充军人招摇撞骗罪的构成则无数额较大的要求。

（四）犯罪的主观目的有所不同。诈骗罪的犯罪目的，是希望非法占有公私财物；而冒充军人招摇撞骗罪的犯罪目的，是追求非法利益，其内容较诈骗罪的目的广泛一些，它可以包括非法占有公私财物，也可以包括其他非法利益。

诈骗罪是指以非法占有为目的，用虚构事实或者隐瞒真相的方法，骗取数额较大的公私财物的行为。诈骗罪侵犯的对象，仅限于国家、集体或个人的财物，而不是骗取其他非法利益。冒充军人招摇撞骗罪，是指行为人为谋取非法利益，假冒军人的身份或职称，进行诈骗，损害武装部队的威信及其正常活动的行为。

综上，法院判决刘某的行为构成冒充军人招摇撞骗罪，责令没收用于犯罪的物品及退还借款。君子敬其在己者，而不慕其在天者。靠自己能力得来的报酬比借助外物巧取的不义之财更踏实可靠，也更合乎法理。军人是国家的保护神，神圣不可侵犯，在此告诫大家，不要为了获取利益冒充军人身份，不仅会败坏自身名誉，更对不起保家卫国的军人！

61. 为犯罪分子通风报信，如何定罪量刑？

□ 韩英伟

【案情简介】

2020年10月至12月13日，毛某在担任A市水政监察大队副大队长期间，在明知朱某甲、杨某、吴某结伙在长江某水域交界处非法采砂的情况下，仍多次通过打电话、当面告知等方式，向朱某甲泄露A市水政监察大队值班巡查信息、"三无"船舶专项整治行动信息等，为朱某甲、杨某、吴某等人非法采砂提供便利，帮助其逃避处罚。

2020年10月26日，某公安局分局对"10.26"非法采矿案立案侦查，同年12月13日将涉案的朱某甲、杨某、吴某等人抓获，2021年3月18日以朱某甲、杨某、吴某等人涉嫌非法采矿罪移送A市某区人民检察院审查起诉。

另查明，2019年10月至2020年12月，毛某利用担任A市水政监察大队副大队长的职务便利，为朱某甲、杨某、吴某等人在案件处理、工程监管、提供信息等方面谋取利益，先后多次收受朱某甲、杨某、吴某等人所送财物共计人民币322000元。

【判决结果】

一、被告毛某行为构成帮助犯罪分子逃避处罚罪，判处有期徒刑一年；犯受贿罪，判处有期徒刑三年，并处罚金人民币二十五万元；决定执行有期徒刑三年六个月；

二、被告毛某退还的赃款人民币322000元，予以没收，上缴国库。

【律师解读】

《刑法》第四百一十七条规定，帮助犯罪分子逃避处罚罪是指有查禁犯罪活动职责的国家机关工作人员，向犯罪分子通风报信、提供便利，帮助犯罪分子逃避处罚的行为。因此，判断毛某是否构成该罪应从主体方面和客观方面入手：

第一，主体身份及职责方面：A市水政监察大队系A市水利局实施水行政执法的专职队伍。毛某原系A市水政监察大队副大队长，毛某在担任A市水政监察大队副大队长期间，曾于2017年6月至2019年9月，分管农业水费的征收、协助长江采矿管理及打击长江非法采砂等工作。曾于2019年9月至2021年1月，分管水行政执法工作，具体包括水事违法案件行政执法、打击长江非法采砂、工程性采砂项目监管等工作。其具有查禁非法采砂犯罪活动的职责。

第二，客观方面：毛某明知朱某甲、杨某、吴某结伙利用改装的"三无"采砂船在长江某水域的交界处非法采砂，仍多次通过打电话、当面告知等方式，向朱某甲等人泄露某市水政监察大队的值班巡查信息、"三无"船舶专项整治行动信息等，为朱某甲、杨某、吴某等人从事非法采砂通风报信、提供便利，帮助其逃避处罚。显然属于提供便利时必须利用的查禁犯罪活动的职务或工作之便向犯罪分子通风报信。

《刑法》第三百八十五条规定，国家工作人员利用职务上的便利，索取他人财物的，或者非法收受他人财物，为他人谋取利益的，是受贿罪。国家工作人员在经济往来中，违反国家规定，收受各种名义的回扣、手续费，归个人所有的，以受贿论处。毛某系国家工作人员且以职务便利提供信息，并先后多次收受朱某甲、杨某、吴某等人所送财物，毛某受贿行为是显而易见的。

综上，法院认定毛某的行为构成犯帮助犯罪分子逃避处罚罪和受贿罪。

62. 仅对申报材料进行形式性审查，为何构成玩忽职守罪？

□ 岳广琛

【案情简介】

2004年，A省设立某地区开发产业发展专项资金，对用于某地区产业建设项目的固定资产投资的银行贷款给予利息补贴。B市某地区开发办公室（以下简称B市湘西办）作为隶属于B市发展和改革委员会（以下简称B市发改委）具有行政管理职能的副处级事业机构，直接负责B市某地区开发项目申请财政贴息资金的申报与审查工作，具体执行牵头组织B市某地区开发项目贴息资料的申报与审查工作，与B市财政局共同对市本级企业申请资格及申请材料的准确性、真实性等进行审查，对县市区企业所申报项目资料进行复核，起草B市发改委和市财政局的联合行文，将符合条件的贴息项目上报省发改委、省财政厅审核。

2007年下半年以来，C植物油脂有限公司（以下简称C公司）利用虚假的固定资产贷款合同、借款借据、利息清单、项目建设施工合同及工程款支付凭证等资料，以"5000吨油茶深加工生产线及10万亩油茶基地"、"10万吨食用油料深加工及20万亩油茶基地"和"日处理100吨油茶改扩建工程"建设项目名义申报了某地区开发第四轮省规划产业项目贷款贴息，共获取财政贴息资金12683869元。郑某在担任B市湘西办主任期间，作为具体执行牵头组织省规划产业项目贴息申报和审查工作的机构负责人，在执行某地区开发第二、第三、第四轮省规划产业项目贴息工作中严重不负责任，未按照某地区开发产业发展专项资金管理办法等政策法规的规定要求认真履行其职责，未采用必要的方法和措施对项目业主单位的申报资格和申报材料的真实性、准确性进行严格审查把关，未发现C公司提交的申报材料弄虚作假及部分申报材料不符合规定的要求、条件，致使C公司伪造和不符合规定的要求、条件的申报材料通过了其牵头组织的审查并报省发改委和省财政厅审核，骗得某地区开发产业发展专项资金12683869元。

【判决结果】

一审判决：

被告人郑某犯玩忽职守罪，判处有期徒刑四年。

被告人郑某不服一审判决，提出上诉。

二审判决：

一、维持A省某县人民法院（2015）宁刑初字第X号刑事判决中对上诉人郑某的定罪部分；

二、撤销A省某县人民法院（2015）宁刑初字第X号刑事判决中对上诉人郑某的量刑部分；

三、上诉人郑某犯玩忽职守罪，判处有期徒刑二年六个月，缓刑三年。

【律师解读】

《刑法》第三百九十七条规定，国家机关工作人员滥用职权或者玩忽职守，致使公共财产、国家和人民利益遭受重大损失的，处三年以下有期徒刑或者拘役；情节特别严重的，处三年以上七年以下有期徒刑。本法另有规定的，依照规定。《某地区开发产业发展专项资金管理暂行办法》第十四条规定"由项目业主单位向所在县（市、区）、市（州）发改委和财政局提出申请，县（市、区）、市（州）发改委和财政局对申请资格及申请材料的准确性、真实性等进行审查。对符合申请条件和要求的项目由市（州）发改委、财政局汇总报省发改委、财政厅。"第二十三条规定"本办法由省财政厅、省发改委负责解释。"《A省财政厅、A省发展改革委员会关于解释湘财建（2004）58号文件有关条款的函》（2015年12月18日）中明确"市县发改委和财政局按照湘财建（2004）58号文件申报材料的完整性、准确性、合法性等进行程序性、形式性审查。"

根据省某地区开发领导小组办公室、省财政厅经建处《关于申报某地区开发省规划产业项目财政贴息资金计划的通知》关于"各市（州）、县

(市、区）发改委要会同财政局认真审核业主单位申报材料的准确性、真实性，并现场检查项目进展和固定资产投资完成情况，对不符合要求的申报材料及时做出整改"的规定，明确要求市（州）、县（市、区）发改委要会同财政局对申报项目"现场检查"，此种现场检查，应属于实质审查。虽然，从实践角度来看，由于申报的时间紧等因素制约，难以做到实质审查，但从文件规定来看，应当做到实质审查。

郑某在担任 B 市湘西办主任期间，作为省规划产业项目贴息申报和审查工作的机构负责人，未按照《某地区开发产业发展专项资金管理暂行办法》等政策法规的规定认真履行职责，未严格审查把关申报材料的准确性、真实性，未发现 C 公司提交的申报材料存在弄虚作假的情况及部分申报材料不符合规定的情况，致使 C 公司骗得国家湘西产业项目贴息资金。其行为符合玩忽职守罪的构成要件，构成玩忽职守罪。

63. 公职人员干股分红，受贿金额如何认定？

□ 张建武

【案情简介】

2008 年至 2016 年，林某先后担任 A 市人民检察院反贪污贿赂局副局长、A 市人民检察院检察长的职务。

2012 年 8 月，林某收受刘某以其名下公司 A 市甲地产开发集团有限公司（以下简称甲公司）名义支付 39.5316 万元购买的轿车一辆。因担心被发现，2017 年 6 月 13 日林某交代林甲（林某之子）将 8 万元作为购车款存入甲公司。

2013 年，刘某与林某等人商量成立 A 市乙酒店商场管理有限公司（以下简称乙公司），公司注册资金 600 万元，林某以林甲名义认缴股金 75 万元，占股 12.5%。2013 年 1 月，刘某指令甲公司财务人员缴纳了应由林甲认缴的 75 万元股金。2017 年 5 月，林某为避免被查处，同年 11 月 27 日交代林甲将 75 万元作为认缴股金存入乙公司。2020 年 4 月 16 日，甲公司将 50 万元退回给林甲。

林某因涉嫌犯受贿罪，于 2020 年 12 月 28 日被 A 市监察委员会留置；经某县人民检察院决定，于 2021 年 2 月 8 日被刑事拘留，同月 10 日被执行逮捕。某县人民检察院于 2021 年 3 月 9 日提起公诉。

【判决结果】

一、被告人林某犯受贿罪，判处有期徒刑四年，并处罚金 30 万元；

二、依法追缴被告人林某犯罪所得余额 92.7816 万元，上缴国库。

【律师解读】

一、关于本案受贿干股数额如何认定？

根据最高人民法院、最高人民检察院《关于办理受贿刑事案件适用法律若干问题的意见》第二条规定，干股是指未出资而获得的股份。国家工作人员利用职务上的便利为请托人谋取利益，收受请托人提供的干股的，以受贿论处。进行了股权转让登记的，或者相关证据证明股份发生了实际转让的，受贿数额按转让行为时股份价值计算，所分红利按受贿孳息处理。股份未实际转让，以股份分红名义获取利益的，实际获利数额应当认定为受贿数额。

本案中，被告人林某以其子林甲名义认缴乙公司注册资金 75 万元，未实际认缴出资，但已进行股权登记，故认定林某收受干股数额 75 万元，实际获取分红 11.25 万元认定为受贿孳息。

二、林某受贿金额如何认定追缴？

贿赂犯罪中的"财物"，包括货币、物品和财产性利益，财产性利益以实际支付或者应当支付的数额计算。《最高人民法院、最高人民检察院关于办理贪污贿赂刑事案件适用法律若干问题的解释》第十八条规定，贪污贿赂犯罪分子违法所得的一切财物，应当依照刑法第六十四条的规定予以追缴或者责令退赔，对被害人的合法财产应当及时返还。对尚未追缴到案或者尚未足额退赔的违法所得，应当继续追缴或者责令退赔。

本案中，被告人林某受贿数额共价值 114.5316 元（39.5316 万 + 75 万），并获得孳息 11.25 万元，均应予追缴；林某向某县人民检察院退赃 35 万元，应予以扣减；故对尚未退赃的犯罪所得余额 92.7816 万元予以追缴，其中甲公司收到的 8 万元购车款、乙公司收到的 25 万元认缴资金予以追缴。

综上，为严肃国法，惩治犯罪，保护国家工作人员的廉洁性，维护国家机关正常工作秩序。法院判决林某构成受贿罪。

64. 教师多次猥亵儿童，为何坐牢又终身禁业？

□ 郭灿炎

【案情简介】

王某在担任北京市海淀区某学校外聘指导教师期间，利用"一对一"单独授课的机会，多次触摸该校一名 10 岁女童的隐私部位。2022 年 3 月，经被害女童家人报案，王某被抓获归案。

【判决结果】

一、被告人王某犯猥亵儿童罪，判处有期徒刑六年；
二、禁止被告人王某从事密切接触未成年人的工作。

【律师解读】

一、王某的行为构成猥亵儿童罪

猥亵儿童罪，是指以刺激或满足性欲为目的，用性交以外的方法对儿童实施的淫秽行为。我国《刑法》第二百三十七条规定："以暴力、胁迫或者其他方法强制猥亵他人或者侮辱妇女的，处五年以下有期徒刑或者拘役……猥亵儿童的，处五年以下有期徒刑；有下列情形之一的，处五年以上有期徒刑：（一）猥亵儿童多人或者多次的；（二）聚众猥亵儿童的，或者在公共场所当众猥亵儿童，情节恶劣的；（三）造成儿童伤害或者其他严重后果的；（四）猥亵手段恶劣或者有其他恶劣情节的。"

本案中，王某作为学校聘用的教学辅助人员，在为学生授课期间，多次故意对不满 10 周岁的受害女童实施猥亵，其行为已构成猥亵儿童罪，且具有从重处罚情节，应予从重处罚。

二、禁止王某从事密切接触未成年人的工作，属于什么刑罚？

刑罚可以分为生命刑、自由刑、财产刑、资格刑。2015年我国刑法修正案（九）增设了从业禁止制度，扩大了资格刑的范围，使我国的刑罚制度更为完善、更为合理。本案中王某被法院判决的第二个判项即是资格刑。因为：

1. 对未成年人实施性侵害、虐待等犯罪行为的社会危害性更大。未成年人处于身心发育的关键阶段，其认知能力、表达能力有限且属于弱势群体，这类犯罪对未成年人的成长发育将造成难以估量的危害且更容易得逞，犯罪更为隐蔽，对这类案件的查处更为困难，犯罪分子更容易逃避制裁。犯罪人多是利用其职业特点、优势地位多次实施犯罪行为，人身危险性、再犯可能性更大。

2. 刑罚的本质在于报应，刑罚的目的在于预防犯罪。为了实现报应的要求、实现刑罚的公正，更好地实现预防犯罪的目的，通过终身禁止从业的资格刑震慑具有该犯罪意图的从业者，达到预防犯罪的目的。

本案中，王某的行为严重侵害了受害女童的身心健康，严重违背了教师的职业道德，依法对其严惩具有正当性；对于这种多次利用工作之便性侵未成年人、人身危险性极大的犯罪人实行从业禁止，终身禁止其从事密切接触未成年人的工作，具有充分的必要性。

三、要搭建未成年人保护的"隔离带"和"防火墙"

未成年人是家庭的未来和希望，更是国家的未来和希望。全社会都要尊重少年儿童，为少年儿童提供良好的成长环境。参与教育教学的从业人员，应学为人师、行为世范，具有良好的思想品德修养和业务素质。为切实贯彻最有利于未成年人的原则，突出对未成年人的特殊、优先保护，对实施性侵害犯罪的教职员工应严格执行终身禁业制度。

本案，王某案发时系对未成年人负有特殊职责的专业教职人员，本应坚持师德为上，知荣明耻、严于律己、教书育人，而其在教学过程中，多次猥亵不满10周岁的女童，严重违背职业道德，师德败坏，在破坏正常教育教学秩序的同时，伤害了整体教师队伍在社会中的美好形象，应依法从严从重处罚。

四、本案在社会层面起到监督和警示作用

2022年11月11日，最高人民法院、最高人民检察院、教育部发布《关于落实从业禁止制度的意见》（以下简称《意见》），自2022年11月15日起施行。根据《意见》规定，教职员工实施性侵害、虐待、拐卖、暴力伤害等犯罪的，人民法院应当依照《中华人民共和国未成年人保护法》（以下简称《未成年人保护法》）第六十二条的规定，判决禁止其从事密切接触未成年人的工作，即终身不得从事密切接触未成年人的工作。《意见》明确了司法机关在办理教职员工犯罪案件中适用从业禁止、禁止令规定的具体规则；规定了在教职员工犯罪案件的判决生效后，人民法院应当向教育行政部门送达裁判文书；明确了人民法院刑事判决与犯罪教职员工所在单位、主管部门处理、处分和处罚的关系，为人民法院审理此类案件明确了裁判规则。

本案系在《意见》公布实施后，全国首例依据《刑法修正案（九）》新增的第三十七条之一及2021年实施的《未成年人保护法》第六十二条的规定，对性侵害未成年人的教职人员宣告终身不得从事密切接触未成年人工作的刑事案件，并入选2022年度最高人民法院全国十大刑事案件。本案判决有利于堵塞可能出现的漏洞，进一步加强社会管理，保障未成年人的健康成长，净化校园环境。

65. 对外销售理财产品，为何构成非法吸收公众存款罪？

□ 韩英伟

【案情简介】

A投资管理有限公司（以下简称"A公司"）在全国共设有三个大区，分别是内蒙古大区、山东大区和东北大区。A公司于2018年1月30日在甲市成立分公司，公司注册名称为"B电子商务有限公司"（以下简称"B公司"），李某为法定代表人和实际负责人。

2018年1月李某开始担任B公司的销售总监，2018年10月至2019年5月期间其担任B公司的城市经理，任职期间其共取得工资114000元，业务提成213037.43元。

2017年10月至2019年5月，李某在B公司未经有关金融部门许可的情况下，以支付高额年化收益为诱饵，采取公开宣传的方式，通过线下实体店销售A公司的理财产品，向甲市不特定对象非法吸收资金。2019年5月15日，A公司停止返还本息。

李某负责的B公司向256名投资人吸收人民币约2518.66万元，退还本息约人民币30.36万元，造成损失约2488.30万元。李某于2019年7月29日到公安机关主动投案。

【判决结果】

被告人李某的行为构成非法吸收公众存款罪，判处有期徒刑一年九个月，缓刑二年，并处罚金人民币四万元。

【律师解读】

一、B公司是否构成公司犯罪？

《最高人民法院、最高人民检察院、公安部〈关于办理非法集资刑事案件若干问题的意见〉》第一条规定，单位实施非法集资犯罪活动，全部或大部分违法所得归单位所有的，应当认定为单位犯罪。个人为进行非法集资犯罪活动而设立的单位实施犯罪的，或者单位设立后，以实施非法集资犯罪活动为主要活动的，不以单位犯罪论处，对单位中组织、策划、实施非法集资犯罪活动的人员应当以自然人犯罪依法追究刑事责任。

由此可知，李某为进行非法集资犯罪活动而设立了B电子商务有限公司，该公司成立后以帮助A公司实施非法集资犯罪活动为主要活动，因此不应认定为单位犯罪。

二、李某为何构成非法吸收公众存款罪？

最高人民法院《全国法院审理金融犯罪案件工作座谈会纪要》第二点第（一）条第2项规定，直接负责的主管人员，是在单位实施的犯罪中起决定、批准、授意、纵容、指挥等作用的人员，一般是单位的主管负责人，包括法定代表人。

因此，李某虽不是本案非法吸收公众存款行为的策划者，对被吸揽资金无控制、处分权利，但其在 B 公司承担组织、领导、管理、协调作用，依法应以其参与的犯罪行为进行处罚。

三、李某的非法吸收公众存款罪金额应如何认定？

《全国法院审理金融犯罪案件工作座谈会纪要》规定，向社会公众非法吸收的资金属于违法所得。以吸收的资金向集资参与人支付的利息、分红等回报，以及向帮助吸收资金人员支付的代理费、好处费、返点费、佣金、提成等费用，应当依法追缴。集资参与人本金尚未归还的，所支付的回报可予折抵本金；负责或从事吸收资金行为的被告人非法吸收公众存款罪的金额，根据其实际参与吸收的全部金额认定，但其自身及其近亲属所投资的资金金额不应计入该被告人的吸收金额。

本案中，李某及亲属共计投资 174.57 万元，该部分款项依法不应计入李某的吸收金额。李某在担任 B 公司负责人期间，获取违法所得 327037.43 元，其依法应在违法所得范围内承担退赔责任，其以个人资金向集资参与人回款共计人民币 347210 元，已超出其个人违法所得数额。涉案吸揽的资金直接转入 A 公司并由该公司实际占有、使用，李某在扣除利息及违法所得数额后尚有 212962.57 元本金未收回，故其无需再承担退赔责任。

66. 签订原始股权转让协议，为何涉嫌经济犯罪？

□ 谢 雯

【案情简介】

2018 年 5 月 3 日，A 公司及其法定代表人李某向张某签订了《承诺书》，承诺 A 公司 2018 年全年净利润不低于人民币 6000 万元，2019 年全年净利润不低于人民币 8000 万元。若未达到承诺最低值，A 公司将按照人民币 11.9 元每股的认购价格，以现金方式支付张某 10% 的年化收益。

2018年5月4日，张某向A公司指定的账户转账119000元。2018年5月13日，A公司、A公司副董事长王某与张某签订了《A公司股权转让及委托持股协议》（以下简称《股权转让协议》），2018年5月22日。A公司向张某出具了《股东身份确认函》，确认张某持有A公司股份10000股，该股份由王某代持。

签订协议后，A公司并没有按约定向张某支付年化收益，也没有按约定预期成功上市，张某要求返还投资款，但A公司和王某一直未履行。

【处理结果】

一审裁定：

本案不宜作为民事案件进行处理，裁定驳回原告的起诉，移送公安机关处理。

王某和A公司不服一审裁定，提起上诉。

二审裁定：

本案有经济犯罪嫌疑，裁定驳回上诉，维持原裁定。

【律师解读】

张某委托北京市盈科律师事务所律师代理此案，经过调查研判，之前此公司也涉及多起同类案件，所有的判决均是按照民事纠纷认定。本律师认为此案虽有多份民事生效判决，但是从双方的协议以及交易情况分析，被告存在变换手法、巧立名目，变相吸收公众存款，严重扰乱国家金融秩序的情形，从资金的流向可以看出被告有挪用、转移资金等非法占有的目的，涉案金额巨大，有经济犯罪的嫌疑。所以本律师在以民事纠纷起诉的同时，向法院提出自己的观点，希望法院能重新认识本案的性质，将本案移送公安机关立案侦查。经过律师和法院多次沟通，法院内部也作了多次讨论和请示。终于，本案得到了一个不一样的答案。

一、为什么本案中的股权转让合同无效？

A公司属于非上市公司范畴。非上市公众公司股权清晰，股份不存在重大权属纠纷、遵守如实披露信息义务且披露的信息真实、准确、完整、及时，是证券行业监管的基本要求，属于证券交易行业的基本共识。证券交易市场的公共秩序应当体现《中华人民共和国证券法》的立法宗旨，禁止存在股权代持。另外，全国中小企业股份转让系统有限责任公司作为经国务院批准设立的中国证监会直属机构，负责全国中小企业股份转让系统的运营管理。如果公众公司真实股东的股权归属不清晰，其他对于公众公司的信息披露要求、关联交易审查、高管人员任职回避等监管措施必然落空，进而损害证券市场的基本交易秩序和基本交易安全的基础性秩序，也必然损害到不特定投资者的合法权益，从而损害到金融安全、社会稳定以及社会公共利益。据此，《股权转让协议》符合《民法典》第一百五十三条合同无效之规定情形，应属无效。民事法律行为被确定无效后，行为人因该行为取得的财产，应当予以返还；有过错的一方应当赔偿对方由此所受到的损失。这就是之前法院判决《股权转让协议》无效，并且返还原告投资款并赔偿原告利息损失的法律依据。

二、为什么 A 公司和王某涉嫌经济犯罪？

A 公司和王某采取的是"变相吸收公众存款"的方式。"变相吸收公众存款"，是指行为人不以存款的名义而是通过其他形式吸收公众资金，从而达到吸收公众存款的目的的行为。现实生活中，有些单位和个人，未经批准成立各种基金会吸收公众的资金，或者以投资、集资入股等名义吸收公众资金，但并不按正常投资的形式分配利润、股息，而是以一定的利息进行支付的行为。变相吸收公众存款规避国家对吸收公众存款的监督管理，其危害和犯罪的性质与非法吸收公众存款是相同的。

本案中，A 公司及其法定代表人向张某签订《承诺书》，承诺 A 公司全年净利润会高达几千万元，若未达到承诺最低值，愿意以现金方式支付张某 10% 的年化收益。并且承诺 A 公司不久便会上市，张某购买的原始股份在上市后将会利润暴增。之后，A 公司副董事长王某称为了办理开设新三板证券账户进行股权确权事项及签署相关材料的方便，需要张某出具一份授权委托书。因此，张某就信以为真签署了该份授权委托书。又过了几日，A 公司人员打电话说小股东要进行确权，才方便对方集中使用，要求张某下载软件，并按照他们的要求步骤操作，但是从没有说过将股权变更为 B 合伙企业。A 公司员工欺骗张某说下载注册这个软件后，就能查询自己的股份，还称这是股权登记系统，注册是必经程序。张某注册之后仍然没有看到自己的股权信息，公司说因为还没有上 A 股，因为是新三板股权，张某没有新三板账号，所以暂时只能是代持股的董事长王某才能看到。后来张某一直没有取得收益，遂要求退款。经过磋商王某口头答应退回投资款，但张某之后就再也联系不上 A 公司的相关人员和王某。

在庭审中，从 A 公司提供的证据可以看出，B 合伙企业的注册时间是 2020 年 6 月 18 日，这个时间已经是 A 公司答应退还张某投资款一年以后了，张某对成立合伙企业并不知情。另外，从《前 200 名全体排名证券持有人名册》这份证据中也可以看出，B 合伙企业持有股票登记日为 2022 年 8 月 10 日，此时张某已经提起诉讼，并且即使 B 合伙企业持有该股票，仍然改变不了代持股的性质，依然是违反了《非上市公众公司监督管理办法》中规定的公司应该履行信息披露义务，不得隐名代持股权的相关规定。最后，从张某在 B 合伙企业中的出资比例看，仅有 5 万元的认缴出资。其他投资者均是像张某一样莫名其妙成为各种不同其他企业当中的股东。很明显，A 公司及王某想以一个空壳企业的名义来掩盖其非法占有广大受害者资金的非法目的。

从之前已经生效的民事判决的执行情况来看，均是无财产可供执行以终本而告终。所以，如果所有投资者的资金都以民事纠纷来处理的话，A 公司和王某就可以名正言顺地转移并侵吞投资者的资金，而民事判决中并没有让公司承担任何责任，仅判决由王某个人承担返还财产和利息损失，王某个人顶多上黑名单成为失信被执行人，但是公司仍然可以照常经营。他们非法吸收的公众资金经过民事判决的诉讼程序仅用一个微小的代价就可以将上亿资金变为自有财产而不再偿还，那么广大投资者的资金最终就只能成为胜诉判决上的一个数字而已。

依据《最高人民法院关于审理非法集资刑事案件具体应用法律若干问题的解释》第一条规定，违反国家金融管理法律规定，向社会公众（包括单位和个人）吸收资金的行为，同时具备下列四个条件的，除刑法另有规定的以外，应当认定为《刑法》第一百七十六条规定，非法吸收公众存款或者变相吸收公众存款的：

（一）未经有关部门依法许可或者借用合法经营的形式吸收资金；

（二）通过网络、媒体、推介会、传单、手机信息等途径向社会公开宣传；

（三）承诺在一定期限内以货币、实物、股权等方式还本付息或者给付回报；

（四）向社会公众即社会不特定对象吸收资金。

A 公司和王某的行为不具有发行股票的真实内容，实际上是以虚假转让股权的方式非法吸收资金，案涉系列案件涉及人数众多，投资者缴纳的大量资金去向不明，其行为已经涉嫌犯非法吸收公众存款罪，应该用刑法的严厉手段对其进行惩处。

三、已经生效的民事纠纷案件与之后的刑事案件之间的冲突该如何处理？

依据《最高人民法院、最高人民检察院、公安部关于办理非法集资刑事案件适用法律若干问题的意见》第七条第二款规定，人民法院在审理民事案件或者执行过程中，发现有非法集资犯罪嫌疑的，应当裁定驳回起诉或者中止执行，并及时将有关材料移送公安机关或者检察机关。

那么，之前的民事生效判决是错了吗？是否应该启动审判监督程序来撤销之前的民事判决呢？笔者认为无需撤销，理由如下：

第一，个案违法的数量慢慢激增才能显现整体犯罪的故意，被告人主观故意是从量变到质变的过程，往往穿梭于民事欺诈和刑事犯罪之间，先期审判的个案民事法官无法总揽全局。

第二，就个案而言，民事判决《股权转让协议》无效没有错误，判决返还财产和损失与认定刑事犯罪后判决被告人承担的退赔义务是一致的。之前的民事生效判决具有既判力，可以作为刑事案件当中的证据使用，投资者的投资数额无须在刑事案件当中重新搜集取证，关于被告人的退赔的情况，可以作为量刑情节加以考虑。

第三，早期的民事纠纷中，有很多投资者在诉讼当中与被告已经达成民事调解或执行和解，并且拿到了投资款，如果所有涉及此类的民事案件一律被撤销，对于已经拿到投资款的投资者来说既不会主动申请再审，也不会被动配合，对于被告人来说更不希望已生效的民事判决被撤销，最终就会造成再审中只有法院一厢情愿的尴尬局面。

第四，对于已生效的判决在执行过程中未执行到位的终本结果，反映出被告人有转移并非法占有受害人财产的主观故意和恶性程度，正是其构成刑事犯罪的要件之一。

第五，依据《最高人民法院关于在审理经济纠纷案件中涉及经济犯罪嫌疑若干问题的规定》第三条，单位直接负责的主管人员和其他直接责任人员，以该单位的名义对外签订经济合同，将取得的财物部分或全部占为己有构成犯罪的，除依法追究行为人的刑事责任外，该单位对行为人因签订、履行该经济合同造成的后果，依法应当承担民事责任。该规定说明了刑事判决与民事侵权判决可以共存。

第六，有下列情形之一的，人民法院应裁定终结执行，即《民事诉讼法》第二百六十四条第（六）项规定，人民法院认为应当终结执行的其他情形。因此，民事判决书、民事调解书在执行中符合终结执行的条件可以裁定终结执行。民事判决书终结执行后，对刑事案件的执行已无实质影响，执行责令退赔即可保护被害人财产权利，故民事判决书可不予撤销。

第七，民事判决书指向的债务已经包含在了刑事判决的财产部分，应该在退赔程序中集中解决款项问题，如果被告人的财产不足以退赔被害人的情况下，民事判决书的首封没有实际意义，各个债权人可以通过参与分配程序申请按比例分配债权。

通过今天的案例，投资者应该对打着"原始股""上市大涨"口号的投资骗局进行清醒地分析。这类投资理财项目大多是陷阱，对于那些"低风险高回报"的投资尤其要提高警惕。投资者往往"只听得见却看不见"。只听得见高额回报、虚无缥缈的承诺，却看不见协议当中的无效条款和法律风险，最终只能苦不堪言。就拿本案中的众多投资者来说，即使签了合同、出具了股东确认书，也被法院认定为无效；即使承诺了年化10%的高额收益也变成了银行利息；即使打赢了官司也执行不到本金；即使对方被判了刑，投入的资金也是一去不复返。股权转让擦亮眼，投资赚钱有风险。

67. 租用网站平台与人对赌，为何构成开设赌场罪？

□ 岳广琛

【案情简介】

2019年2月至6月，王甲先后在某地租用网站平台，雇佣郑乙、雷丙、于丁等人来召集参赌人员，以兑换游戏币方式收取赌资，并通过网址×××.com押大小或押单双，为不特定的网络赌博人员提供赌博服务。

至2019年6月11日，王甲通过支付宝账号和微信号，共收取参赌人员赌资款467503.57元，非法获利80776元。

2019年6月14日，王甲主动到公安机关投案，并如实供述上述事实。

【判决结果】

一审法院判决：

一、被告人王甲犯开设赌场罪，判处有期徒刑一年九个月，并处罚金人民币五万元；二、扣押在案的被告人王甲非法所得人民币80776元，赌资人民币219224元，予以没收，由扣押机关上缴国库；继续追缴被告人王甲赌资人民币248279.57元；三、扣押被告人王甲用于作案的电脑主机一台、龙骑士牌电脑主机一台、移动电话四部，予以没收，由扣押机关依法处置。

被告人王甲不服一审判决，提起上诉。

二审法院判决：

一、维持一审判决第三项；二、撤销一审判决第一、二项；三、上诉人王甲犯开设赌场罪，判处有期徒刑一年六个月，并处罚金人民币五万元；四、扣押在案的上诉人王甲违法所得人民币80776元，予以没收，上缴国库；扣押在案的人民币219224元，由扣押机关依法处置。

【律师解读】

一、王甲的行为构成开设赌场罪还是聚众赌博罪？

根据《关于办理网络赌博犯罪案件适用法律若干问题的意见》第一条规定，利用互联网、移动通信终端等传输赌博视频、数据，组织赌博活动，具有下列情形之一的，属于《刑法》第三百零三条第二款规定的"开设赌场"行为：（一）建立赌博网站并接受投注的；（二）建立赌博网站并提供给他人组织赌博的；（三）为赌博网站担任代理并接受投注的；（四）参与赌博网站利润分成的。根据《关于办理赌博刑事案件具体应用法律若干问题的解释》第一条规定，以营利为目的，有下列情形之一的，属于《刑法》第三百零三条规定的"聚众赌博"：（一）组织3人以上赌博，抽头渔利数额累计达到5000元以上的。第二条规定，以营利为目的，在计算机网络上建立赌博网站，或者为赌博网站担任代理，接受投注的，属于《刑法》第三百零三条规定的"开设赌场"。王甲通过网站平台的开奖信息，建立QQ群的方式召集玩家在平台上赌博，以玩家向其买分（上分），再由玩家向其兑分（下分）的方式赚取差价。该过程实质是王甲以营利为目的，将网站平台作为一个闭合的赌场环境，系建立赌场的行为，且雇佣郑乙等人，组织不特定的网络赌博人员，设定赔率，并以上分、下分的方式为赌博人员提供资金结算（筹码兑换），符合开设赌场罪的构成要件，依法应以开设赌场罪追究刑事责任。

二、本案的赌资如何认定？

根据《关于办理网络赌博犯罪案件适用法律若干问题的意见》规定，赌资数额可以按照在计算机网络上投注或者赢取的点数乘以每一点实际代表的金额认定。对于将资金直接或间接兑换为虚拟货币、游戏道具等虚拟物品，并用其作为筹码投注的，赌资数额按照购买该虚拟物品所需资金数额或者实际支付资金数额认定。王甲通过上下分的方式与参赌人员对赌，王甲利用支付宝、微信账号收取的款项即是参赌人员购买分值的款项，并用所购分值作为筹码，依法均应认为赌资款。本案虽已查清王甲收取赌资467503.57元，但并未查清赌资的去向，在无证据证实王甲将该款全部占有的情况下，便对王甲追缴全额赌资，显属不当。综上，王甲以营利为目的，利用网络平台设立赌场，招揽不特定的网络赌博人员并接受充值投注，提供赌博服务和资金结算，其行为已构成开设赌场罪。

68. 主犯是集资诈骗罪，从犯为何是非法吸收存款罪？

□ 侯蒙莎

【案情简介】

2013年12月，管某甲为缓解债务压力成立A公司，并由管某甲担任A公司法定代表人、实际负责人，对A公司的各项事务具有决定权。卢某系A公司B分部副总经理，何某、杨某系A公司B分部市场总监，孙某系A公司B分部业务主管，四人均带领各自团队融资。管某乙于2014年3月至9月间任A公司财务总监。胡某曾任A公司股东，于2014年10月间任A公司财务负责人。

2014年2月至2015年1月，管某甲虚构"三农"贷款等盈利项目，以承诺支付7.2%—15%的年化利率为诱饵，指使卢某、何某、杨某、孙某等人带领各自团队，通过发放宣传资料、召开说明会、组织参观考察等方式向社会公众进行公开宣传，诱使被害人向A公司投资。2015年1月，苏某在既无偿付能力亦无投资项目的情况下，受让A公司大部分股权并担任该公司法定代表人，实际控制A公司。至2015年6月，管某甲、苏某继续采取相同模式骗取公众资金。2015年1月之前参与集资的部分投资人亦在到期后予以续约。

其间，管某甲与610余名被害人签订协议，骗取钱款人民币1.8亿余元，造成经济损失1.4亿余元。苏某参与骗取460余名被害人钱款1.6亿余元，造成经济损失1.1亿余元。在管某甲、苏某的犯罪活动中，卢某、何某、杨某、孙某、管某乙、胡某分别参与非法吸收公众资金1.28亿余元、4400余万元、1900余万元、1000余万元、891万元、312万元。前述钱款主要用于归还债务、个人放贷及消费、A公司日常运营、归还部分本息、支付佣金等，并未用于承诺的"三农"贷款等盈利项目。

2015年6月1日，管某甲、苏某、卢某、何某、杨某被抓获归案。孙某主动到案配合调查。2015年9月18日，管某乙主动到案配合调查。2015年9月21日，胡某被抓获归案。

【处理结果】

一审判决：

一、被告人管某甲、苏某犯集资诈骗罪，判处无期徒刑，剥夺政治权利终身，并处没收个人全部财产；

二、被告人卢某、何某、杨某、孙某、管某乙、胡某犯非法吸收公众存款罪，分别判处有期徒刑三年至四年六个月不等，并分处罚金人民币五万元至三十万元不等；

三、冻结在案的赃款发还各名被害人，查封在案的土地使用权等财物拍卖或变卖后发还各名被害人，其余不足部分责令各名被告人退赔发还各名被害人。

各被告人均不服，提出上诉。

二审裁定：驳回各被告人上诉，维持原判。

【律师解读】

根据《中华人民共和国刑法》第一百七十六条、第一百九十二条规定，非法吸收公众存款罪指的是违反国家金融管理相关法律法规，"非法吸收公众存款或变相吸收公众存款，扰乱金融秩序"的行为；"集资诈骗罪"则是指以非法占有为目的，使用诈骗方法进行非法集资的行为。由此可见，集资诈骗罪与非法吸收公众存款罪的根本区别在于行为人是否以非法占有为目的。

根据《最高人民法院关于审理非法集资刑事案件具体应用法律若干问题的解释》第七条第二款规定，使用诈骗方法非法集资，具有下列情形之一的，可以认定为"以非法占有为目的"：（一）集资后不用于生产经营活动或者用于生产经营活动与筹集资金规模明显不成比例，致使集资款不能返还的；（二）肆意挥霍集资款，致使集资款不能返还的；（三）携带集资款逃匿的；（四）将集资款用于违法犯罪活动的；（五）抽逃、转移资金、隐匿财产，逃避返还资金的；（六）隐匿、销毁账目，或者搞假破产、假倒闭，逃避返还资金的；（七）拒不交代资金去向，逃避返还资金的；（八）其他可以认定非法占有目的的情形。

集资诈骗罪中的非法占有目的，应当区分情形进行具体认定。行为人部分非法集资行为具有非法占有目的的，对该部分非法集资行为所涉集资款以集资诈骗罪定罪处罚；非法集资共同犯罪中部分行为人具有非法占有目的，其他行为人没有非法占有集资款的共同故意和行为的，对具有非法占有目的的行为人以集资诈骗罪定罪处罚。

结合本案事实与证据，管某甲及苏某先后作为 A 公司法定代表人和实际控制人，以 A 公司名义虚构"三农"贷款等盈利项目，吸收资金用于 A 公司的日常经营、归还借款、放高利贷、兑付客户本金、利息、员工工资、房租等运营成本及个人使用等，主观上具有非法占有的目的，客观上实施了集资诈骗的行为，构成集资诈骗罪。卢某、何某、杨某、孙某、管某乙、胡某虽系管某甲及苏某指使，并不直接支配、控制 A 公司非法吸收的款项，对吸收的集资款项不具有非法占有目的，但几人先后担任 A 公司副总经理、市场总监、业务主管、财务总监等重要岗位，对 A 公司无融资资质应当明知，却仍同其手下团队人员一起，以向不特定人员做虚假宣传、对签订的合同负责并提成的方式从 A 公司领取报酬，构成非法吸收公众存款罪。

69. 毒油条铝残留量超标，法院如何判决？

□ 李炎朋

【案情简介】

2020 年 3 月 6 日，某区市场监督管理局在执法检查过程中，对位于该区的钱某早餐店制作的油条进行抽样检查。2020 年 3 月 29 日，经 H 检测技术有限公司检测出具检验报告，钱某早餐店生产、销售的油条中铝的残留量实测值为 533mg/kg，远远高于国家标准 mg/kg≤100，不符合 GB2760-2014《食品安全国家标准食品添加剂使用标准》要求，检验结论为不合格。经调查钱某早餐店的登记经营者为钱某，钱某为该店实际负责人，钱某在制作该批油条过程中，违反相关规定添加超量膨松剂。

【判决结果】

一、钱某犯生产、销售不符合安全标准的食品罪判处有期徒刑十个月，缓刑一年，并处罚金人民币四千元；

二、禁止钱某在缓刑考验期内从事食品生产、销售及相关活动。

【律师解读】

近年来，食品安全问题已经成为全球性的社会问题，生产、销售不符合安全标准的食品是严重危害人民身心健康的行为。一方面，一些不良商家为了追求利润，不惜使用劣质原料、非法添加剂等来提高产品的质量和口感，从而提升销售额。另一方面，一些生产企业为了降低成本，也会采用一些不合规的生产方式，致使产品质量不达标。这些食品不仅危害人体健康、引发各种疾病甚至危及生命，而且破坏市场秩序、扰乱市场竞争、消减消费者的信任，更会极大损害市场主体的形象和信誉、影响市场主体的长期发展。

《中华人民共和国刑法》第一百四十三条规定，生产、销售不符合食品安全标准的食品，足以造成严重食物中毒事故或者其他严重食源性疾病的，处三年以下有期徒刑或者拘役，并处罚金；对人体健康造成严重危害或者有其他严重情节的，处三年以上七年以下有期徒刑，并处罚金；后果特别严重的，处七年以上有期徒刑或者无期徒刑，并处罚金或者没收财产。在本案中钱某明知过量添加膨松剂会导致油条中残留的铝含量超标，危害消费者的身体健康，但为了追求油条的酥脆爽口，仍在长期的生产过程中添加过量膨松剂。其行为应当受到刑事处罚。

针对食品安全问题，作为市场监管主体的政府有关部门应该加大监管力度、加大对不合规市场主体的处罚力度，同时加强对食品安全的宣传和教育、增强消费者的食品安全意识。其次，市场主体应该加强自身管理、建立完善的质量管理体系、严格执行食品安全标准，保证产品的质量和安全。最后，消费者也应该增强自身的食品安全意识、选择正规门店购买食品、避免购买不合格的食品，一旦受到不符合安全标准食品的不法侵害，应当主动拿起法律武器保护自己的权益，避免他人受到同类产品的不法侵害。

从三聚氰胺到瘦肉精，每件食品安全事件都牵动着百姓的心，法治有保障，人民有力量。只有严格落实食品安全法治体系的规定，才能避免不安全食品危害人民身体健康，有效保障我国食品行业的健康发展。

70. 电钻打孔攀爬名胜古迹，为何坐牢还要巨额赔偿？

□ 郭灿炎

【案情简介】

张某1、毛某、张某2皆为攀岩爱好者。2017年4月份左右，张某1、毛某、张某2三人通过微信联系，约定前往某风景名胜区攀爬"巨蟒出山"岩柱体（又称巨某峰）。4月14日下午17时左右，张某1、毛某、张某2入住该风景名胜区的"女神宾馆"。

4月15日凌晨4时左右，三人携带电钻、岩钉（即膨胀螺栓，不锈钢材质）、铁锤、绳索等工具到达巨某峰底部。张某1首先攀爬，毛某、张某2在下面拉住绳索保护张某1的安全。在攀爬过程中，张某1在有危险的地方打岩钉，使用电钻在巨某峰岩体上钻孔，再用铁锤将岩钉打入孔内，用扳手拧紧，然后在岩钉上布绳索。张某1通过这种方式于早上6时49分左右攀爬至巨某峰顶部。毛某一直跟在张某1后面为张某1拉绳索做保护，并沿着张某1布好的绳索于早上7时左右攀爬到巨某峰顶部。在巨某峰顶部，张某1将多余的工具给毛某，毛某顺着绳索下降，将多余的工具带回"女神宾馆"，随后又返回巨某峰，攀爬至巨某峰10多米处，被景区管委会工作人员发现后劝下并被民警控制。

在张某1、毛某攀爬开始时，张某2为张某1拉绳索做保护，之后张某2回宾馆拿无人机，再返回巨某峰，沿着张某1布好的绳索于早上7时30分左右攀爬至巨某峰顶部，在顶部使用无人机进行拍摄。在工作人员劝说下，张某2、张某1先后于上午9时左右、9时40分左右下到巨某峰底部并被民警控制。随后，三人被刑事拘留，后在被刑事追诉的同时，被当地检察机关以破坏生态提起民事公益诉讼。经现场勘查，张某1在巨某峰上打入岩钉26个。经专家论证，三人的行为对巨某峰地质遗迹点造成了严重损毁。

【判决结果】

刑事判决：

一、被告人张某1犯故意损毁名胜古迹罪，判处有期徒刑一年，并处罚金人民币十万元；

二、被告人毛某犯故意损毁名胜古迹罪，判处有期徒刑六个月，缓刑一年，并处罚金人民币五万元；

三、被告人张某2犯故意损毁名胜古迹罪，免予刑事处罚；

四、对扣押在案的犯罪工具手机四部、无人机一台、对讲机二台、攀岩绳、铁锤、电钻、岩钉等予以没收。

公益诉讼判决：

一、张某1、张某2、毛某在判决生效后十日内在全国性媒体上刊登公告，向社会公众赔礼道歉，公告内容应由一审法院审定；

二、张某1、张某2、毛某连带赔偿环境资源损失计人民币6000000元，于判决生效后三十日内支付至一审法院指定的账户，用于公共生态环境保护和修复；

三、张某1、张某2、毛某在判决生效后十日内赔偿公益诉讼起诉人某检察院支出的专家费150000元。

【律师解读】

一、三人是否造成了名胜古迹的"严重损毁"？

三某山于1988年经国务院批准列为国家重点风景名胜区，2008年被列入世界自然遗产名录，2012年被列入世界地质公园名录。巨某峰作为三某山核心标志性景观独一无二，弥足珍贵，其不仅是不可再生的珍稀自然资源型资产，也是可持续利用的自然资产，对于全人类而言具有重大科学价值、美学价值和经济价值。巨某峰是经由长期自然风化和重力崩解作用形成的巨型花岗岩体石柱，垂直高度128米，最细处直径仅7米。

本案中，侦查机关依法聘请的四名专家经过现场勘查、证据查验、科学分析，对巨某峰地质遗迹点的价值、成因、结构特点及三被告人的行为给巨某峰柱体造成的损毁情况给出了"专家意见"。四位专家从地学专业角度，认为被告人的打岩钉攀爬行为对世界自然遗产的核心景观巨某峰造成了永久性的损害，破坏了自然遗产的基本属性即自然性、原始性、完整性，特别是在巨某峰柱体的脆弱段打入至少4个膨胀螺栓（岩钉），加重了巨某峰柱体结构的脆弱性，即对巨某峰的稳定性产生了破坏，26个膨胀螺栓会直接诱发和加重物理、化学、生物风化，形成新的裂隙，加快花岗岩柱体的侵蚀进程，甚至造成崩解。"专家意见"认定了"严重损毁"。

二、三人是否具有毁损名胜古迹的主观故意？

攀岩作为一项体育运动，主要分为徒手攀岩和借助器械攀岩。借助器械进行的攀岩，其在一定程度上对自然环境的损害是显而易见的，关键在于该损害是否在合法合理范围内。《最高人民法院最高人民检察院关于办理妨害文物管理等刑事案件适用法律若干问题的解释》第四条第一款规定"风景名胜区的核心景区"应当认定为刑法第三百二十四条第二款规定的"国家保护的名胜古迹"。

本案三人作为经常从事攀岩活动人员，对于三某山名胜风景区核心景观巨某峰的独一无二的价值是明知的，打入的26个岩钉未经过专家论证，从下至上对岩柱体造成通体性的破坏，事实上即是对损毁巨某峰存在放任的故意。

三、为什么本案可以"刑民并行"？

民事案件是否要等待刑事案件审结后再进行审理，取决于是否要以刑事案件的裁判结果为依据，并非所有刑民交叉案件一律要"先刑后民"。就本案而言，无论是刑事案件还是民事案件，三人对本案的基本事实并无异议，争议的只是三人的行为性质的认定，即在刑事诉讼当中三人的行为是否属于"情节严重"抑或"严重毁损"，是否应给予刑事评价的问题，而在民事公益诉讼当中，争议的是三人的行为是否属于合理利用自然遗迹从事攀岩活动，是否违反相关的法律规定及是否应当承担侵权责任的问题，民事公益诉讼的裁判并不必然需要以刑事诉讼认定的事实为依据，故本案可以"刑民并行"，公益诉讼案件不需要等待刑事案件结束后再行审理。

四、名胜古迹是瑰宝，文明游览离不了

风景名胜区的核心景区是受我国刑法保护的名胜古迹。三某山风景名胜区列入世界自然遗产、世界地质公园名录，巨某峰地质遗迹点是其珍贵的标志性景观和最核心的部分，既是不可再生的珍稀自然资源性资产，也是可持续利用的自然资产，具有重大科学价值、美学价值和经济价值。张某1、毛某、张某2违反社会管理秩序，采用破坏性攀爬方式攀爬巨某峰，并在其花岗岩柱体上钻孔打入26个岩钉，对巨某峰造成严重损毁，情节严重，其行为不仅需要承担民事赔偿责任、向社会公众道歉，同时还要承担刑事责任，给本人和家人造成严重伤害，真可谓一失足成千古恨。

因此，我们在游览祖国大好风光、名胜古迹时，要注意景区提示，不违规拍照，不随意刻画，不攀折花木，不违章野炊露营、不随意给动物喂食，不随处丢垃圾、废弃物，不随地吐痰、吐口香糖，上厕所冲水等，做文明游客。

71. 陈某民间借贷八十余万元不还，为何被判刑？

□ 庞立旺

【案情简介】

2015年，陈某先后向刘某多次借款共计823300元。借款到期，刘某一直向陈某催要借款，但陈某均未返还。刘某起诉至法院，法院判决陈某承担给付金钱义务。2016年5月至2017年3月间，法院依申请立案执行，作出执行裁定书，向陈某发出并送达执行通知书，且对其所有并居住的房产予以查封。期间，陈某未履行上述相应生效判决、裁定所确定的义务，拒不迁出并腾空上述房产，其因此两次被司法拘留，后又在法院两次告诫、申请执行人亦表示愿意支付八年保障租金的情况下，被告人陈某仍拒不迁出并腾空房产，致使上述判决无法执行。2017年7月，法院将案件移交公安机关侦查。同年10月25日，陈某被抓获归案。同年11月7日，陈某家属将上述房产腾空并交由法院执行。

【判决结果】

被告人陈某犯拒不执行判决、裁定罪，判处有期徒刑十个月。

【律师解读】

《刑法》第三百一十三条规定了"拒不执行判决、裁定罪"，对人民法院的判决、裁定有能力执行而拒不执行，情节严重的，处三年以下有期徒刑、拘役或者罚金；情节特别严重的，处三年以上七年以下有期徒刑，并处罚金。单位犯前款罪的，对单位判处罚金，并对其直接负责的主管人员和其他直接责任人员，依照前款的规定处罚。从上述规定来看，并非"欠钱不还就判刑"，而是"对人民法院的判决、裁定有能力执行而拒不执行，情节严重的"。这就意味着，债权需要经过人民法院判决、裁决确定才可以被强制执行，债务人有偿债能力却拒绝偿债且需要达到情节严重程度才会涉嫌拒不执行判决、裁定罪。

情节严重，并不以未清偿的债务多少确定，而是指负有执行义务的人有能力执行而实施下列行为之一：（一）具有拒绝报告或者虚假报告财产情况、违反人民法院限制高消费及有关消费令等拒不执行行为，经采取罚款或者拘留等强制措施后仍拒不执行的；（二）伪造、毁灭有关被执行人履行能力的重要证据，以暴力、威胁、贿买方法阻止他人作证或者指使、贿买、胁迫他人作伪证，妨碍人民法院查明被执行人财产情况，致使判决、裁定无法执行的；（三）拒不交付法律文书指定交付的财物、票证或者拒不迁出房屋、退出土地，致使判决、裁定无法执行的；（四）与他人串通，通过虚假诉讼、虚假仲裁、虚假和解等方式妨害执行，致使判决、裁定无法执行的；（五）以暴力、威胁方法阻碍执行人员进入执行现场或者聚众哄闹、冲击执行现场，致使执行工作无法进行的；（六）对执行人员进行侮辱、围攻、扣押、殴打，致使执行工作无法进行的；（七）毁损、抢夺执行案件材料、执行公务车辆和其他执行器械、执行人员服装以及执行公务证件，致使执行工作无法进行的；（八）拒不执行法院判决、裁定，致使债权人遭受重大损失的。本案中，判决书确定陈某负有偿还刘某本金及利息的法律义务并发生法律效力，陈某在当日制作的法庭审理笔录上签字，足以证明对判决书的内容是知悉的。陈某明知已生效判决书的内容，作为完全民事行为能力人，有能力履行而不履行且转移财产的行为，主观上已具有拒不执行生效判决、裁定或调解书的故意。陈某客观上又有转移财产的行为，因此构成拒不执行判决、裁定罪。对于无法顺利执行的案件，虽然债务人暂时没有钱偿还，但是只要其还有劳动能力，就能创造财富。债权人可以申请法院将还未足额清偿债务的被执行人列入失信被执行人名单并限制高消费，对其在还未足额清偿债务期间的行为进行规范，督促及时偿还债务。在得知其可能有偿还能力时还可以向法院申请要求其如实报告财产情况，如果被执行人具有拒绝报告或者虚假报告财产情况、违反人民法院限制高消费及有关消费令等拒不执行行为，就有可能涉嫌拒不执行判决、裁定罪，届时被执行人（犯罪嫌疑人、被告人）为了减轻量刑，往往会想方设法主动偿还债务。

72. 邻里间发生斗殴致轻伤，检察院为何不起诉？

□ 李炎朋

【案情简介】

2020年8月16日，石某与黄某因宅基地问题发生纠纷，石某用砖头去砸两家共用墙根脚时，遭到黄某阻拦，石某与黄某发生厮打，双方互揪头发，在厮打的过程中，双方倒地，致使石某受伤。经某司法鉴定中心鉴定石某的损伤程度为轻伤二级。

【处理结果】

某区人民检察院依法作出对黄某的不起诉决定。

【律师解读】

邻睦风亦暖，家和人自康。邻里之间和睦相处、互帮互助，既是中华民族的传统美德，也是对社会主义核心价值观的践行。随着法治观念的深入人心，邻里之间因纠纷而诉诸法院的情况时有发生，但诉讼并非解决邻里纠纷化解社会矛盾的最佳办法，如何在权衡双方利弊的情况下修复破损的社会关系取得良好的法律效果和社会效果更是化解邻里纠纷的重中之重。

在本案中，黄某与石某发生厮打致使石某受伤，理应受到相应处罚。《中华人民共和国刑法》第二百三十四条规定，故意伤害罪，是指故意伤害他人身体的，处三年以下有期徒刑、拘役或者管制。犯前款罪，致人重伤的，处三年以上十年以下有期徒刑；致人死亡或者以特别残忍手段致人重伤造成严重残疾的，处十年以上有期徒刑、无期徒刑或者死刑。本法另有规定的，依照规定。《中华人民共和国刑事诉讼法》第一百七十七条与第十六条规定，具有以下七种情形之一的，人民检察院应当作出不起诉决定：（一）犯罪嫌疑人没有犯罪事实；（二）情节显著轻微、危害不大，不认为是犯罪的；（三）犯罪已过追诉时效期限的；（四）经特赦令免除刑罚的；（五）依照刑法告诉才处理的犯罪，没有告诉或者撤回告诉的；（六）犯罪嫌疑人、死亡的；（七）其他法律规定免予追究刑事责任的。律师在担任黄某的辩护人后，经过在村中走访了解情况，得知黄、石两家作为邻居已经二十余年在平常生活的过程中相对比较和谐，但是因宅基地问题发生纠纷时常吵闹，黄某作为中年人在日常生活中考虑到石某年纪较大生活不便曾多次帮助其做农活。针对这种情况辩护人陪同黄某家属去石某家中看望石某，从家常的点滴小事中唤起双方温暖的回忆，最终在辩护人的努力下，黄某的家属尽最大努力弥补了石某的损失。古人云："千里家书只为墙，让他三尺又何妨"。石黄两家冰释前嫌后，双方各退一步留出了一条见证邻里和谐的小路。石某也对黄某的行为表示谅解并自愿不再追究其刑事责任，双方在公诉机关的见证下达成了和解。符合上述《中华人民共和国刑事诉讼法》第一百七十七条与第十六条规定，公诉机关依法作出对黄某的不起诉决定。俗话说"远亲不如近邻"，邻里关系的和睦离不开多方共同包容、相互理解和扶持。邻里如亲，如果在生活中遇到邻里矛盾时，可以动之以情晓之以理妥善处理，亦可以向所在社区的人民调解委员会寻求帮助，使邻里矛盾大事化小、小事化无。共建幸福和谐的社会环境。

73. 偷越边境，如何定罪量刑？

□ 于创开

【案情简介】

2019年7月，在缅甸赌场上班的罗某，和李某聊天时邀请李某到缅甸。李某按照罗某的安排赶到西双版纳，罗某联系蛇头带领李某从边境偷越到缅甸境内。不久，李某在征得罗某的同意下，和朋友刘某讲可以到缅甸的赌场上班，待遇不错，刘某不感兴趣。王某在与刘某聊天时，听到了这件事，表示愿意去赌场上班。王某遂与李某联系，李某将王某的身份证信息及联系方式转交给了罗某。2019年7月下旬，罗某给王某买了机票，并联系了蛇头带领王某偷越至缅甸境内。王某到了后便在赌场与李某一起上班，主要负责维护赌场的秩序等。李某及王某在赌场上班一段时间后又偷越边境回国。

【判决结果】

一、被告李某犯偷越国境罪，判处有期徒刑八个月，并处罚金人民币五千元；

二、被告王某犯偷越国境罪，判处拘役六个月，并处罚金人民币三千元。

【律师解读】

《刑法》第三百二十二条规定，违反国（边）境管理法规，偷越国（边）境，情节严重的，处一年以下有期徒刑、拘役或者管制，并处罚金；为参加恐怖活动组织、接受恐怖活动培训或者实施恐怖活动，偷越国

（边）境的，处一年以上三年以下有期徒刑，并处罚金。

李某、王某违反国（边）境管理法规，从云南偷越至缅甸，情节严重；其行为已触犯《中华人民共和国刑法》第三百二十二条之规定，应当以偷越国境罪追究其刑事责任。

根据《刑法》第六十七条规定，犯罪以后自动投案，如实供述自己的罪行的，是自首。对于自首的犯罪分子，可以从轻或者减轻处罚。其中，犯罪较轻的，可以免除处罚，以及《中华人民共和国刑事诉讼法》第十五条规定，犯罪嫌疑人、自愿如实供述自己的罪行，承认指控的犯罪事实，愿意接受处罚的，可以依法从宽处理

因此法院认为，李某、王某虽违反国境管理法规，偷越国境，但李某、王某到案后如实供述自己的主要犯罪事实，属坦白、自愿认罪认罚，对其可以从轻处罚。

君子爱财，取之有道。应切记莫为一时利益违背法律之准绳。偷越国（边）境，不仅人身安全难以保障，更会面临刑法处罚！

74. 故意伤害致人轻伤二级，检察院为何不起诉？

□ 张印富

【案情简介】

2022年5月21日20时许，在某市某区2号楼前，李某与赵某醉酒后发生纠纷。李某殴打赵某，造成赵某眼部钝挫伤，左眼眶内壁爆裂骨折，累及内上、下隅角。经鉴定为轻伤二级。李某被民警抓获。

2023年3月9日，本案移送北京市某区人民检察院审查起诉。李某委托北京市盈科律师事务所律师担任辩护人为其辩护。

【处理结果】

检察机关对李某作出不起诉决定。

【律师解读】

一、何为"不起诉",不起诉需要具备什么样的条件

不起诉,是指人民检察院对公安机关侦查终结移送起诉的案件和自行侦查终结的案件进行审查后,认为犯罪嫌疑人的行为不符合起诉条件或没有必要起诉的,依法不将犯罪嫌疑人提交人民法院进行审判、追究刑事责任的一种处理决定。检察院依法行使"不起诉权",是人民检察院对案件审查后依法作出的处理结果之一。依据未经法院判决不得确定有罪的原则,不起诉的法律效力在于不将案件交付人民法院审判,从而在审查起诉阶段终止刑事诉讼。

根据《中华人民共和国刑事诉讼法》第十六条、第一百七十五条、第一百七十七条、第一百八十二条、第二百八十二条等相关法律规定,不起诉分为法定不起诉、酌定不起诉、存疑不起诉、附条件不起诉和特定不起诉等五种类型。人民检察院认为犯罪嫌疑人依法不应追究刑事责任的,应当作出不起诉决定;对于犯罪情节轻微,依照刑法规定不需要判处刑罚或者免除刑罚的,人民检察院可以作出不起诉决定;对于二次补充侦查的案件,人民检察院仍然认为证据不足,不符合起诉条件的,应当作出不起诉的决定。人民检察院所作出的任何不起诉决定都不具有确定有罪的法律效力。

辩护人接受委托后,与李某本人多次沟通,对案件事实有了充分的了解。在此基础上,依据法律规定,结合案件事实,认为"犯罪情节轻微",具备相应的"不起诉"客观情形,遂形成了"不起诉"的辩护思路。

二、围绕辩护思路,阅卷挖掘事实细节,形成充分有效的辩护意见

会见犯罪嫌疑人详细了解案情是辩护律师必须完成的基础性工作,但"单方陈述的事实"与"案卷记载事实"并非完全一致,辩护人且不能"先入为主""偏听偏信",必须先以"局外人"的视角全面了解分析案件实情,才能更好地履行维护犯罪嫌疑人合法权益辩护职责,形成充分有效的律师辩护意见。本案中,李某系某企业家,系因朋友喝酒醉酒后发生的纠纷,具有突发、偶发的特性,属于民间纠纷引发的轻伤害案件。被害人赵某被鉴定为轻伤二级,但致害过程是双方发生纠纷后赵某打李某、李某

挥手遮挡时碰伤,不存在蓄谋的主观故意伤害,社会危害性小。双方认可事前无怨无恨,事中喝酒都喝多了,事后未造成严重的后果,没有产生严重的不良影响,彼此可以谅解。

根据最高人民检察院公安部《关于依法妥善办理轻伤害案件的指导意见》第一条第(三)项"落实宽严相济刑事政策。人民检察院、公安机关要以宽严相济刑事政策为指导,对因婚恋、家庭、亲友、邻里、同学、同事等民间矛盾纠纷或者偶发事件引发的轻伤害案件,结合个案具体情况把握好法理情的统一,依法少捕慎诉慎押。"第(七)项"准确区分罪与非罪。对被害人出现伤害后果的,人民检察院、公安机关判断犯罪嫌疑人是否构成故意伤害罪时,应当在全面审查案件事实、证据的基础上,根据双方的主观方面和客观行为准确认定,避免'唯结果论''谁受伤谁有理'。如果犯罪嫌疑人只是与被害人发生轻微推搡、拉扯的,或者为摆脱被害人拉扯或者控制而实施甩手、后退等应急、防御行为的,不宜认定为刑法意义上的故意伤害行为。"依据上述规定精神,李某致赵某的伤害存在"实施甩手、后退"应急防御的性质,辩护人及时形成完整的书面材料,向检察院提出不予起诉的辩护意见。

三、积极寻求被害人的谅解,是促成"不起诉"的有利因素

鉴于双方系朋友关系,积极通过其他朋友沟通说合,赔礼道歉,赔偿损失,取得谅解,并由被害人出具谅解书。同时,辩护人围绕不起诉辩护意见,提取关键词"故意伤害罪""轻伤二级""初犯""谅解""悔罪""赔偿"等关键词进行检索,得到检察文书2815篇,其中,不起诉决定书约占全部检察文书的97%。其中,最高人民检察院公安部《关于依法妥善办理轻伤害案件的指导意见》发布的典型案例一,与本案情节相似,最高人民检察院认为,对民间纠纷引发的轻伤害案件,在矛盾化解、达成和解基础上依法对犯罪嫌疑人从宽作出不起诉处理。本案对李某不起诉,符合上述《指导意见》精神。

最终人民检察院采纳了本辩护律师的辩护意见,作出《不起诉决定书》,决定对李某不起诉。

75. 王某酒后致人重伤二级，检察院为何决定不起诉？

□ 温奕昕

【案情简介】

退休的王某常跟同一小区居住的四个老人一起遛鸟、散步、聚会。2021年11月，他们五人在北京某餐厅聚会，期间高谈阔论引吭高歌，觥筹交错欢声笑语不绝于耳。五人均喝了大量白酒，酒后准备回家。此时王某和张某发生口角争执，王某用手打了张某头部两下，后推了张某的胸部，用脚扫了一下张某的腿部，张某就仰面倒地不起。王某和旁人立即将张某送医院抢救，张某脑挫裂伤虽保住生命，但经法医司法鉴定伤情为重伤二级。案发当日餐厅人报警，公安机关民警在医院抓获了处于醉酒状态的王某。

本案经公安机关侦查终结，以王某涉嫌故意伤害罪，于2022年8月向检察院移送审查起诉。期间，因部分事实不清，证据不足退回公安机关补充侦查两次，因案情疑难复杂延长审查起诉十五日。

【处理结果】

检察院作出对王某不起诉决定。

【律师解读】

基于"少捕慎押慎诉"刑事政策和保障人权，根据《刑事诉讼法》第十六条、第一百七十五条、第一百七十七条、第一百八十二条、第二百八十二条相关法律规定，不起诉分为法定不起诉、酌定不起诉、存疑不起诉、附条件不起诉和特定不起诉五种类型。其中存疑不起诉又称证据不足不起诉，证据不足不起诉分为两种情形，一种是案件经过补充侦查之后，人民检察院仍然认为证据不足，不符合起诉条件的情况下所作出的不起诉决定；另一种是检察院经审查发现存在非法取证行为，依法对该证据予以排除后，其他证据不能证实犯罪嫌疑人犯罪的。不起诉，是指人民检察院对公安机关侦查终结移送起诉的案件和自行侦查终结的案件进行审查后，认为犯罪嫌疑人的行为不符合起诉条件或没有必要起诉的，依法不将犯罪嫌疑人提交人民法院进行审判、追究刑事责任的一种处理决定。本案属于经两次补充侦查后仍然证据不足的存疑不起诉情形。

《刑事诉讼法》第一百七十六条规定，人民检察院认为犯罪嫌疑人的犯罪事实已经查清，证据确实、充分，依法应当追究刑事责任的，应当作出起诉决定，按照审判管辖的规定，向人民法院提起公诉，并将案卷材料、证据移送人民法院。因此，检察院提起公诉的条件犯罪事情清楚，证据确实充分能排除合理怀疑。本案中，公安机关以故意伤害罪立案侦查，故意伤害罪是指故意的非法损害他人身体健康的行为并达成一定的严重程度、应受刑法处罚的犯罪行为的行为，本罪构成要件关键是否存在"故意"。第一，在主观证据方面，因一桌5人均喝酒醉酒，张某在询问笔录中称因"喝了半斤的白酒记不清伤是谁造成的"，王某在讯问笔录中称"因张某喝多了闹，我才拽住张某让他别闹了"。王某在讯问笔录中不承认有故意伤害张某的意识且两人是邻居好友常聚餐。第二，在客观证据方面，现场餐厅安装的监控录像显示，王某和张某有接触，但张某是因王某推倒还是张某因醉酒自行倒地，监控录像模糊看不清楚。检察院审查起诉期间把案卷退回公安机关补充侦查，要求对"监控视频进行分析，确定张某摔倒原因"，公安机关补充侦查完后出具《工作记录》称"经联系公安部鉴定中心技术部门，答复称无法对视频进行分析，无法确定张某摔倒的原因。且无法对连续视频进行清晰化处理，只能对定格画面或者图像进行清晰化处理，后民警联系公安分局刑侦支队视频支队，市公安局总视频室，均答复称无法对事发现场录像清晰化处理以达到看清倒地的原因"。第三，2022年12月22日，最高人民检察院、公安部《关于依法妥善办理轻伤害案件的指导意见》第一条第（三）项规定，落实宽严相济刑事政策。人民检察院、公安机关要以宽严相济刑事政策为指导，对因婚恋、家庭、亲友、邻里、同学、同事等民间矛盾纠纷或者偶发事件引发的轻伤害案件，结合个案具体情况把握好法理情的统一，依法少捕慎诉慎押。第

（七）项规定，准确区分罪与非罪。对被害人出现伤害后果的，人民检察院、公安机关判断犯罪嫌疑人是否构成故意伤害罪时，应当在全面审查案件事实、证据的基础上，根据双方的主观方面和客观行为准确认定，避免"唯结果论""谁受伤谁有理"。如果犯罪嫌疑人只是与被害人发生轻微推搡、拉扯的，或者为摆脱被害人拉扯或者控制而实施甩手、后退等应急、防御行为的，不宜认定为刑法意义上的故意伤害行为。依据上述规定精神，王某对张某的伤害存在"实施甩手、后退"应急防御的性质，王某没有伤害张某的故意。

王某已被检察院批准逮捕，在审查起诉阶段，因新冠疫情及补充侦查，检察院迟迟没有作出是否起诉决定。为此律师提起羁押必要性审查申请，通过认真细致地研究案卷材料、检索案例、研究论证以及跟王某及家属多次沟通，充分了解了王某的生活、工作情况，律师从其主观恶性、社会危害性、意外事件与故意伤害的区分等方面入手，向检察院递交《羁押必要性审查申请书》并附上搜集的参考案例材料。同时王某家属向被害人赔偿了部分医疗费用，检察机关最终采纳了对王某无羁押必要性应变更强制措施的辩护意见，王某在兔年春节前被取保候审并释放。

在为王某争取到被变更强制措施后，律师对本次审查起诉辩护工作并未松懈，多次跟刑事部门同事开会研讨辩护方向、全面考虑案件风险与结果的基础上，结合最新的《关于依法妥善办理轻伤害案件的指导意见》司法解释，最终向检察机关提出本案事实不清、证据不足，不符合起诉条件的辩护意见。经过充分与承办检察官多轮沟通，不起诉辩护意见成功被采纳。2023 年 5 月，检察院基于刑事证据审查规则，疑罪从无原则，根据《刑事诉讼法》第一百七十五条第四款的规定作出《不起诉决定书》，王某于当日被解除取保候审措施，王某享受到《关于依法妥善办理轻伤害案件的指导意见》的红利。

本案无罪辩护的成功，离不开律师的执着、严谨、专业，更离不开承办检察官的认真、负责。律师以敬业、优质、细致的执业服务，扎实的业务功底和法律实务经验再次收获当事人及其家属的肯定与赞誉，彰显了法律有温度，司法为民，司法公平公正。

第三部分
公司法篇

76. 查看他人投标样板，是否涉嫌侵犯商业秘密？

□ 王俊林

【案情简介】

A 纺织品有限公司（简称 A 公司）成立于 2011 年 3 月，经营范围为纺织品及针织品批发、零售，窗帘、布艺类产品制造，商品批发贸易等。

B 家居装饰设计有限公司（简称 B 公司）成立于 2009 年 7 月，经营范围为窗帘、布艺类产品制造，纺织品及针织品批发、零售，建材、装饰材料批发。

2016 年 9 月 5 日，某省政府采购网发布"甲医院窗帘采购及安装项目"的招标公告，其后 A 公司与 B 公司等多家投标人共同参加上述项目的招标，并按照规定递交了密封的投标文件及投标样板。同年 10 月 13 日，该项目进行开标、评标，经评标委员会评定，A 公司被评为中标候选人。同年 10 月 14 日，该项目发布中标公告。

2016 年 10 月 13 日当天，在项目开标、评审结束及评审专家离开评审现场后，B 公司应招标组织方要求在评审现场取回自己的投标样板。在此过程中，B 公司人员打开装有 A 公司投标样板的纸箱（封条已拆封）查看了 A 公司的投标样板并拍照，被现场工作人员制止。

A 公司认为 B 公司不顾工作人员的多次制止，在投标现场强行打开 A 公司的样板窥探、拍照，采用非法的强行手段对 A 公司的样板进行窥探、拍照，其行为侵犯了公司的商业秘密。

【判决结果】

一审判决：驳回原告 A 公司的诉讼请求。

原告 A 公司不服一审判决，提起上诉。

二审判决：驳回上诉人 A 公司的上诉，维持原判。

【律师解读】

"不为公众所知悉"作为商业秘密构成要件之一，是指有关信息不为其所属领域的相关人员普遍知悉和容易获得，即商业秘密应具有秘密性的要求。可以解读为商业信息的秘密性需要同时满足以下两个标准：其一，该信息在相关行业内未被普遍知悉；其二，该信息通过正当合法的手段轻易不能获得。

《最高人民法院关于审理不正当竞争民事案件应用法律若干问题的解释》第九条第二款规定，当事人所主张的信息仅涉及产品的尺寸、结构、材料、部件的简单组合等内容，进入市场后相关公众通过观察产品即可直接获得的，则该信息不构成不为公众所知悉。

本案中，A公司在诉讼中主张构成商业秘密的经营信息为其窗帘结构件的材质和设计、窗帘的面料信息，投标样板为该经营信息的载体。然而，上述窗帘结构件的材质和设计、窗帘的面料信息，是所属领域的相关人员经过外部观察投标样本即可得知的信息，属于相关公众容易获得和知悉的范畴，并不属于不为公众所知悉的经营秘密。

另外，A公司的投标样板作为投标文件的组成部分，在开标之前处于保密状态，在竞标中可以为其带来竞争优势。《招标投标法》第三十五条和第三十六条的规定，开标由招标人主持，并邀请所有投标人参加，招标人在要求提交投标文件的截止时间前收到的所有投标文件，开标时都应当当众予以拆封、宣读。故开标之后，投标文件依法应向所有投标人予以公开，而B公司查看涉案投标样板的行为发生于开标和评标之后。

更为重要的是，A公司将涉案样板作为投标文件进行投标，其目的就在于中标并使得按照投标样板生产的产品能够进入市场，而进入市场即意味着公开该样板上所体现的窗帘结构件的材质和设计、窗帘的面料信息。故，即使A公司的投标样板体现的上述信息在其投标过程中处于保密状态且招标人在开标时未实际公开投标样板，但在招投标程序完结以及A公司中标后，按照投标样板生产的产品必然进入市场，投标样板上所体现的上述信息必然公开，A公司不可能再保持该投标样板所体现的上述信息的保密状态。

再者，A公司提出涉案投标样板不仅涉及产品的尺寸、结构、材料部件的组合等内容，还凝结了经营策略与设计理念。而对于该经营策略和设计理念，A公司也只是笼统地陈述样板的产生过程，并未具体说明该产生过程中的具体经营信息的内容，故其主张的经营秘密的内容并未确定。因此，A公司主张的投标样板上所载的信息并不具备商业秘密的法定构成要件，不属于商业秘密。

77. 判决生效被执行，如何实现再审？

□ 张学琴

【案情简介】

2017年1月14日，再审申请人（原审被告）A公司与被申请人（原审原告）B公司签订了《B公司采购合同》（以下简称"合同"），合同约定：B公司向A公司采购拼接屏，合同总价款48.6万元，先支付20%预付款，验收合格后支付75%合同款，剩余5%作为质保金。若质保期内出现严重质量问题，A公司全额退款且承担30%违约金14.58万元。质保期一年，自调试合格之日起算。签订合同后，A公司备货，但B公司逾期支付预付款。2017年3月12日A公司收到B公司预付款后，按约供货送货、安装调试完毕。2017年4月12日，B公司验收合格。

2020年10月18日，A公司账户资金被冻结并划款65万元，银行告知系被法院扣划。A公司遂去法院查询，得知被B公司于2019年10月起诉全额退款并支付30%违约金、缺席判决，现在被强制执行中。A公司遂委托北京盈科律师事务所律师代理，申请再审。

【处理结果】

一、本案由某中院提审；

二、再审期间，中止原判决的执行。

【律师解读】

律师向一审法院调取并仔细查阅卷宗，发现 A 公司之所以被缺席判决，有 B 公司故意不向法院提交 A 公司送达地址的嫌疑。卷中的送达凭证显示法院只向 A 公司注册地址发送过一次起诉状、开庭传票，但没有向合同中的办公地址送达起诉文件。庭审笔录中也没有要求 B 公司进一步提供 A 公司的其他联系方式，直接公告送达、缺席判决，进而导致 A 公司被强制执行扣款。很显然原审法院的送达程序有瑕疵。律师提出再审理由如下：

一、原审法院在邮寄送达法律文书时，填写 A 公司注册地址不全，导致其未能收到相关法律文书，未能参与原审法院的庭审，从而丧失举证、质证及上诉的权利。

原审法院向 A 公司邮寄开庭传票的邮寄单显示，邮寄地址为某区某院 1 号楼 14 层；而原审判决书 A 公司的注册地址为某区某院 1 号楼 14 层 1405，存在填写不完整的问题。故 A 公司的再审申请符合《中华人民共和国民事诉讼法》第二百条第八项规定的情形。

原审法院径行缺席判决后，既不联系 A 公司领取，也未向 A 公司的注册地址快递一审判决书，程序违法，严重剥夺了 A 公司的上诉权利。

二、A 公司已按合同约定，向 B 公司如期交付货物，经 B 公司验收、调试合格，且 B 公司已全额付款并在质保期内未提出任何质量异议，说明 A 公司交付的货物符合合同约定，无权要求全额退款及承担 30% 违约金。

三、B 公司未举证证明在质保期内存在质量问题，无要求 A 公司因质量问题全额退款的事实依据及合同依据，原审法院判决 A 公司全额退款且承担 30% 违约金，适用法律错误，原审判决错误。

四、A 公司非自身原因丧失了庭审及举证机会与权利。申请再审时，A 公司提交的所有证据均为新证据，且该证据能够推翻原审判决，证明 A 公司供货符合合同约定且合同履行完毕；能够证明 B 公司起诉事实不符，诉求不成立，原审判决错误，应予以撤销并由法院重新审理。

五、双方签订的合同是 B 公司出具的固定格式、范本合同，合同中"在质保期内出现质量问题，需全额退款且承担 30% 违约金"的约定，违背市场交易规则，明显的是免除 B 公司责任加重 A 公司责任的无效格式条款，原审法院仅以此条款作出缺席判决，判决依据错误。

再审法院采纳了律师的代理意见，认为本案符合再审的情形并作出上述裁定。

78. 没有书面协议，股权转让款是否受法律保护？

□ 姚志明

【案情简介】

张某与罗某因为同样的信仰结缘，并拜罗某为师。后罗某成立了一家产护中心，罗某便邀请张某一同投资经营，张某应允。共同经营期间因为产护中心需要资金支持，张某在双方没有任何书面约定的情况下，仅凭信任先后给了罗某本人 60 余万元，支付产护中心工人工资 20 余万元，直接打给产护中心 10 万元，因他人退股支付退股资金 30 万元，总计约 120 余万元。

此后，产护中心因疫情原因经营每况愈下，罗某遂与张某商量由张某自行经营，罗某退出。张某不同意，罗某和张某产生争执。罗某将自己名下公司注销，将产护中心转让给他人。罗某从此消失不见，张某投资的 120 多万元也无法收回，张某决定起诉。

【判决结果】

解除双方股权转让合同关系，被告罗某返还原告张某股权转让款 120 余万元。

【律师解读】

我国《民法典》规定，当事人之间订立合同，有书面形式、口头形式，也有其他形式。只要一方履行了合同全部或主要义务，对方接受，法律则认可双方之间的合同关系成立并生效，不会因为没有以书面形式订立就否认合同的效力，只是在维权时举证责任相对更重而已。律师接触本案时，最大的麻烦是怎么来定性张某与罗某之间的资金往来性质。由于张某与罗某之间因当初相互比较信任，因此没有任何书面约定。张某支付的款项也五花八门：有直接支付给罗某的资金、有支付给员工的工资、有直接汇款给罗某设立的公司，还有罗某公司的股东因退股张某替公司支付的退股资金。张某在汇款转账时有的注明是借款，有的注明是投资款，有的注明是用于支付工人工资，还有的什么也没有说明。

如果仅从资金使用上很难看出张某所投资资金的性质。代理人同时查阅了张某与罗某之间的微信聊天记录，可以看到罗某一直在邀请张某共同经营，并在聊天记录中有"我给你股份，你占大头""股份你多拿，我没有意见""我把剩余的股份也给你，由你来负责经营"等内容。同时结合张某支付大部分款项给罗某本人，又将30万元支付给退股人等事实，由此律师认为张某与罗某之间虽然没有签署纸质的书面协议，但他们之间存在股权转让合同关系，只是没有办理股权变更登记手续而已。

另一方面，律师还了解到，罗某在消失后不久就将公司注销，产护中心转让给他人。罗某不可能再将公司股权转让给张某，张某也不可能再继续经营管理产护中心，张某受让股权的目的也就无法实现。此时张某如果要求解除股权转让合同，返还股权转让款，这样的诉讼请求容易得到法院的支持。如果以这种方式起诉还需要解决的就是张某将部分款项直接用于支付公司员工工资及汇款给公司10万元是否也属于股权转让款的问题，但这属于向法庭解释部分资金的使用问题。

果然，张某起诉后，罗某基于双方之间已有的微信聊天记录及汇款转账事实，无法否认张某投资的事实。但认为张某的投资是通过增资扩股的方式成为股东，而不是通过股权转让成为股东。不过，罗某的主张存在以下几点问题，首先，罗某无法解释既然是增资扩股，为何张某会将大部分款项转给罗某？其次，罗某也没有任何证据证明双方曾经协商过以增资扩股的方式成为股东；最后，罗某所经营的公司也没有增资的记录。罗某的辩解反而从另一方面确认了张某是股东的事实，最终法院认定双方之间是股权转让关系，从而全部支持了张某的诉讼请求。

实践中，当事人之间经常由于关系比较密切，在双方之间发生借款、投资、货物买卖等行为时，不会签署书面的协议。一旦发生纠纷，由于双方之间没有书面协议，导致双方的关系有时难以认定，双方有可能各自向有利于自己的方向，定性之间资金往来的性质，由此产生纠纷。

不过，没有书面协议，不代表双方之间的关系无法界定。由于双方在发生借款、投资、货物买卖等行为时，一般都存在汇款转账、交付货物、支付利息、投资收益、对公司进行管理等行为。同时双方在借款、投资、货物买卖前还会对借款金额、投资金额、股权价格、货物价格、运输方式等通过电话、微信、邮件等通信方式进行联络，留下联系记录，这些记录将成为确定双方之间关系的重要证据，也是维权的最好手段。正如本案中张某与罗某之间虽然没有纸质的协议，但双方之间的转账记录、微信聊天记录，很好地证明了双方之间的投资关系，最终被法院认定属于股权转让合同关系，维护了张某的合法权益。希望当事人在重大事项上采取订立书面合同的行为，以便约定双方各自的权利义务，但如果没有订立书面合同，也不表明自己的权利就不会受到法律的保护。

79. 假戏真做，补签的《股权转让协议》为何解除？

□ 赵德坤

【案情简介】

某中草药公司（以下简称 A 公司）于 1997 成立，实缴注册资金 750 万元，系从事蒙药研发、生产的企业。由于经营困难，个人股东甲某拟引入投资人，来发展公司。某全国知名药企（简称 B 公司），拟发展蒙药，双方在政府的引导下，一拍即合。B 公司以专利、驰名商标、专有技术等使用权，以及先进的管理经验、市场渠道等资源入股，占 A 公司 80% 的股份，股东甲某占 20% 的股份，共同发展 A 公司。同时约定：B 公司出借

1000万元给股东甲某用于个人资金周转及其他用途。根据上述合意，甲某与B公司、A公司签订了《投资合作协议》，甲某与B公司绝对控股的子公司（以下简称C公司）签订了《借款协议》。

《投资合作协议》签署后，B公司按照约定投入了无形资产使用权、成熟的管理模式以及销售渠道，并垫资发放了工人工资，派入董事全程参与管理。同时，按照《借款协议》，也授意C公司将借款1000万元转给了甲某。但在办理80%股权工商变更登记时，因《投资合作协议》约定的无形资产、管理经验、市场渠道等投入无法评估等原因，影响股权变更，甲某与B公司在A公司的股权变更登记时，又签订了第二份合同——《股权转让协议》。协议约定：甲方以600万元的对价，将80%的股份转让给B公司；B公司支付600万元，获得A公司80%的股份。实际履行中，甲某从个人账户以代B公司垫付投资款的名义转600万元至A公司，随后又转入个人账户。双方持《股权转让协议》、600万元银行转账投资流水，顺利将甲某80%股权变更到了B公司名下，甲某保留20%的股份。

通过甲某与B公司的共同经营、管理，A公司的经营发展明显向好，但双方矛盾也渐起。甲某遂以《股权转让协议》中，B公司没有实际支付其600万元股权转让款，其股权转让合同目的无法实现为由，向法院提起诉讼，要求解除《股权转让协议》，退回80%股份。B公司考虑到无形资产没有评估，无法入资，且B公司也授意C公司借款1000万元给甲某，甲某至案发未还；同时，甲某以代付投资款的名义，亦从1000万元借款中转款600万元至A公司账户，随又转走等事实，遂抗辩并主张已履行了出资义务，600万元投资款已通过借款冲抵的模式已支付，并反诉索要400万元借款。

【判决结果】

一审判决：解除《股权转让协议》，被告B公司退还80%股份。C公司是独立法人，原告甲某与C公司的借款，另案起诉。

被告B公司不服判决，提起上诉。

二审判决：

驳回上诉人B公司上诉请求。

【律师解读】

一、本案中，专利、商标、专有技术等使用权，以及管理经验与渠道资源等无形资产，可以出资，且不必评估。

理由如下：

（一）本案《投资合作协议》中约定的无形资产入资，是经济领域中的"资"，更侧重于资产的概念；不是法律领域中的注册资本的"资"。

本案中，A公司的注册资本是750万元，已实缴，且吸引上述无形资产投资时，注册资本没有变更。按照公司注册资本三原则，以及公示公信的原则，引入上述无形资产或资源，不侵害债权人的利益，不侵害市场秩序，更有利于A公司发展，且也增加了公司的实际估值。大股东甲某稀释本人股份80%给B公司，从而间接获益于无形资产权益及资源，直接获益于A公司的增值，也是公平合理、有对价的。

所以本案中，双方签订《投资合作协议》，约定B公司无形资产入资、占比80%股份的行为，是一种大股东稀释股权，使公司获得增值，但不增加注册资本金的股权融资行为。这里融到的"资"是公司的发展资源、使用权等，不是公司注册资本的"资"。所以，在不违反资本三原则的情况下，以上述无形资产投资公司，是不必评估的，也不违反《中华人民共和国公司法》（以下简称《公司法》）（2018）第二十七条的规定。双方约定的融资行为，股权出让行为也是合法有效的，B公司可以获得80%的A公司股权。

（二）在不违反强制性规定，不侵害债权人利益与市场秩序的情况下，民事活动中的契约自由是应当得到保护的；特别是在商事制度改革中，投资形式多元化，市场价值多样化，要严格区分是经济领域中资产意义上的"资"，或是《公司法》规定的注册资本中的"资"。只有当后者纳入公司登记的注册资本出资时，实物、知识产权、土地使用权等非货币出资，才应当评估。除此之外，只要各方达成合意，均不必评估。

（三）股权转让时，针对转让股份的价值，双方可以协商确定，也可以委托评估，但不是必须评估。但为了逃避个人所得税、企业所得税、增值税等，低价转让股权，可能涉及股价征税评估。

二、《股权转让合同》与《投资合作协议》关系。

《股权转让合同》是在进行工商变更登记时签订的，而且在后面的变更中，也是单方的资金在公司账面上进行了形式化的走账。所以，本人更倾向认为：《股权转让合同》是为了应付工商变更手续要求而签订的"阳"合同，非双方当事人当时的真实意思表示，更非针对80%的股权转让款的补充变更约定。所以，《股权转让合同》与《投资合作协议》是"阴阳合同"关系，《股权转让合同》是为了股权变更而签订的"阳合同"，非双方真实意思表示，也没有实际履行，应认定无效；《投资合作协议》是"阴合同"，是双方真实意思表示，也实际履行了，是发生80%股权变更的合同基础。

三、关于本案的判决。

在一、二审阶段，双方争议焦点集中在是否支付了股权转让款上，甲某的合同目的是否实现，《股权转让合同》应否撤销。

从甲某角度看，主张没有支付股权转让款，股权转让合同目的没有实现，进而申请法院撤销《股权转让合同》，要求退回股权正是其目的所在，所以在争议焦点归纳上，应该是符合目的的。举证责任明确：提供《股权转让合同》，以及阐述没有收到B公司股权转让款即可。

从B公司角度看，由于对专利、商标、专有技术等使用权，以及管理经验与渠道资源等无形资产能否出资把握不准，且无法评估，也没有评估，所以依据《投资合作协议》约定获得80%的股权信心不足，所以在诉讼策略上，退而求其次（或顺水推舟），认为《股权转让合同》是双方真实意思表示，是对《投资合作协议》的补充，但主张股权转让款已支付，不同意解除《股权转让合同》。但在举证过程中，难度较大。

总的来说，股权诉讼有自己的特点，不能完全以合同的思维代理股权纠纷；精准把握案件法律关系，准确制定诉讼策略与方向是胜诉关键；股权关系、投资关系等，历来都是错综复杂的关系，履行期限漫长，纠纷高发。所以，专业人做专业事，不清楚后果的合同，不要轻易签订，以防假戏真做！

80. 公司债务无法清偿，能否追加股东执行？

□ 侯晓宇

【案情简介】

A 公司成立于 2019 年 4 月 8 日，注册资本为 1000 万元。

2021 年 5 月 20 日，A 公司的股东从杨某、董某变更为 B 公司。

2021 年 9 月 2 日，A 公司的股东从 B 公司变回杨某、董某。A 公司的工商档案显示，2021 年 7 月 23 日，A 公司股东 B 公司作出股东决定，同意吸收董某、杨某为公司新股东，同意 B 公司持有的 490 万元股权以 0 元价格转让给董某、持有的 510 万元股权以 0 元价格转让给杨某。当日，A 公司分别与董某、杨某签订股权转让协议。A 公司通过股东会作出决议，追加董某、杨某作为股东并形成股东会决议："股权转让后的出资情况为董某 490 万元、杨某 510 万元；变更股东出资时间为 2049 年 4 月 1 日。"修改后的公司章程载明董某出资 490 万元、杨某出资 510 万元，出资时间均为 2049 年 4 月 1 日。

另查明，2021 年 12 月 2 日，A 公司经背书取得一张金额为 400 万元的电子商业承兑汇票。到期日为 2021 年 12 月 2 日，出票人为某置业有限公司。票据状态为提示付款已拒付。

C 公司与 A 公司买卖合同纠纷一案，法院于 2021 年 2 月 4 日作出民事判决：判令 A 公司支付 C 公司货款、违约金及律师费。A 公司不服判决提起上诉。2021 年 5 月 25 日，二审法院作出民事判决，驳回上诉、维持原判。判决生效后，C 公司向法院申请强制执行，2021 年 8 月 2 日法院予以立案执行。执行过程中，因未发现 A 公司名下有可供执行的财产，法院于 2021 年 12 月 10 日裁定终结本次执行程序。

2022 年 3 月 29 日，根据 C 公司申请，一审法院作出执行裁定，追加 B 公司、董某、杨某为被执行人，分别在未依法出资的 1000 万元、490 万元、510 万元范围内对 A 公司不能清偿的债务承担补充赔偿责任。B 公司在收到裁定书后 15 日内提起本案诉讼。

【判决结果】

驳回原告 B 公司的全部诉讼请求。

【律师解读】

根据《最高人民法院关于民事执行中变更、追加当事人若干问题的规定》第十九条规定："作为被执行人的公司，财产不足以清偿生效法律文书确定的债务，其股东未依法履行出资义务即转让股权，申请执行人申请变更、追加该原股东或依公司法规定对该出资承担连带责任的发起人为被执行人，在未依法出资的范围内承担责任的，人民法院应予支持。"本条规定的追加原股东为被执行人的构成要件是：作为被执行人的公司的财产不足以清偿生效法律文书确定的债务；原股东未依法履行出资义务即转让股权。

关于第一个要件。对于"财产不足清偿生效法律文书确定的债务"应理解为"经过对被执行人强制执行但债权未获清偿"即可，并不要求被执行人必须在客观上无任何财产。原因在于，本条调整的是在执行程序中追加生效法律文书记载的义务人之外的主体为被执行人的情形。只有在记载于执行依据的被执行人未能在强制执行程序中清偿债务时，才有必要追加其他主体为被执行人。否则，如被执行人已经完全履行了生效法律文书确定的债务，或者尚未对被执行人的财产进行强制执行时，就无必要追加他人为被执行人。

综上，该构成要件应理解为追加股东为被执行人的程序性前提。本案中，A 公司经法院执行无可供执行财产而裁定终结本次执行，应认定已符合该构成要件。诉讼中，A 公司提交了电子商业承兑汇票，但该票据状态为提示付款已拒付，即使 A 公司据此对出票人等票据义务人享有权利，但并不能改变 C 公司的债权经过强制执行未获清偿的状况。因此，C 公司在执行程序中申请追加 B 公司为被执行人的程序性条件得到满足。

关于第二个要件。"原股东未依法履行出资义务即转让股权"属于追加股东为被执行人的实质性要件。对此构成要件的认识不能局限于执行司法解释本身，还要以其他相关实体法和司法解释为依据。《最高人民法院关于适用〈中华人民共和国公司法〉若干问题的规定（三）》第十八条第一款规定："有限责任公司的股东未履行或者未全面履行出资义务即转让股权，受让人对此知道或者应当知道，公司请求该股东履行出资义务、受让人对此承担连带责任的，人民法院应予支持；公司债权人依照本规定第十三条第二款向该股东提起诉讼，同时请求前述受让人对此承担连带责任的，人民法院应予支持。"第十三条第二款规定："公司债权人请求未履行或者未全面履行出资义务的股东在未出资本息范围内对公司债务不能清偿的部分承担补充赔偿责任的，人民法院应予支持；未履行或者未全面履行出资义务的股东已经承担上述责任，其他债权人提出相同请求的，人民法院不予支持。"据此可以得出以下法律规则：有限责任公司的股东未履行或者未全面履行出资义务即转让股权的，公司债权人请求该股东在未出资本息范围内对公司债务不能清偿的部分承担补充赔偿责任的，人民法院应予支持。该规则中的"未履行或者未全面履行出资义务"应理解为股东的出资义务已经到期但却"未履行或者未全面履行出资义务"。至于出资义务已经到期，则包括实际到期和加速到期两种情况。对于加速到期，根据目前的司法政策，包括（1）公司作为被执行人的案件，人民法院穷尽执行措施无财产可供执行，已具备破产原因，但不申请破产的；（2）在公司债务产生后，公司股东（大）会决议或以其他方式延长股东出资期限的。

具体到本案中，在强制执行案件立案时，B公司系A公司的独资股东。在执行过程中，B公司于2021年9月2日将股权移转给杨某、董某。故，本案所涉问题为：B公司是否在未履行或者未全面履行出资义务的情况下即转让股权，进一步而言，在2021年9月2日时，其出资义务是否到期或应加速到期。第一，本案中，没有证据证明B公司在转让股权时其出资义务已经实际到期；第二，亦没有证据证明在案涉债务产生后至2021年9月2日股权转让前，A公司曾决议或以其他方式延长其出资期限；第三，关于"已具备破产原因"的认定，《最高人民法院关于适用〈中华人民共和国企业破产法〉若干问题的规定（一）》第一条第一款规定："债务人不能清偿到期债务并且具有下列情形之一的，人民法院应当认定其具备破产原因：（一）资产不足以清偿全部债务；（二）明显缺乏清偿能力。"第二条规定："下列情形同时存在的，人民法院应当认定债务人不能清偿到期债务：（一）债权债务关系依法成立；（二）债务履行期限已经届满；（三）债务人未完全清偿债务。"在2021年9月2日法院判决生效且自动履行期届满的情况下，A公司未能清偿判决确定的金钱给付义务，应认定为不能清偿到期债务。此外，A公司的注册资本高达1000万元，但在判决作出直至2021年9月2日，却不能清偿生效判决确认的不足40万元的债务，应认定为明显缺乏清偿能力。在B公司向杨某、董某转让股权时，应认定符合出资加速到期的条件，进而构成"未履行或者未全面履行出资义务即转让股权"的情形。因此，债权人C公司有权请求B公司在未出资本息范围内对A公司债务不能清偿的部分承担补充赔偿责任。需要说明的是，根据以上法律规定，原股东在股权转让过程中是否存在恶意，不属于判断其是否承担责任的构成要件，故B公司是否为了逃避债务而转让股权，不影响本案的判断。

综上，C公司的追加申请符合法律规定，B公司的理由不能成立，应驳回其诉讼请求。

81. 抄袭《整合报告》，是否属于侵犯商业秘密？

□ 王俊林

【案情简介】

1998年4月，张某某与案外人孙某某、楚某某、钱某某共同创意、策划完成《策划文案》，该文案由"前言""组织机构""形象定位""演出计划""演出活动范围"等部分组成。后张某某在《策划文案》的基础上创作完成《整合报告》，该报告包括"思想内容""主管部门""公司名称""注册资金""经营范围""公司构成""公司各部门工作与任务"七大部分。其中"公司各部门工作与任务"部分又包括"中华女子乐坊形象定位、乐队编制、招生管理办法及工作任务和发展方向""音像事业发展部工作任务""CI 设计、印刷制作中心工作任务""服装、服饰设计制作中心工作任务""形象设计中心工作任务""外联、广告工作任务""中华乐坊艺术学校管理办法、发展方向"七小部分。"中华乐坊艺术学校管理办法、发展方向"没有具体内容。

1998 年至 1999 年间，张某某与王某某相识，张某某曾向王某某介绍其关于成立"中华女子乐坊"乐队演奏民乐的创意。张某某希望王某某投资，双方合作。为此，张某某将《策划文案》《整合报告》交给王某某。

2001 年 5 月，王某某与案外人孙某某为世纪星碟公司创作完成《实施计划》，王某某提供的《实施计划》包括"'女子十二乐坊'乐队名称、图文标识与释义及品牌的保护""特点、宗旨及要求""演出范围、对象及发展动向""招聘人员类别及乐队编制""相关签约条款、待遇及工作薪金详细条款""艺术指导及乐团训练事宜条款"六部分。2001 年 6 月，世纪星碟公司成立，随即创建"女子十二乐坊"乐队，演奏新民乐，产生一定社会影响。

张某某认为王某某以合作为名，采取不正当的手段骗取其商业秘密《整合报告》，并在世纪星碟公司的女子十二乐坊中披露、实施、使用，侵犯其商业秘密。故诉至法院，请求判令王某某和世纪星碟公司停止侵权行为、赔偿经济及精神损失、在国家级报纸及电视媒体上向其公开赔礼道歉。

【判决结果】

一审判决：
驳回原告张某某的诉讼请求。
原告张某某不服一审判决，提起上诉。
二审判决：
驳回上诉，维持原判。

【律师解读】

《中华人民共和国反不正当竞争法》（以下简称《反不正当竞争法》）第九条规定，"秘密性、价值性、保密性"是技术信息、经营信息等商业信息构成商业秘密的法定构成要件。秘密性是指商业信息不为所属行业内人员所普遍知悉，同时也不能从公开渠道直接获取；价值性是指商业信息能为权利人带来现实的或潜在的商业价值；保密性是指权利人对商业信息采取了相应的保密措施，既主观上具有保护信息的意图，客观上也实施了一定的保护行为。

根据商业秘密侵权案件的审判实践，商业秘密权利人主张他人侵犯其商业秘密时要承担以下举证责任：首先，要证明自己拥有的商业信息符合法定构成要件，具体包括商业秘密的载体、具体内容、商业价值和对该项商业秘密采取的保密措施；其次，要证明涉嫌侵权人的商业信息与其商业信息相同或实质相同；最后，要证明涉嫌侵权人实施了不正当的行为。本案中，张某某主张《实施计划》符合商业秘密，王某某和世纪星碟公司存在侵权行为，但均未提供有力的证据来证明，因此应承担不利的法律后果。

《反不正当竞争法》第三十二条规定："在侵犯商业秘密的民事审判程序中，商业秘密权利人提供初步证据，证明其已经对所主张的商业秘密采取保密措施，且合理表明商业秘密被侵犯，涉嫌侵权人应当证明权利人所主张的商业秘密不属于本法规定的商业秘密。

商业秘密权利人提供初步证据合理表明商业秘密被侵犯，且提供以下证据之一的，涉嫌侵权人应当证明其不存在侵犯商业秘密的行为：（一）有证据表明涉嫌侵权人有渠道或者机会获取商业秘密，且其使用的信息与该商业秘密实质上相同；（二）有证据表明商业秘密已经被涉嫌侵权人披露、使用或者有被披露、使用的风险；（三）有其他证据表明商业秘密被涉嫌侵权人侵犯。"

虽然修订后的《反不正当竞争法》在一定程度上减轻了权利人的举证责任，但权利人仍然要对商业信息构成商业秘密及商业秘密被侵犯承担举证责任。本案中，张某某对其主张的商业信息并未采取合理的措施，并且《实施计划》与《整合报告》二者仅在个别文字及演出模式的描述方面存在共同之处，而具体内容及表达形式并不相同。因此，法院驳回了张某某的诉求。

82. 大型超市未支付货款，代理供应商如何维权？

□ 温奕昕

【案情简介】

2008 年，某工贸有限公司（A 公司）系某外资连锁大型超市有限公司（B 超市）的大型供应商，供货合同每年签署一次。案发时《商品合同》的合同期限为 2019 年 1 月 1 日至 2019 年 12 月 31 日，合同约定 A 公司向 B 超市供货童装、成人装、鞋等商品。

2019 年度，A 公司向 B 超市供应 200 万元童装、成人装等商品。B 超市后期退回 2019 年度供货商品价值 30 万元。因此，截至仲裁日时，B 超市有 170 万元货款逾期未支付。《商品合同》附件七《本商品合同约定条款一览表》第 1 条约定："（付款日）对供应商开具给商业公司的任何增值税发票，项下的任何批次收货的付款日，应为该商业公司的商店对该批收货全部检验、验收后第 60 天（不超过 60 天）"。然而截至 2021 年仲裁日，B 超市拒绝按照合同的约定支付货款。

为维护合法权益，A 公司向甲国际仲裁中心提起仲裁申请，甲国际仲裁中心立案受理后，根据《仲裁规则》第五十三条的规定，仲裁机构指定由一名独任仲裁员成立仲裁庭进行审理。在 2021 年 12 月第一次开庭审理，后因新冠疫情等因素案子一直未出裁决书。在此期间，仲裁庭组织双方几轮调解，2022 年 5 月，A 公司与 B 超市签署《和解协议》，仲裁庭遂根据《和解协议》作出《裁决书》。

【处理结果】

B 超市按照《和解协议》约定的账户向 A 公司支付和解款人民币 90 万元。

【律师解读】

近年来，商事仲裁凭借其高效、灵活、便捷、保密的特点，已逐渐成为化解商事纠纷的重要方式之一。商事仲裁作为与诉讼并行的纠纷解决机制，已经越来越得到广大民众的认可与接受，并广泛应用于国内及国际商事贸易中。商事仲裁在纠纷化解方面具备独特优势，具有自愿性、专业性、高效性、灵活性、无地域性及全球可执行性特点，更能契合当事人解决纠纷的实际需要。

民事诉讼中，一般依照法律规定实行两审终审制度。仲裁的前提是当事人双方需达成专门的仲裁协议或在协议中明确约定仲裁管辖条款，没有仲裁协议或仲裁条款的，一方申请仲裁的，仲裁委员会不予受理。民事诉讼不需要双方协商，任意一方当事人均可向有管辖权的法院提起诉讼。本案中，根据 A 公司与 B 超市签署的《商品合同》第 14 条约定："因本商品合同引起或与本商品合同有关的任何争议应提交甲国际仲裁中心。"因此，本案由甲国际仲裁中心仲裁。

近两年来，昔日"超市一哥"B 超市的购物卡不能使用、货架空空、门店关闭的信息不时出现在各路媒体，众多的供应商拿不到货款与 B 超市对簿公堂与仲裁新闻不断挑动人们神经。B 超市大股东经营也深陷泥潭。

盈科律师代理此案后，由于第一次开庭时准备充分，很快找出关键证据即双方发函的对账单来协助仲裁员去探寻事实真相。发现 B 超市未如期支付货款，以及确认 B 超市未支付货款的金额的法律事实。因新冠疫情等原因，第一次开庭后迟迟未第二次开庭，A 公司抓住这个时机，在仲裁庭的组织下多次与 B 超市和解谈判。最终在 A 公司让利让步的情形下，成功与 B 超市达成《和解协议》，仲裁庭遂作出《裁决书》，B 公司也如期履行《裁决书》向 A 公司支付和解金额。

本案若再晚两个月，B 超市就爆发财务危机不再支付任何供应商货款了。因此，A 公司很幸运抓住时机拿到货款，否则后续只能参与破产清算程序。A 公司的供货账目清晰且证据充分，关键是 B 超市在案发时市场不时爆发出不利舆情。结合代理商业争议纠纷的丰富经验，律师敏锐意识到越早和解以最快速度拿到货款是王道，否则后续即便胜诉了也可能无法执行。为此，A 公司与 B 超市多轮谈判后达成《和解协议》并成功兑现。律师制定了正确的诉讼策略，最大限度维护了 A 公司的合法权益，保障了 A 公司的债权。

作为解决商事争议的律师要见多识广，才能"耳聪目明"，即要具备挖掘证据的能力，善于在海量的材料中发现核心问题、还原真实情况。同时，还要了解国家政策和商业行情来拓宽认知，从而获得更准确、更全面、更立体的信息，有利于分析案件始末，提高工作效率。

83. 单方解除特许经营合同，法院如何判决？

□ 雷　洁

【案情简介】

2009 年 8 月，甲公司（委托方）与乙公司（受托管理方）签订了《酒店委托管理合同》。合同约定：乙公司为甲公司酒店的筹建装修提供技术指导（包括提供相关的酒店品牌和商标使用许可等），并在酒店开业后提供管理服务；合同有效期为十年（从 2011 年 9 月 29 日试营业起至 2021 年 9 月 28 日）；酒店开业后，甲公司每月按酒店总收入额的 2% 向乙公司支付基本管理费，并按酒店每月总营业毛利润总额的 6% 向乙公司支付奖励管理费。

合同还约定："合同期内，在酒店正常营运的情况下，任何一方提出终止合同，必须提前六个月以书面形式通知对方。"

合同签订后，在乙公司的精心策划和管理下，酒店在 2011 年 9 月如期开业，当年即实现盈利。此后，酒店取得开业三年即为甲公司获得四千万元利润并连续获得多项大奖的成绩。2013 年，乙公司为酒店申报了五星酒店（该酒店在 2014 年 12 月被正式核准为五星级酒店）。

2014 年 5 月 7 日，甲公司突然致函乙公司，以乙公司人事管理工作等有失误等为由，通知终止酒店管理合同，并不再允许乙公司工作人员进入酒店。但在此后数年中，酒店内仍使用着乙公司的相关商标和服务标识。

为此，乙公司于 2014 年 7 月向法院提起诉讼，要求甲公司继续履行《酒店委托管理合同》，按照合同约定支付尚欠的管理费 20 万元，并支付在甲公司违法解除合同期间乙公司的预期可得管理费。甲公司则提出反诉，请求法院确认《酒店委托管理合同》已于 2014 年 5 月 7 日解除，并要求乙公司赔偿违约损失 180 万元。

【判决结果】

一审判决：

一、确认 2009 年 8 月 17 日双方所签《酒店委托管理合同》于 2014 年 5 月 7 日解除；

二、被告甲公司支付原告乙公司 2014 年 4 月份管理费 205341 元和乙公司预期可得管理费收益损失 160 万元；

三、原告乙公司赔偿被告甲公司经济损失 20839.5 元；

四、驳回双方其余诉讼请求。

原告乙公司不服一审判决，提起上诉。

二审判决：

一、《酒店委托管理合同》于本判决生效之日解除；

二、被上诉人甲公司支付上诉人乙公司 2014 年 4 月份管理费 205341 元和管理费预期收益损失 272 万元；

三、上诉人乙公司赔偿被上诉人甲公司经济损失 20839.5 元。

上诉人乙公司不服二审判决，提请再审。

再审判决：

一、撤销原一审和二审判决；

二、判决再审被申请人甲公司向再审申请人乙公司赔偿经济损失 1000 万元。

【律师解读】

一、应如何认定本案中酒店委托管理合同的性质

特许经营合同中，特许人拥有注册商标、企业标志等经营资源，被特许人根据特许人的授权在特定经营模式下使用特许人的经营资源，被特许人按照约定向特许人支付特许经营费用。甲、乙双方签订的合同虽名为《酒店委托管理合同》，但该合同约定甲公司的酒店使用乙公司注册的品牌及相关的商标、标志等，并支付相应的费用，均表现出了品牌许可的特点，具备特许经营合同的特征，合同应认定为特许经营合同。

所以，在《酒店委托管理合同》中包含有受托方向委托方提供商标许可等知识产权的内容，因此该合同就不是单纯的委托合同，应认定为特许经营合同。

二、特许经营合同中的委托方是否有权单方通知受托方解除合同

《中华人民共和国合同法》（以下简称《合同法》）第四百一十条的规定，委托人或者受托人可以随时解除委托合同。甲公司已于2014年5月7日致函乙公司通知解除合同，故根据以上规定，一审法院判决确认双方所签的《酒店委托管理合同》已解除。

关于《合同法》第四百一十条，委托合同任意解除权的适用问题，因本案合同是特许经营合同，其中委托管理的事项仅是特许经营合同的组成部分。委托合同的任意解除权的特殊规定只能适用于以信任关系为基础的独立的委托合同，不能将其扩大适用，否则将造成权利义务的严重失衡，因此本案合同不能适用该款特殊规定。再者，不论合同的性质问题如何，双方当事人在合同条款中约定："在合同期内，在酒店正常营运的情况下，任何一方提出终止合同，必须提前六个月以书面形式通知对方。"该条约定了单方解除必须提前六个月通知，也已经排除了任意解除权的适用。因此，一审法院认为甲公司根据合同法关于委托合同任意解除权的规定可以单方解除合同系适用法律不当，应予纠正，因此，二审法院认为甲公司发出的解除通知并不产生解除双方合同的法律效力。

由此可见，在特许经营合同中，甲公司不能根据《合同法》第四百一十条，对委托合同的规定行使任意解除合同的权利，否则就构成违约。

三、在特许经营合同履行过程中发生单方违约的情况时，法院是否应认定合同在事实上或法律上已无法继续履行，法院据此驳回守约方要求继续履行合同的请求是否合法？

由于该酒店目前已由第三方公司管理经营，双方之间的信任基础已遭破坏，故乙公司要求继续履行合同的上诉理由亦不能成立。

最高法院的再审判决则确认：

（1）在特许经营合同关系已成立且已实际履行并取得了相应的效果的情况下，被特许方擅自解除合同，特许方要求继续履行合同，合同本来是可以继续履行的，至少其中知识产权的特许关系可以持续，委托管理关系可以进行协商，因此特许经营合同在法律上并不属于不能履行的合同。

（2）关于本案是否属于在事实上不能履行的合同。本案中甲公司强行要求乙公司退出酒店管理，后委托给第三人进行管理，但事实上乙公司继续履行合同仍然是完全可能的。酒店整体系统建立在乙公司的特许关系之上，甲公司可以通过解除与第三人的合同，恢复与本案乙公司的合同履行。因此本案并不属于《合同法》第一百一十条所指的法律或事实上不能履行的情况。

二审法院以"由于该酒店目前已由第三方公司管理经营，双方之间的信任基础已遭破坏"为由驳回乙公司要求继续履行合同的上诉主张，进而据此依职权判决解除合同，最高法院对此理由和判决不予认可。

四、特许经营合同解除后违约方应全面充分地赔偿守约方包括预期可得收益在内的全部经济损失

一审法院认定甲公司有权单方解除合同，本着兼顾公平原则仅酌情判决甲公司向乙公司支付预期可得管理费收益损失160万元。

二审判决确认甲公司没有单方解除合同的权利，但以合同无法继续履行为由判令《酒店委托管理合同》于判决生效之日解除的同时，判令甲公司支付乙公司截至2016年12月共32个月的损失共272万元。

最高法院认为，依据《合同法》第九十七条的规定，合同解除后，尚未履行的，终止履行，已经履行的，根据履行情况和合同性质，当事人可以要求恢复原状、采取其他补救措施、并有权要求赔偿损失。本案中合同解除的后果，既涉及知识产权许可的终止，也涉及对损失的赔偿，但二审判决解除合同既未对知识产权进行处理，也未对损失予以全面计算，是错误的。双方合同提前被违约解除，特许方应当获得的基本管理费理应予以赔偿，而且对合同全周期的预期损失也应进行充分计算。损失赔偿额应当相当于因违约所造成的损失，包括合同履行后可以获得的利益。为此，计算损失的期限，应当计算至原合同约定的最后期限即 2021 年。关于计算损失的标准，应参考涉案酒店历年营业收入额，按照合同约定的基础管理费比例，并考虑合同后续乙公司未能进行酒店实际管理的情况，予以综合判定。为此，最高法院最终判决撤销原一审和二审判决，判令甲公司向乙公司赔偿经济损失 1000 万元，并判令由甲公司承担一审和二审的全部诉讼费。

综上，在甲公司单方违约的情况下，甲公司应给予乙公司充分的赔偿。损失赔偿额应相当于因甲公司违约给乙公司所造成的损失，该损失应计算至合同在正常履行情况下的最后期限，计算损失的标准则应参考涉案酒店历年营业收入额由法院酌情判定。

84. 在认缴制下，减资行为是否损害了债权人的债权？

□ 侯晓宇

【案情简介】

2005 年 12 月 9 日，A 公司成立，注册资本 50 万元。其中董某出资 35 万元，出资比例为 70%，薛某出资 15 万元，出资比例为 30%，均已实缴出资。

2015 年 7 月 15 日，B 公司与 A 公司签订《工程购销合同》，2020 年 8 月 20 日，B 公司因该合同的履行问题向某区人民法院提起诉讼。2021 年 6 月 18 日，某区人民法院作出判决（下称"一号判决"），判令 A 公司向 B 公司支付货款 1528585.81 元并支付逾期付款违约金。A 公司不服判决提起上诉。某市中级人民法院于 2021 年 10 月 28 日作出民事判决（下称"二号判决"）：驳回上诉，维持原判。因 A 公司未能履行上述判决确定的给付义务，B 公司向某区人民法院申请强制执行。2022 年 6 月 23 日，某区人民法院作出执行裁定（下称"三号裁定"），以已穷尽执行措施未发现 A 公司有可供执行的财产为由，终结本次执行程序。

另查，2019年1月，A公司经董某、薛某两位股东表决通过，形成关于公司增资的如下股东会决议：1. 将该公司注册资本由50万元增加至715万元，其中新增部分由董某出资465.5万元，薛某出资199.5万元，于2065年12月17日缴清。2. 修改公司章程中的相应条款。3. 注册资本变更后，董某出资500.5万元，出资比例为70%，薛某出资214.5万元，出资比例为30%。后A公司就上述增资事项在登记机关办理了变更登记。

2021年9月，A公司经董某、薛某两位股东表决通过，形成关于公司减资的如下股东会决议：公司注册资本由715万元减少至50万元，其中董某减少出资465.5万元，薛某减少出资199.5万元。变更后，董某出资35万元，出资比例为70%，薛某出资15万元，出资比例为30%。后A公司就上述减资事项在登记机关办理了变更登记。

A公司曾于2021年8月12日在《某省晚报》上发布减资公告称：经股东会研究决定，将注册资本由715万元减少至50万元，请各债权人自登报之日起在45日内至该公司申报债权。

B公司提起股东损害公司债权人利益责任诉讼，将董某、薛某告上法庭。

【判决结果】

一审判决：

一、被告董某、薛某分别在4655000元和1995000元范围内，对第三人B公司经二号民事判决确认的债务不能清偿的部分承担补充赔偿责任；

二、驳回原告B公司其他诉讼请求。

被告董某、薛某不服一审判决，提起上诉。

二审判决：

驳回上诉人董某、薛某的上诉，维持原判。

【律师解读】

一、A公司2021年9月的减资行为是否违反法律规定？

《中华人民共和国公司法》第一百七十七条规定："公司需要减少注册

资本时，必须编制资产负债表及财产清单。公司应当自作出减少注册资本决议之日起十日内通知债权人，并于三十日内在报纸上公告。债权人自接到通知书之日起三十日内，未接到通知书的自公告之日起四十五日内，有权要求公司清偿债务或者提供相应的担保。"

本案中，A公司于2021年8月12日在媒体上发布减资公告，此时其与B公司之间的《工程款购销合同》纠纷正处在诉讼程序之中，双方并非失去联络。因此，A公司就其减资行为具备直接通知B公司的客观可能，而该公司未能履行该直接通知义务，违反上述法律规定，侵害了B公司要求A公司提供担保以及对未提供担保的减资行为提出异议，进而提起停止减资诉讼或减资无效诉讼的法定权利，故减资行为不应对B公司发生法律效力。

二、关于在认缴制下，减资行为是否实际损害了B公司的债权？

本案中，董某、薛某系针对二人的认缴出资进行减资，故应考量认缴出资是否属于A公司的责任财产。《中华人民共和国公司法》第三条规定："公司是企业法人的，有独立的法人财产，享有法人财产权。公司以其全部财产对公司的债务承担责任。有限责任公司的股东以其认缴的出资额为限对公司承担责任；股份有限公司的股东以其认购的股份为限对公司承担责任。"根据上述法律规定，董某、薛某的认缴出资当然属于A公司的责任财产，故二人不应随意撤回认缴出资义务，否则即属于违反公司资本充实原则的违法行为。

经某新区人民法院执行裁定认定，经人民法院穷尽执行措施，A公司并无财产可供执行，无法清偿到期债务。A公司、董某、薛某亦未举证证明该公司的资产足以清偿其对B公司的全部债务或该公司具备清偿能力的事实。故据此可以认定，A公司已具备《中华人民共和国企业破产法》第二条第一款"企业法人不能清偿到期债务，并且资产不足以清偿全部债务或者明显缺乏清偿能力的，依照本法规定清理债务"规定的破产原因。如A公司未实施案涉减资行为，董某、薛某仍对该公司分别负有465.5万元和199.5万元的出资义务，B公司可依"加速到期"规则主张二人对A公司不能清偿的债务承担补充赔偿责任。现其二人因非法减资行为剥夺了B公司的上述权利，严重妨害B公司实现债权，故应承担与"加速到期"规则下相同后果的法律责任，即补充赔偿责任。

综上，公司债权人债权受到实际损害的根本原因在于该公司的偿债能力降低，具体存在以下两种表现形式：一是公司的已有净资产实际减少；二是因股东的不当行为造成公司应当增加的净资产再无增加可能，且该不当行为剥夺了债权人可循其他合法路径实现债权的权利。本案即属于上述第二种情形，因此，董某、薛某应承担与"加速到期"规则下相同后果的法律责任，即补充赔偿责任。

85. 正式合同双方洽谈不拢，定金是退是留？

□ 王光华

【案情简介】

2019年10月31日，甲方A公司与乙方B公司就某大厦房屋租赁事宜签订《租赁定金协议》。协议约定承租单元、面积、租金、租期、起租日期等事项，并约定：本租赁定金协议签约当日，乙方支付甲方定金25282.3元作为该房屋租赁定金，甲乙双方须于2019年11月8日前签署正式租赁合同，并于11月15日付齐全部租赁押金及首期租金202258.6元后乙方可入驻，若乙方违约，甲方收取定金不予退还，若甲方违约，双倍返还定金。2019年11月1日，B公司通过其员工马某向A公司支付了25282.3元。

签订合同日，B公司就租房合同提出了《租房合同补充条款》，其中第三条规定：乙方租期内，甲方除本合同约定的费用不得向乙方收取任何其他费用。乙方租期内，如扩大经营面积，甲方承诺单价不高于本合同价格。第六条：甲方应保护乙方在租期内的合法经营，为乙方提供安全的工作环境，如在大厦范围内屡次（三次以上）发生盗抢、斗殴、聚众闹事等恶劣事件，乙方有权提前终止合同。甲方应无条件退还乙方剩余租金和全额租金押金。甲方应保证公共环境的卫生、照明、冷暖等维护维修。如经常性发生（连续三天以上）卫生恶臭等异味，公共区域照明设备损坏不亮，公共区域空调冷暖不能正常开放等，乙方有权提前终止合同。甲方应无条件退还乙方剩余租金和押金。

A公司就《租房合同补充条款》进行了相应修改，修改后为第六条：甲方应保护乙方在租期内的合法经营，为乙方提供安全的工作环境，甲方在写字楼配备专人负责值守和巡视，设置监控设备，如发生安全事件，配合警方工作，如因此造成乙方经济损失，甲方依法承担责任。甲方应保障公共环境的卫生、照明、冷暖设备等的维护维修，甲方负责维修的硬件设备发生故障，如甲方不能在三个工作日内修复，甲方应免除乙方故障期内物业管理费，直至恢复。

因双方就该两条内容反复磋商，未达成一致，未能签订《租房合同》，B公司遂向法院起诉，要求A公司退还定金。

【判决结果】

一审判决：
驳回原告B公司的诉讼请求。
原告B公司不服一审判决，提起上诉。
二审法院判决：
维持原判。

【律师解读】

《租赁定金协议》为预约定金合同，合同里的定金性质为成约定金，即当事人约定以交付定金作为订立主合同的担保，当给付定金的一方拒绝订立主合同的，无权要求返还定金；收受定金的一方拒绝订立合同的，应当双倍返还定金。现实中，很少出现合同一方拒绝签订合同的情况，更多的是双方在洽谈正式合同时，就一些细节或合同条款无法达成一致导致最终未签合同的情况，很难直接判断究竟是哪一方拒绝签订合同，这时候定金是留是退，如何退，退多少？

本案中，B公司对于争议产生及由此导致的租赁合同未能签订存在责任。第一，根据本案事实，争议补充条款写明如在大厦范围内三次以上发生盗抢、斗殴、聚众闹事等恶劣事件，或连续三天以上出现异味、公共区域照明设备损坏不亮等，B 公司有权提前终止合同。该条款虽是出于经营需要而对环境安全有所要求，但 B 公司将相应法律后果约定为终止合同，实际是提出的单方解除权条款。B 公司有权要求保障环境安全、卫生清洁的同时，要求享有单方解除权，但另一方面确实加重了 A 公司的合同义务及合同的不稳定性，A 公司未予同意确实具有合理性。第二，从双方磋商过程中，A 公司并未消极回避该问题，其虽不同意上述增加单方解除权条款，但也积极提出了修改方案，在修改后的条款中明确了己方的卫生、安保等合同义务和未履行上述义务造成对方经济损失时的责任承担，能够体现 A 公司在合同磋商中的诚意。B 公司对于 A 公司修改的合理意见，并未给予合理反馈，坚持要求享有单方解除权并拒绝签订合同，因此存在过错。第三，双方作为商事主体，在签订定金协议之初应当对定金罚则、本约合同可能涉及的权利义务具有合理判断，A 公司在双方约定的签署正式租赁合同日期数日前即将租赁合同文本发送至 B 公司，至正式合同签署日当天经 A 公司询问，B 公司才表示要求对合同进行修改。B 公司并无证据证明曾在此之前向 A 公司提出过单方解除权问题。其在签约当日提出、拒绝了 A 公司的修改请求并因此拒绝签订租赁合同，从而导致了租赁合同未能签订。

综上所述，B 公司有重大过错，是导致租赁合同不能签订的主要原因，因此驳回其主张返还定金的诉求。由该案以及类案可以发现，在定金预约合同有效，但双方正式合同无法谈拢的情况下，司法实践是从双方的过错程度来看哪一方对合同无法签订承担责任并适用相应的定金罚则。如果合同无法签订是属于无法归责于双方的原因，如双方无法预判的意外情况等，则不适用，这时定金合同解除，定金退还缴纳定金一方。

第四部分
劳动法篇

86. 因工死亡，工伤保险和雇主责任险如何赔付？

□ 鲁 蕊

【案情简介】

2020年7月22日3时20分许，王某发生交通事故死亡。同年9月1日，XX人力资源和社会保障局将王某发生交通事故死亡的事件认定为工伤。XX社会保险事业管理中心向A物流公司发放了王某工伤的一次性伤亡补助金847180元，丧葬补助金38166元，合计885346元；另，工亡职工供养亲属待遇按照王某父母及子女986.28元/人/月由工伤保险基金发放给王某家属。A物流公司扣除相应款项向其家属履行了赔偿责任后，认为此次事故属于雇主责任险的承保范围，所有费用应当由保险公司承担，遂向人民法院提起诉讼。A物流公司与B公司签订雇主责任保险合同一份，保险期间自2020年5月15日零时起至2021年5月14日二十四时止，保险责任为雇主责任，雇员工种为司机，雇主责任险清单中列明了包括王某在内的雇员名单。

【判决结果】

一审判决：驳回原告A物流公司的诉讼请求。A物流公司不服一审判决，提起上诉。

二审判决：驳回上诉人A物流公司的上诉，维持原判。

【律师解读】

一、因工死亡的，赔偿费用由工伤保险基金支付，用人单位无需额外赔付。根据《中华人民共和国社会保险法》第三十八条第（八）项规定，因工死亡的，其遗属领取的丧葬补助金、供养亲属抚恤金和因工死亡补助金，应当由工伤保险基金支付。本案中，A物流公司已为王某缴纳工伤保险，XX人力资源和社会保障局也根据A物流公司的申请将王某死亡认定为工伤，并发放了一次性工亡补助金、丧葬补助金，以及按月向王某供养亲属发放抚恤金，A物流公司无需额外赔付其他费用。

二、雇主责任险系财产保险，应当遵循损失填补原则。雇主责任保险的性质为责任保险，以被保险人对第三者依法应负的赔偿责任为保险标的，属于财产保险的范畴，损失填补原则是其基本原则之一。本案中，A物流公司与王某近亲属刘某签订的《赔款协议》约定，将从XX人力资源和社会保障局领取的工伤赔偿金扣除相应款项后支付给刘某。该款项来源于工伤保险基金，是王某因工伤死亡后依法所享有的工伤保险待遇，A物流公司并没有额外支付费用，未发生任何损失。故而A物流公司要求B公司予以赔付此费用，与财产险损失填补原则相悖。

三、雇主责任险系商业保险，具有选择性。雇主责任保险的保障程度比较灵活，赔偿限额以及承保范围与保费有着直接关系，由雇主进行选择。假如雇主与保险公司约定，雇主在从保险基金中获取赔偿后可以由雇主责任险再进行赔偿，此种约定不违背法律禁止性规定，根据私法自治原则，雇主即可根据保险条款向保险公司进行追偿。本案中，A物流公司与B公司双方并未进行上述约定，且A物流公司主张适用合同第三十四条"保险事故发生时，如果被保险人的损失在有相同保障的其他保险项下也能够获得赔偿，则本保险人按照本合同的赔偿限额与其他保险合同及本合同的赔偿限额总和的比例承担赔偿责任"，由B公司按照涉案保险责任限额与工伤保险基金支付金额的比例承担赔偿责任。根据该条可知，B公司向A物流公司承担保险赔偿责任的前提为——A物流公司对王某的死亡依法承担了赔偿责任。但在此案中，A物流公司并未在工伤保险基金外承担赔偿责任，故而A物流公司要求B公司予以赔付，超出了法律规定及合同约定。

87. 施行不定时工作制，劳动者的诉求是否受法律保护？

□ 刘 涛

【案情简介】

2007年4月1日起至今，王某为A公司工作，工作岗位是采油工，工作时间是24小时连续在岗，没有双休日、法定假日、带薪年休假，A公司也不支付夜班津贴，超时加班工资等。

现A公司拒不支付王某的法定假日加班工资，双休日加班工资，带薪年休假加班工资，每天超时工作的加班工资，夜餐津贴及应加付赔偿金。总计拖欠各项薪金为646521.06元。A公司以实行的是不定时工作制为由拒绝支付上述各项薪金。经劳动人事争议仲裁委员会审理，王某的请求不予支持，王某认为，仲裁委员会裁决适用法律错误。王某诉至法院，请求A公司支付克扣的上述各项薪金。

【判决结果】

一、被告A油气开发有限公司向原告王某支付法定休假日加班工资5703.39元；

二、驳回原告王某其他诉讼请求。

【律师解读】

经审理查明，2007年4月，王某到A公司工作，工作岗位是看井工，负责单井生产管理，单井罐加温、拉油装车等单井所有工作。工作期间没有固定休息日，也没有固定工作时间，有活就干，没有就休息。在王某工作时间内，2012年至2014年每月工资为1200元，日工资57.61元。

一、关于双休日加班费、延长工作时间工资、夜班津贴问题

劳动部《关于企业实行不定时工作制和综合计算工时工作制的批复办法》第七条规定，实行不定时工作制必须经过省级政府劳动行政部门审批才可实施，否则企业自己主张实行的不定时工作制拒付加班工资不应支持。

A公司实行不定时工作制没有得到省级政府劳动行政部门审批，但是在劳动关系存续期间内，实行的确实是不定时工作制。双方签订的劳动合同中已明确约定了公司实行不定时工作制，虽未经劳动行政部门审批，但不属于违反法律、行政法规强制性规定，不影响劳动合同的效力，劳动合同约定实行不定时工作制，也说明职工自愿实行该项规定，不存在企业自己主张实行不定时工作制拒付加班工资的问题。既然实行不定时工作制，那么就不存在双休日加班费、延长工作时间工资、夜班津贴问题。所以王某的主张无效。

二、关于法定休假日加班工资和带薪年休假工资问题

《中华人民共和国劳动法》第四十四条第（三）项、第五十一条规定，法定休假日加班的，应当支付不低于工资300%的工资报酬。

因此，王某主张法定休假日加班工资符合法律规定，但是王某多年在A公司工作，主张权利应当在诉讼时效期间内提出，王某在2014年开始向劳动人事争议仲裁委员会主张权利，故应该从2012年起予以保护，2012年之前的请求已过诉讼时效。

三、关于王某主张A公司拖欠各项薪金应加付赔偿金问题

《中华人民共和国劳动合同法》第八十五条规定，用人单位安排职工加班不支付加班费的，由劳动行政部门责令限期支付，逾期不支付的，责令用人单位按应付金额50%以上100%以下的标准向劳动者加付赔偿金。

按此规定，劳动者请求加付赔偿金，以先经过劳动行政部门责令用人单位支付为前置条件，故王某的该项请求不予支持。

88. 用人单位解除因工伤丧失劳动能力的职工，是否违法？

□ 张　鹏

【案情简介】

李某系某公司职工，双方于 2012 年 9 月签订固定期限劳动合同。李某于 2013 年发生工伤，经劳动部门鉴定为伤残 9 级。2021 年 9 月，某公司向李某发出《解除劳动合同通知书》，以客观情况发生变化为由，依据《中华人民共和国劳动合同法》第四十条第三项规定，解除双方劳动合同，并注明给予李某经济补偿金、代通知金，于离职手续办理完成后支付至工资卡中，五险一金交至 2021 年 9 月，本年度未休年假（按天折算）补偿将于离职工资结算中发放。

2021 年 12 月，李某向劳动仲裁委申请劳动仲裁，请求某公司支付违法解除劳动合同赔偿金、一次性伤残就业补助金等。仲裁委支持部分请求后，双方均不服，故向法院提起诉讼。

【判决结果】

被告某公司支付对原告李某的违法解除劳动合同赔偿金、一次性伤残就业补助金。

【律师解读】

一、劳动合同赔偿金的赔付理由及基数标准

《中华人民共和国劳动合同法》（以下简称《劳动合同法》）第四十二条第（二）项规定，劳动者有下列情形之一的，用人单位不得依照本法第四十条、第四十一条的规定解除劳动合同：（二）在本单位患职业病或者因工负伤并被确认丧失或者部分丧失劳动能力的。第八十七条规定，单位违反本法规定解除或者终止劳动合同的，应当依照本法第四十七条规定的经济补偿标准的二倍向劳动者支付赔偿金。

按照上述规定，本案是否应被认定为违法解除劳动合同需满足以下两个条件：李某是否属于工伤并被确认丧失或者部分丧失劳动能力；某公司是否依据《劳动合同法》第四十条、第四十一条的规定解除劳动合同。

李某于2013年发生工伤，伤残等级9级，应被认定为工伤且部分丧失劳动能力；而某公司依据《劳动合同法》第四十条第三项提出解除双方劳动合同，亦违反上述法律规定，故属于违法解除劳动合同。应依据《劳动合同法》第八十七条规定，向李某支付违法解除劳动合同的经济赔偿金。

依照《劳动合同法》第四十七条第三款的规定，经济补偿金的基数标准，按照劳动者在劳动合同解除或者终止前十二个月的平均工资计算。平均工资应按照劳动者应得工资计算，包括计时工资或计件工资以及奖金、津贴和补贴等货币性收入。

二、是否需要支付一次性伤残就业补助金

《中华人民共和国工伤保险条例》（以下简称《工伤保险条例》）第三十七条第（二）项规定，职工因工致残被鉴定为七级至十级伤残的，享受以下待遇：劳动、聘用合同期满终止，或者职工本人提出解除劳动、聘用合同的，由工伤保险基金支付一次性工伤医疗补助金，由用人单位支付一次性伤残就业补助金。从上述规定不难看出，职工工伤后被评定为七级至十级伤残的，用人单位支付一次性伤残就业补助金有两种情形：劳动合同期满终止；工伤职工本人提出解除劳动合同。

在劳动合同履行期间某公司主动辞退李某，并不符合上述支付一次性伤残就业补助金的情形，为什么仍需支付？《最高人民法院公报》刊载的上海市第一中级人民法院判决书认为：首先，《中华人民共和国社会保险法》第三十九条第（三）项规定，终止或者解除劳动合同时，应当享受的一次性伤残就业补助金。该条款并未将合同解除原因作为支付一次性伤残就业补助金的前提；其次，在《工伤保险条例》第四十三条停止享受工伤保险待遇的情形中，并不包括用人单位主动解除劳动合同；最后，《工伤保险条例》第三十七条第（二）项规定，职工本人提出解除劳动合同用人单位需支付一次性伤残就业补助金，那么举轻以明重，用人单位主动解除

- 214 -

劳动合同更应支付。

因此，本案中某公司解除劳动合同后，应当支付李某一次性伤残就业补助金。

89. 工伤职工被单位辞退，是否应支付一次性伤残就业补助金？

□ 刘园园

【案情简介】

2019年3月，A公司与侯某签订了期限自当日起至2022年2月止的劳动合同。合同约定，将侯某安排至甲公司工作，若侯某因严重违反用工单位规章制度而被用工单位退回的，A公司可以解除本合同。

2021年3月，侯某工作中受伤，后被社保部门认定为工伤，构成伤残十级。2021年7月，甲公司因侯某两次违纪行为，根据员工手册规定，对其予以开除处分。侯某拒绝签收两份员工违纪处罚单。后A公司根据侯某因严重违纪而被甲公司退回的情况，其也对侯某做了解除劳动关系的处理。

A公司自2019年7月开始为侯某缴纳社保，至2021年8月为侯某办理了社保转出（注意：侯某的受伤时间为2021年3月）。

2022年，侯某向某区劳动人事争议仲裁委员会申请仲裁，要求A公司：1、支付一次性工伤医疗补助金十级37840元；2、支付一次性伤残就业补助金十级37840元；3、支付解除劳动合同经济补偿金4332元。

某区劳动人事争议仲裁委员会以侯某的请求事项已超过仲裁申请时效，作出《不予受理通知书》。侯某不服，诉至法院。

【判决结果】

一审判决：

驳回原告侯某的诉讼请求。

二审判决：

一、撤销一审民事判决；

二、被告 A 公司支付原告侯某一次性伤残就业补助金人民币 37840 元；

三、驳回原告侯某的其余诉讼请求。

【律师解读】

一、法律规定的 1 年劳动仲裁时效，可否中断？

《中华人民共和国劳动争议调解仲裁法》第二十七条的规定，劳动争议申请仲裁的时效期间为一年。仲裁时效期间从当事人知道或者应当知道其权利被侵害之日起计算。

前款规定的仲裁时效，因当事人一方向对方当事人主张权利，或者向有关部门请求权利救济，或者对方当事人同意履行义务而中断。从中断时起，仲裁时效期间重新计算。

因不可抗力或者有其他正当理由，当事人不能在本条第一款规定的仲裁时效期间申请仲裁的，仲裁时效中止。从中止时效的原因消除之日起，仲裁时效期间继续计算。

劳动关系存续期间因拖欠劳动报酬发生争议的，劳动者申请仲裁不受本条第一款规定的仲裁时效期间的限制；但是，劳动关系终止的，应当自劳动关系终止之日起一年内提出。

由此可知，劳动仲裁的 1 年时效，可以中断，也可以中止。侯某在仲裁前曾向仲裁委和公司主张过权利，故适用中断的时效规定。

二、员工被单位辞退的，是否有权获得一次性伤残就业补助金？

《工伤保险条例》第三十七条以上规定，可知员工主动离职的可以获得一次性伤残就业补助金。但是在用人单位辞退员工或因合同期满之外的其他原因终止劳动关系的情形下，单位是否仍需支付一次性伤残就业补助金，《工伤保险条例》对此未有明确规定，但本案例是支持的。

（1）一次性伤残就业补助金是对员工因工受伤造成就业困难的一种补偿或救济，不应受劳动关系解除原因的影响，即便是单位单方辞退员工的，依然应在员工被辞退之时给付其一次性伤残就业补助金。

(2)《某市实施〈工伤保险条例〉若干规定》第二十四条规定,工伤职工与用人单位的劳动关系依法解除或者终止的,该用人单位应当按照《工伤保险条例》的规定向该工伤职工支付一次性伤残就业补助金。依据该规定,只要依法解除或终止的,单位均应支付,不区分解除原因是主动还是被辞退,故也应支持单位支付一次性伤残就业补助金。新的用人单位与工伤职工建立劳动关系,并且同意支付一次性伤残就业补助金的,原用人单位和新用人单位应当及时到社会保险经办机构办理工伤保险关系转移手续。

(3)《社会保险法》第三十九条第(三)项明确规定,终止或者解除劳动合同时,应当享受的一次性伤残就业补助金。

(4)《工伤保险条例》第四十二条规定,工伤职工有下列情形之一的,停止享受工伤保险待遇:(一)丧失享受待遇条件的;(二)拒不接受劳动能力鉴定的;(三)拒绝治疗的。除此三种情况,员工是可以享受工伤保险待遇的,包括单位应支付的一次性伤残就业补助金。

(5)《工伤保险条例》第三十七条规定,在员工主动离职时单位都须支付一次性伤残就业补助金,当单位主动和员工解除劳动合同的时候,就更应该支付了。

综上,单位辞退工伤职工的,应当支付一次性伤残就业补助金。

90. 年假未休,工资如何发放?

□ 丁海燕

【案情简介】

李某系一名A公司的客车驾驶员。2020年、2021年期间公司安排休年假,李某未休。不久后李某提出离职,因就支付工资等发生争议,向劳动仲裁机构申请仲裁,要求A公司支付李某周末加班费、未休年假工资等4万余元。劳动仲裁机构不予支持。

李某不服劳动仲裁结果,遂向法院提起诉讼。

【判决结果】

原告 A 公司支付被告李某未休年假工资 1 万余元。

【律师解读】

一、未休年假工资如何认定？

《企业职工带薪年休假实施办法》第十条规定，用人单位经职工本人同意不安排年休假或者安排年休假天数少于应休年休假天数，应当在本年度内对职工应休未休年休假天数，按照其日工资收入的 300% 支付未休年休假工资报酬。其中包含用人单位支付职工正常工作期间的工资收入。用人单位安排职工休年休假，但是职工因本人原因且书面提出不休年休假的，用人单位可以只支付其正常工作期间的工作收入。

在本案中，用人单位主张李某其因个人原因未休年休假，但未就此提交证据予以证明，故 A 公司应承担其未休年休假的工资报酬。

二、是否应支付周末"加班"工资？

《劳动合同法》第三十一条规定，用人单位应当严格执行劳动定额标准，不得强迫或者变相强迫劳动者加班。用人单位安排加班的，应当按照国家有关规定向劳动者支付加班费。但根据《工资支付暂行规定》第十三条，《北京市工资支付规定》第十四条、第十七条之规定，用人单位经批准实行不定时工时制度，不执行加班工资规定。

在本案开庭期间，李某未就其主张的加班情况提供充分证据。A 公司提交了经人社部的审批，允许 A 公司驾驶员岗位实行不定时工作制度函件。本案中虽然李某周末经常工作，但公司获得了正规合法的审批，且工作属于不定时工时制度，所以李某周末时工作不属于加班，故无权要求公司支付周末工作时的加班费。

综上，法院支持了李某要求支付其未休年假的工资，驳回了其他诉讼请求。

91. 竞业限制期间约定"扣除仲裁和诉讼审理期间",是否有效?

□ 刘园园

【案情简介】

马某系某公司员工,其最后一次与公司签订的劳动合同期限为2014年2月至2018年2月。在公司工作期间,马某签订了《不竞争协议》,其中约定"竞业限制期限从马某离职之日起开始计算,最长不超过12个月;但如因履行本协议发生争议而提起仲裁或诉讼时,则上述竞业限制期限应将仲裁和诉讼的审理期限扣除。"即马某应履行竞业限制义务的期间,在扣除仲裁和诉讼审理期限后,不应短于上述约定的竞业限制月数。

2018年,马某离职后公司要求其履行竞业限制义务。2018年3月中旬,马某与有竞业限制的企业开展合作,公司提起仲裁,要求:确认马某违反竞业限制义务并双倍返还公司已支付的竞业限制补偿金、继续履行竞业限制义务、赔偿损失并支付律师费。

经劳动仲裁委员会裁决:一、马某一次性双倍返还公司已支付的竞业限制补偿金;二、马某继续履行对公司的竞业限制义务;三、驳回公司的其他仲裁请求。马某不服仲裁结果,向人民法院提起诉讼。

【判决结果】

一审判决:

一、原告马某于判决生效后向公司双倍返还竞业限制补偿金;

二、确认原告马某无需继续履行对公司的竞业限制义务。

原告马某不服一审判决,提起上诉。

二审判决:

驳回上诉人马某的上诉,维持原判。

【律师解读】

本案的争议焦点主要在于马某是否还需要继续履行竞业限制义务。具体来说，即公司和员工约定了竞业限制期间"扣除仲裁和诉讼审理期限"是否有效？

公司与马某在《不竞争协议》中约定的："竞业限制期限从马某离职之日起开始计算，最长不超过 12 个月。但如发生争议提起仲裁和诉讼的，应将仲裁和诉讼期间从竞业限制期间内扣除"，该约定实际要求马某履行竞业限制义务的期限为：仲裁和诉讼审理期间 + 不超过 12 个月的约定期间。

第一，由于仲裁和诉讼的审理期间在实践中并不能准确预测，如经过一裁两审，则实际审理期间很可能超过法规规定的最长竞业限制期间 2 年，故马某与公司之间约定的扣除审理期间实际上存在违法的可能，很大程度上限制了员工马某的自主择业权。

第二，对于劳动者来说，约定竞业限制期间扣除审限，很可能会导致员工不敢去申请司法救济，不去提起仲裁和诉讼，即便员工不满也囿于约定不敢去主张，这样实际对员工并不公平。

根据《劳动合同法》第二十六条规定，下列劳动合同无效或者部分无效：（一）以欺诈、胁迫的手段或者乘人之危，使对方在违背真实意思的情况下订立或者变更劳动合同的；（二）用人单位免除自己的法定责任、排除劳动者权利的；（三）违反法律、行政法规强制性规定的。《不竞争协议》中关于竞业限制期限应将仲裁和诉讼的审理期限扣除的约定，属于《劳动合同法》第二十六条第一款第二项规定的"用人单位免除自己的法定责任、排除劳动者权利"的情形，应属无效。

综上，马某与公司之间实际约定的竞业限制期间只是不超过 12 个月即可，故马某的竞业限制期限已经届满，无需继续履行对公司的竞业限制义务。

92. 劳务派遣发生工伤，谁来承担赔偿责任？

□ 鲁 蕊

【案情简介】

2019年5月31日，侯某与甲劳务派遣公司签订了书面劳动合同。甲公司派遣侯某至乙公司（实际用工单位）从事操作工工作，每月由甲公司向侯某发放劳动报酬。2019年11月28日，侯某在工作过程中左手不慎被机器压伤。2020年6月12日，人力资源和社会保障局将侯某所受的伤害认定为工伤。因甲公司未为侯某缴纳工伤保险，三方就侯某工伤赔偿责任发生纠纷，诉至人民法院。

甲公司与乙公司签订的《外包协议》约定，外包服务费包含乙公司应承担的工资、平时、周末及节假日加班费、各类保险、社会保险成本；还约定工伤申报和保险理赔等事项应当由甲公司负责，乙公司不承担责任。

【判决结果】

一、被告甲公司于判决生效之日起十五日内一次性支付侯某医疗费16224.86元、住院期间护理费900元、伙食补助费300元、一次性伤残补助金31400.81元、一次性工伤医疗补助金30000元、一次性伤残就业补助金15000元，以上合计93825.67元；

二、被告甲公司于判决生效之日起十五日内一次性支付侯某停工留薪期工资13457.49元。

【律师解读】

一、乙公司作为实际用工单位为何无需承担连带责任？

（一）为职工缴纳工伤保险费是用人单位的法定义务

根据《劳动合同法》第五十八条以及《劳务派遣暂行规定》第十条规定可知，劳务派遣单位是用人单位，为派遣员工依法缴纳社会保险，是劳务派遣单位的法定义务。因此派遣员工发生工伤事故的，应由劳务派遣单位申请工伤认定，并承担工伤保险责任，用工单位应协助工伤认定的调查核实工作。跨地区劳务派遣中，如派遣员工的社保由用工单位代为参保的，一旦发生工伤事故的，由用工单位申请工伤认定。甲公司、乙公司及侯某之间系劳务派遣关系，甲公司系劳务派遣单位即用人单位，乙公司系用工单位，侯某系劳动者。甲公司未为侯某缴纳工伤保险，故应当由该用人单位按照工伤保险待遇项目和标准支付费用。

（二）本案中用工单位乙公司不存在过错

《劳动合同法》第九十二条第二款规定，用工单位给被派遣劳动者造成损害的，劳务派遣单位与用工单位承担连带赔偿责任。

根据乙公司与甲公司《外包协议》约定，乙公司支付的外包服务费已经包含了社会保险等费用，但甲公司未为劳动者缴纳，导致侯某发生工伤后不能向社会保险机构申报其工伤保险待遇，责任在于甲公司，乙公司不存在过错及违约行为。故，甲公司要求乙公司承担连带赔偿责任，没有事实和法律依据。

二、工伤事故中，用工单位承担连带责任的情形

司法实务中，劳动者在被派遣到用工单位工作时发生工伤，用人单位承担责任几乎没有争议，但对于用工单位是否需要与用人单位承担连带责任，却有着不同的判定。对此笔者通过检索此类判例并研究分析得出，用工单位是否承担连带责任一般是根据有无过错来确定。具体包括：

（一）超时用工

休息权是劳动者的基本权利，劳务派遣用工中，在用工单位超时加班发生工伤或猝死，用工单位对劳动者的损失负有责任，应承担连带赔偿责任。

（二）将劳动者再派遣

劳动法规定，用工单位不得将被派遣劳动者再派遣到其他用人单位。如果用工单位违反前述规定而导致劳动者受工伤，就需承担责任。

（三）未提供良好的劳动条件、劳动保护以及未安排岗前培训

给劳动者提供相应的劳动条件和劳动保护，以及对在岗被派遣劳动者进行工作岗位所必需的培训是用工单位的法定义务。违反上述义务，导致

劳动者受工伤或在用工单位患上职业病,用工单位需承担责任。

(四) 违反劳务派遣用工性质

劳务派遣用工性质应当是临时性、辅助性或者替代性的,如果用工单位违反劳务派遣制度中有关工作岗位性质的规定,须承担责任。

(五) 将连续用工期限分割成数个短期劳务派遣协议

用工单位应当根据工作岗位的实际需要与劳务派遣单位确定派遣期限,不得将连续用工期限分割订立数个短期劳务派遣协议。

(六) 劳务派遣单位不具有劳务派遣业务资质

劳务派遣公司不具备合法的资质,是违反行政许可、不具有劳务派遣资质的派遣行为。即使用工单位和用人单位签订劳务派遣协议,用人单位和劳动者签订劳动合同,但派遣协议及劳动合同均无效。此种情况下,用工单位应承担未尽审查义务的过错责任。

93. 务工人员在工地干活,和建筑企业之间是否存在劳动关系?

□ 刘园园

【案情简介】

2012年6月至8月,张某在北京某建筑公司工地上担任瓦工。2012年11月,因病住院治疗,同年12月出院。

张某向北京某区劳动仲裁委员会申请仲裁,请求确认与该建筑公司存在劳动关系。该仲裁委员会驳回其请求,张某诉至北京某区法院。

【判决结果】

驳回原告张某诉讼请求。

【律师解读】

一、关于确认双方之间是否具有劳动关系

根据《北京市高级人民法院、北京市劳动争议仲裁委员会关于劳动争议案件法律适用问题研讨会会议纪要》规定:"在认定用人单位与劳动者之间具有劳动关系时,可考虑下列因素:(1)用人单位和劳动者符合法律法规规定的主体资格;(2)用人单位依法制定的各项规章制度适用于劳动者,劳动者受用人单位的劳动管理,从事用人单位安排的有报酬的劳动;(3)劳动者提供的劳动是用人单位工作的组成部分。"

本案张某申请了证人出庭作证,证实其2012年6月至8月在北京某工地干活,老板系周某。建筑企业否认该工程为其公司承接,不认识周某,周某也非其公司员工。法院与周某电话联系,周某称自己并非包工头,其与该建筑企业之间也无工程发包与承包及劳动关系。故张某提交的证据未显示具有上述规定特征,故不支持。

二、确认劳动关系案件要把握好举证责任分配原则

当事人提出的诉讼请求所依据的事实,或反驳对方诉讼请求所依据的事实,有责任提供证据证明。没有证据或证据不足以证明当事人事实主张的,由负有举证责任的当事人承担后果。

劳动争议类案件,劳动者主张确认劳动关系的纠纷,并不是仅仅确认劳动关系而已,而是为后期主张工伤保险待遇或主张拖欠工资、经济补偿金等做准备。故前期能否确认劳动关系就显得尤为重要。

近年来,该类案件也日益趋多,律师代理此类纠纷,重点要把握好举证责任的分配原则。主张确认劳动关系的,由主张成立的一方承担举证责任。律师应把握好该原则,并结合实际案例来处理此类案件争议。

94. 劳务派遣合同违约，法院如何判决？

□ 白桂香

【案情简介】

2017年3月25日，A公司与B公司签订《劳务派遣合同》（以下简称"合同"），同月31日双方签订《补充协议》。合同约定A公司就B公司信息化建设一期采购项目为B公司提供技术人员服务，其中高级开发工程师4人，服务费用为2.95万元（人/月）；中级开发工程师5人，服务费用为2.1万元（人/月），合同总金额为223万元。A公司按照合同约定为B公司足额提供技术人员，积极履行合同义务，基于合作共赢原则协助B公司完成该项目开发建设。

2018年底，A公司履行完毕全部合同义务，但B公司至今迟迟未支付剩余108.8万元的合同款项。A公司多次交涉无果，B公司已严重侵犯了A公司的合法权益。按照涉案合同第六部分违约责任及解决争议办法的约定，若B公司拖欠款项达一个月以上，致使合同无法履行，应按欠付金额的10%向A公司支付违约金。A公司于2021年1月，诉至法院，要求B公司支付剩余合同欠款108.8万元，支付违约金10.88万元。

【判决结果】

一、被告B公司向原告A公司支付服务费共计108.8万元及违约金10.88万元；

二、案件受理费15571元，由被告B公司负担。

【律师解读】

一、关于诉讼时效

《民法典》第一百八十八条规定，向人民法院请求保护民事权利的诉讼时效期间为三年。法律另有规定的，依照其规定。诉讼时效期间自权利人知道或者应当知道权利受到损害以及义务人之日起计算。法律另有规定的，依照其规定。本案中，A公司于2019年11月沟通中仍对付款事宜进行过催要，A公司提起本案诉讼并未超过诉讼时效。B公司主张按照最后一次付款计算诉讼时效，依据不足，法院不予支持。

二、关于违约责任及赔付

《民法典》第五百六十六条第二款规定，合同因违约解除的，解除权人可以请求违约方承担违约责任，但是当事人另有约定的除外。第五百七十八条规定，当事人一方明确表示或者以自己的行为表明不履行合同义务的，对方可以在履行期限届满前请求其承担违约责任。

庭审中，B公司表示在2017年5、6月前后发现A公司派驻人员无法满足项目需求，故而叫停了涉案合同的履行。此时涉案合同约定的合作期限尚未届满，如B公司需要提前终止涉案合同的履行应当向A公司作出明确的意思表示，但B公司并未提交相关证据对此进行佐证。从A公司提交的履行过程中的沟通记录来看，A公司法定代表人一直参与相关工作，且多次询问付款事宜，与A公司法定代表人沟通对接的人员均未对此发表相反意见。涉案合同约定B公司信息化建设一期采购项目已经完成验收，项目后期虽然A公司派驻的人员减少，但根据沟通记录来看，A公司按照B公司的指示完成了各项工作内容。在无其他相反证据的情况下，法院认为A公司的技术服务内容已经完成，B公司应当如约支付相关费用。庭审中，A公司确认其已经收到了B公司支付的费用共计114.2万元，涉案补充协议中约定的金额上限为223万元，A公司主张B公司支付技术服务费108.8万元及违约金10.88万元，理由充分，证据确凿，法院予以支持。

企业在经营过程当中需要起草、签订合同，一定要进行风险评估与管理，应当聘请法律专业人员对合同进行起草和风险评估，给出专业法律意见，为防范法律风险做好充分准备。

本案律师在充分与A公司沟通后依据合同提出的诉讼请求得到法院的支持，为委托人挽回了重大经济损失，获得委托人极大的认可。本案令市场主体明白了诚信履行约定和义务的必要性，使法律维护公平正义的目的得以良好的展现。

95. 劳动者声明"无其他劳动纠纷",能否再主张权利?

□ 张 鹏

【案情简介】

2021年7月3日,韩某入职A公司,月工资标准13000元。2021年8月31日韩某与A公司解除劳动合同,并签署了《员工离职表》《员工工资结算单》。其中《员工离职表》显示:7月工资、8月工资、8月加班,合计实发:19487.69元,离职手续经本人与公司审核后确认无误,工资无异议,落款处有韩某本人签字并加盖有A公司的法人印章。《员工工资结算单》载明"综上需结算费用共计:人民币19487.69元",在"本人意见"栏内载明"本人对以上离职金额及结算无异议,与公司已办理完各项离职手续,现已解除双方劳动合同关系,无其他劳动纠纷,特此声明",落款处有韩某本人签名。

后韩某向仲裁委提起仲裁,要求裁决A公司支付:1. 2021年8月1日至31日期间的工资5431.66元;2. 解除劳动合同经济补偿金6500元;3. 2021年7月3日至8月31日期间项目提成8000元。经审理,仲裁委于2022年5月24日作出裁决书,支持了韩某部分请求。韩某不服,向法院提起诉讼。

【判决结果】

一、被告A公司支付原告韩某2021年8月1日至31日期间工资5431.66元;

二、驳回原告韩某的其他诉讼请求。

【律师解读】

本案的争议焦点为A公司是否应支付韩某解除劳动合同经济补偿金及

项目提成。

《最高人民法院关于审理劳动争议案件适用法律问题的解释（一）》第三十五条规定，劳动者与用人单位就解除或者终止劳动合同办理相关手续、支付工资报酬、加班费、经济补偿或者赔偿金等达成的协议，不违反法律、行政法规的强制性规定，且不存在欺诈、胁迫或者乘人之危情形的，应当认定有效。

从上述条款可以看出，用人单位与劳动者之间签署的《离职协议》《工资结算》等凭证是否合法有效应当根据是否存在欺诈、胁迫、乘人之危或者显失公平等情形作出认定。根据法院查明的事实来看，《员工离职表》《员工工资结算单》显示韩某对离职金额及结算无异议，已办理完各项离职手续，无其他劳动纠纷。韩某对上述内容进行了签字确认，可以视为双方就《员工离职表》《员工工资结算单》内容达成一致。《员工离职表》《员工工资结算单》系双方真实意思表示，不存在欺诈、胁迫、乘人之危或者显失公平等情形，亦不违反法律、行政法规的强制性规定，应属合法有效，对双方均具有法律约束力。因此，法院判决无误。

综上，劳动争议中，用人单位往往占据优势地位，因此劳动者在签订离职协议时一定要慎重，要清楚地理解协议内容对自己权利的影响，尽可能先咨询法律专业人士，避免仓促签字致使自己的权利受到损害。

第五部分
行政法篇

96. 多年前违法征收未获补偿，判决为何支持？

□ 娄　静

【案情简介】

甲公司为一家合法经营农林开发绿化工程的企业，公司经营所在地在某区拥有土地的合法承包经营权。因水利枢纽工程某段项目，甲公司的土地被征收。自 2010 年起，水利枢纽工程某段项目启动。截至 2015 年底，甲公司位于水利枢纽工程某段工地被淹没区内，享有使用权的土地被累计淹没。其中湖区淹没生态建设土地约 1510 亩，并淹没了地上已种植成林的梭梭林和部分乔木林及已建成使用的跑马场等。某湖大桥施工占地约 32 万平方米，该范围内涉及砂石路一条约 6 公里，杨树与沙枣树混合林带一条，防护金属网围栏，延长线约 6000 米。

直至今日，甲公司尚无法得到妥善安置，遂甲公司委托北京市盈科律师事务所律师代理本案维护本公司的合法权益。

【判决结果】

责令被告某区政府履行对原告甲公司的安置补偿职责。

【律师解读】

一、甲公司的农村土地承包经营权证、某店生态区域范围图，证明甲公司承包地位于湖区淹没范围内，某湖大桥施工范围内。甲公司具有获得补偿安置的权利，其补偿安置权益受到侵犯的，有权提起诉讼。

二、甲公司依法向某区政府邮寄送达安置补偿申请，也是某区政府依职权主动应当履行的法律职责，某区政府系法定的补偿安置主体。

根据行政行为启动机制的不同，可区分为依职权和依申请行政行为，前者行政机关根据其法定职权应主动作出，后者则是应行政相对人的申请而作出。《中华人民共和国行政诉讼法》第三十八条规定，在起诉某区政府不履行法定职责的案件中，甲公司应当提供其向某区政府提出申请的证据。该条文涉及的行政行为应当是指依申请的行政行为。具体到集体土地征收与补偿，如上所述，《中华人民共和国土地管理法》第四十六条第一款和《中华人民共和国土地管理法实施条例》第二十五条第一款、第三款确立了市、县人民政府及其土地管理部门在代表国家负责征收与补偿安置工作中的具体职责。市、县人民政府作为一级政府，有权代表国家组织实施征收，也负有确保被征收人通过签订协议或者以补偿决定等方式获得公平补偿的义务。进一步讲，市、县人民政府在组织实施征收补偿过程中，应当积极主动履行补偿义务，以使行政相对人及时获得公平补偿。

在与被征收人未达成补偿协议的情况下，市、县人民政府或其土地管理部门依法应当及时以书面形式作出补偿安置决定或者以行为的方式直接履行补偿安置职责。否则，被征收人可以依法请求市、县人民政府或其土地管理部门依法履行补偿安置职责。

三、甲公司的土地被征收占用，某区政府应给予安置补偿费用，包括不限于土地补偿费、安置补助费、林木、青苗补偿费和地上附着物补偿费，以及延迟支付安置补偿款的利息。

《中华人民共和国土地管理法》（2004年）第四十七条第二款规定，征收耕地的补偿费用包括土地补偿费、安置补偿费以及地上附着物和青苗的补偿费。《中华人民共和国土地管理法实施条例》第二十六条第一、二款规定，土地补偿费归农村集体经济组织所有；地上附着物及青苗补偿费归地上附着物及青苗的所有者所有。征收土地的安置补助费必须专款专用，不得挪作他用。需要安置的人员由农村集体经济组织安置的，安置补助费支付给农村集体经济组织，由农村集体经济组织管理和使用；由其他单位安置的，安置补助费支付给安置单位；不需要统一安置的，安置补助费发放给被安置人员个人或者征得被安置人员同意后用于支付被安置人员的保险费用。第五十八条规定，有下列情形之一的，由有关人民政府土地行政主管部门报经原批准用地的人民政府或者有批准权的人民政府批准，可以收回国有土地使用权：（一）为公共利益需要使用土地的；（二）为实施城市规划进行旧城区改建，需要调整使用土地的；依照前款第（一）项、第（二）项的规定收回国有土地使用权的，对甲公司作为土地使用权人应当给予适当补偿。

根据《某区城乡一体化及水利枢纽工程某段征迁安置实施方案》第四条补偿标准第（一）项土地及农业机械补偿标准（1）耕地进行货币补偿；对其他征收企业，实行货币补偿安置。第六条，工作步骤，（二）征迁实施阶段开展征地工作，征收工作于2011年3月前完成。（三）完善阶段（2012—2015年）。

最终，根据《中华人民共和国行政诉讼法》第七十二条的规定，人民法院经过审理，查明某区政府不履行法定职责的，判决某区政府在一定期限内履行。

律师建议，法律不保护在权利上睡觉的人，一旦合法权利受到侵害，应及时拿起法律武器依法维护自己的合法权益。

97. 某酒业公司诉县政府拆迁补偿案，为何败诉？

□ 金玲玲

【案情简介】

B公司持有2004年签订的《某县制酒厂产权转让协议》，协议约定B公司出资购买某县制酒厂的资产。第三人闫某持有案涉10680.75平方米土地的《国有土地使用证》和106.80平方米房屋的《房屋所有权证》。

2014年5月，第三方闫某与许某签订《房地产买卖协议》，闫某将房屋和土地使用权转让给许某，并约定院内所有附属物随房地产一并出卖。后许某向该县国土资源局申请放弃土地使用权并申请注销，同意将上述地块进入土地市场进行招拍挂程序。同年7月，该县国土资源局发布国有土地使用权挂牌出让公告。10月，该县国土资源局公告国有土地出让结果，第三方某房地产公司受让了挂牌出让的17744.41平方米土地。11月，该县国土资源局与第三方某房地产公司签订《国有建设用地使用权出让合同》，案涉土地包含在该出让合同之内。2015年12月，第三方某房地产公司在该土地上承建的某某小区竣工，并由该县住房和城乡建设局验收备案。

本案 A 公司就上述事实多次起诉，笔者作为某县政府代理人参加诉讼。

【判决结果】

一审裁定：

驳回原告 A 公司的起诉。

原告 A 公司不服，提起上诉。

二审裁定：

撤销一审法院裁定，指令一审法院继续审理。

一审判决：

驳回原告 A 公司的诉讼请求。

原告 A 公司不服，上诉于高级人民法院。

高院二审判决：

驳回上诉人 A 公司上诉，维持原判。

【律师解读】

一、A 公司与本案没有利害关系，无权以自己的名义提起本行政诉讼

A 公司提起本案诉讼的主要依据是县政府于 2004 年与 B 公司签订的《某县制酒厂产权转让协议》，但工商档案资料显示，原告成立于 2005 年，股东为李某 1、李某 2、李某 3。A 公司与 B 公司及在上述转让协议签字的贾某没有任何关系，无法证明 B 公司与原告 A 之间有承继关系。根据《行政诉讼法》的相关规定，A 公司不具备原告主体资格，无权提起本行政诉讼，其起诉应当予以驳回。

二、本案不存在房屋征收与补偿行政法律事实，原告提起本案的诉讼请求缺乏事实和法律依据

本案第三方某房地产公司享有的案涉国有土地使用权，系通过第三方所在地县国土资源局挂牌出让获得，与房屋征收补偿行为无关。经审理查明，案涉土地在挂牌出让前的来源有两部分：一部分为樊某等三人与许某签订的《房地产买卖合同》，将其三人所有的原土产公司洗毛厂的房地产转让给许某，另一部分为第三人闫某与许某签订，《房地产买卖协议》将房屋和土地使用权转让与许某。此两部分房屋与土地使用权均通过许某向本案第三方所在地县国土资源局申请放弃土地使用权并申请注销，使得相关地块进入土地市场进行招拍挂，并不存在房屋征收与补偿行政行为。A公司的诉讼请求是判令县政府履行法定拆迁补偿义务，给付补偿款及损失，而提供的证据未能证明政府实施过征收行为。经法院审查，A公司另案请求确认第三人闫某土地使用证违法已被生效判决驳回其诉讼请求，确认第三人闫某的土地使用证合法有效，并不存在土地使用证重叠情形。

因此，A公司提起本案的诉讼请求缺乏事实和法律依据，法院判决驳回其诉讼请求并无不当。

三、A公司提起行政诉讼未举证证明其向县政府提出过申请（前置程序），故不能直接提起行政诉讼

《行政诉讼法》第三十八条、《最高人民法院关于行政诉讼证据若干问题的规定》第四条规定，公民、法人或者其他组织要求行政机关履行法定职责，应当先行向行政机关提出申请，只有行政机关不履行其法定职责，方能向人民法院提起行政诉讼。

现A公司无证据证明曾向县人民政府提出过请求，故其起诉应当予以驳回。

四、A公司的起诉已经超过6个月法定期限

A公司虽然经过多次诉讼，却始终没有找到一个合适的切入点。第一次起诉请求判令县政府将涉案房屋过户给第三人闫某的行为违法并赔偿原告经济损失，后以需要变更诉讼请求为由撤回起诉。撤诉后，又以县政府未履行法定拆迁义务为由再次提起诉讼，请求判令县政府履行法定拆迁补偿义务，并给付补偿款及损失。A公司称在起诉后才得知自己拥有使用权的土地已经由第三方某房地产公司开发建设并已竣工验收。事实上，其应当在2014年10月国土资源部门公开挂牌出让土地时，至迟也应当于2015年12月案涉土地上房屋竣工之日就知道其权益受到侵害。

根据《中华人民共和国行政诉讼法》和最高人民法院关于适用《中华

人民共和国行政诉讼法》的解释，A 公司提起诉讼时，已经超过行政诉讼的起诉期限，其起诉应当予以驳回。

98.《责令改正违法行为通知书》，政府为何主动撤销？

□ 张印富

【案情简介】

2022 年 3 月 29 日，甲公司收到某市分局作出的《责令改正违法行为通知书》，被告知："你（单位）在某区某镇某村占地建设钢架大棚，违反了《中华人民共和国土地管理法》第四十四条第一款之规定。根据《中华人民共和国土地管理法》第六十八条、第七十七条之规定，现责令你（单位）自收到本通知书之日起 15 日内拆除违法建设，逾期不改正的，将依法追究法律责任。"

甲公司收到该《通知书》后，顿感事态严重。因之前公司院内的一栋 7000 多平方米的建筑已被拆除，现在接到《通知》要拆除的所谓"钢架大棚"，实际是公司的生产厂房。因前一年当地遇到"雪灾"，压垮了原来的房顶，公司借款进行了修缮，虽然高清卫星遥感影像制作的卫片执法图斑发现该厂区建筑发生变化，但厂房区域没有变化。如按照《通知》认定为"违章建筑"予以拆除，意味着公司将失去生产用房，公司将无法继续经营，投资上千万的资产也将化为乌有。于是公司负责人到北京市盈科律师事务所寻求法律帮助，并委托律师代理维护权益。

律师接受委托后，第一时间赶赴现场了解案情，调取相关资料，与政府机关承办人员取得联系，及时提出律师的法律意见及相关申请，申请中止"限期拆除"执行程序，并迅速依法提起行政诉讼，请求人民法院依法撤销某市规划和自然资源委员会某分局作出的《责令改正违法行为通知书》。

【处理结果】

被告某市分局依据相关规定自动作出了《撤销责令改正违法行为通知书》并通知原告甲公司,原告甲公司遂向人民法院申请撤回起诉,人民法院裁定:准许撤回起诉。

【律师解读】

一、行政机关实施行政行为,必须符合法律规定,依法行政

行政机关实施行政行为,必须依照法定权限和程序行使权力,履行职责,既不失职,又不越权,做到依法行政。公民的权利是法无禁止皆可为,政府的职权是法无授权不可为,绝不能"法无禁止皆可为"。同时,政府行使权力,既要有实体权限的规范,还要有程序规范,二者都是政府行使职权时必须遵循的。

案涉公司厂房建设在农村集体土地上,2004年建设之初得到了当地政府的批准,后在政府部门的授意下进行了改建和扩建,形成现在的规模,但应办理的相关手续未办理。甲公司所在地区突然遭遇罕见大雪,压塌了公司厂房,甲公司修缮时改变了房顶的颜色。政府部门通过高清卫星遥感影像制作的卫片执法图斑发现该厂区建筑发生变化,遂认定公司厂房为违法建筑,要求限期拆除。但事实归事实,行政机关实施行政行为必须举证证明行政行为合法。

二、运用法律赋予的权利,把握行政诉讼的举证责任,变被动为主动

客观讲,无论是行政复议或行政诉讼,行政相对人处于相对弱势地位。但在法庭上原、被告双方的权利义务及举证责任法律有明确规定。《中华人民共和国行政诉讼法》第三十四条规定,被告对作出的行政行为负有举证责任,应当提供作出该行政行为的证据和所依据的规范性文件。被告不提供或者无正当理由逾期提供证据,视为没有相应证据。行政机关作为被告负有法律明确规定的举证责任。

行政机关实施具体行政行为,首先应当承担举证责任,证明其行政行为具有合法性,其仅凭卫片执法图斑认定为违法建筑,不符合依法行政的要求，亦不能证明其实施行政行为的合法性。

三、用好诉讼技巧，借用被告提供的证据证明其行政行为违法

《最高人民法院关于行政诉讼证据若干问题的规定》第六条规定，原告可以提供证明被诉具体行政行为违法的证据。原告提供的证据不成立的，不免除被告对被诉具体行政行为合法性的举证责任。也就是说，原告提起行政诉讼，对自己的诉讼主张有提供证据证明的权利和义务，但可以有证据提供，也可以无证据提供；即便提供了证据不能证明被告行政行为违法，被告也必须提供证据证明其行政行为合法。即被告具体行政行为的合法性不以原告能否举证证明为前提，被告必须自己承担举证责任。如果被告不能提供证据证明其行政行为合法，那就是不合法。本案中，某市分局为证明其行政行为合法，提供了《立案审批表》等相关证据。但甲公司根据《自然资源违法行为立案查处工作规程（试行）》规定，指出其程序不合规定，紧紧抓住某市分局提供的证据，借力打力，仅这一证据就证明了其行政行为不具有合法性。可谓"被告呈堂证供，原告反其道而用之，一证定乾坤。"

庭审后，某市分局自知官司输赢已成定局，遂主动作出《撤销责令改正违法行为通知书》，并送达甲公司。

一个完美的诉讼程序，解决了委托人想解决而无法解决的难题。这个案件，也提示人们：实务中，行政机关实施行政行为，一般不会主动撤销自己的行政行为；但行政相对人认为行政行为违法，积极用好法律赋予的权利，就会在博弈中变被动为主动，依法保护自身的合法权益。

99. 政府作出的《限期拆除决定书》，为何确认违法？

□ 师　萌

【案情简介】

2005年7月22日，北京市A有限责任公司（以下简称A公司）经审查登记取得《集体土地使用证》，土地位于某区某村，用途为工业。2006

年 10 月 19 日，B 装饰建材有限责任公司（以下简称 B 公司）与 A 公司签订《土地使用权租赁合同》，租赁涉案土地，建设厂房等建筑物，开展生产经营活动。2006 年 11 月，所有建筑物均已建成。

2019 年 12 月 31 日，金某、袁某与 B 公司、A 公司签订《地上物权属转移合同》，取得涉案建筑所有权。地上物所有权归双方共同所有，协商使用。为保障安全性，金某、袁某对所有建筑物进行加固、修缮，在室内外进行了装修，并对老化的电器线路及排水系统进行了维修，对原有厂区道路及成型板养生场地进行了修缮，部分场地还进行了硬化处理。

2021 年 10 月 29 日，北京市某区政府作出（2021 年）第 X 号《限期拆除决定书》，认定："金某、袁某位于北京市某区某村东侧的建筑物（约 3546 平方米）违反了《中华人民共和国城乡规划法》第四十一条、《北京市城乡规划条例》第二十九条的规定，属于违法建设，限期在 30 日前自行拆除"。

金某、袁某对该《限期拆除决定书》不服，故起诉，请求：一、确认北京市某区政府于 2021 年 10 月 29 日作出的（2021 年）第 × 号《限期拆除决定书》违法；二、诉讼费由政府承担。

【判决结果】

确认被告北京市某区人民政府于二〇二一年十月二十九日作出的（2021 年）第 X 号《限期拆除决定书》违法。

【律师解读】

《中华人民共和国城乡规划法》第六十五条规定，在乡、村庄规划区内未依法取得乡村建设规划许可证或者未按照乡村建设规划许可证的规定进行建设的，由乡、镇人民政府责令停止建设、限期改正；逾期不改正的，可以拆除。根据上述法律规定，政府作为某区乡镇一级人民政府，对其规划区内违反乡村建设规划进行建设的行为，具有作出责令限期改正的法定职权。本案的焦点在于涉案建筑物的建筑面积的认定以及执法程序是否违法。

一、政府事实认定错误，涉案建筑物为金某、袁某合法取得的合法建设

B 公司在建设涉案建筑物时取得了政府的大力支持，在建成开业时，时任党委书记委托人大主席姚某到场并参与了剪彩仪式。多年来，B 公司每年依法为涉案建筑物缴纳增值税、附加税、企业所得税、房产税、城镇土地使用税等各种税收。在涉案建筑物存在的多年间，政府部门对其存在的合法状态是明知且默许的。行政机关在确定建筑物是否为违章建筑时，应综合考虑建筑物形成的时间、当地政策、事件缘由及当年法律条例。本案中，政府先认可建筑物存在的必要性和带来的利益性，后又在违建整治过程中将涉案建筑认定为违建，违背信赖利益原则。

二、政府作出涉案行政行为法律适用错误

首先，政府以 2008 年 1 月 1 日开始生效的《中华人民共和国城乡规划法》及 2009 年 10 月 1 日开始生效的《北京市城乡规划条例》去评价 2006 年建成的建筑的合法性，严重违背了法不溯及既往的原则。其次，现行有效的《北京市城乡规划条例》（2021 修正）并不存在政府所适用的第八十条规定。因此《限期拆除决定书》存在多重违法，不能作为认定涉案建筑为违建以及被强制拆除的依据。

三、政府作出行政行为未遵循比例原则

行政机关作出行政决定应严格遵循比例原则，需满足必要性、适当性和均衡性三个方面的要求。本案中涉案建筑原已建成多年，未违法用地也未违反城市总体规划，自金某、袁某购得后为后续经营投入了大量金钱且尚未进行生产经营，因涉案建筑为两个公司的经营场所，正常经营后计划每年实现上缴税收约 200 万，会大力带动当地经济发展且为当地人民提供更多的就业机会。因此政府在未查明涉案建筑物是否存在影响规划的情况下，仅以未办理规划许可责令拆除，未考虑可补救措施，未遵循比例原则。

四、政府作出的《限期拆除决定书》程序违法

依据《中华人民共和国行政处罚法》《北京市禁止违法建设若干规定》的相关规定，政府在对涉嫌违法建设进行查处的过程中，应当履行调查、听取当事人陈述和申辩、处罚前告知等程序，以保证当事人的合法权益。本案中政府并未履行上述法定程序，程序严重违法。政府于 2021 年

10月29日作出《限期拆除决定书》，责令金某、袁某30日前自行拆除违法建设，但涉案建筑面积约有3546平方米，且建筑内存有大量设备、家具，金某、袁某在一天之内将物品搬至安全地带并拆除建筑根本不具有可实现性，更何况涉案建筑部分为员工宿舍，在未提前告知的情况下责令金某、袁某进行搬离，大量员工面临无处可居的状态，严重不具有合理性。

综上，X镇政府作出的《限期拆除决定书》认定事实不清、证据不足，执法程序违法，依法应予以撤销。鉴于涉案建筑物大部分已经被拆除，《限期拆除决定书》已不具有可撤销内容，故确认《限期拆除决定书》违法。

100. 未办证房屋追缴土增税，法院如何判决？

□ 吴　友

【案情简介】

2009年2月，A公司将厂房转让给B厂，其中已办证房屋面积1646平方米，未确权房屋面积2600平方米。约定成交价格为850万，过户改名的一切费用由买方B厂承担。同日，双方签订了一份转让价格为290万元的"阴阳合同"，用于过户和缴纳税费。经A公司委托，国信评估公司出具房地产评估报告（以下简称《2009国信评估报告》），转让房产在估价时点的参考价为437万，其中2600平方米未确权建筑及配套设施评估为6万元（评估越少，土地增值费越多）。后来B厂代替A公司缴纳了土地增值税等税款110余万元。

2013年9月，Y税务局接实名举报，上述转让隐瞒价格、逃避税费，故立案查处。2015年1月4日，Y税务局作出《税务处理决定书》，要求A公司补缴税款及滞纳金共计433万，其中决定书第二条第七项，追缴土地增值税209万。B厂对追缴土地增值税209万不服，（由于双方签订了包税条款，B厂是税款的最终承担者）便申请相应的行政复议和行政诉讼。针对B厂的复议时效和复议资格，经多次的复议和诉讼后，法院最终认定B厂具备复议资格，且没有超过复议时效。

根据土地增值税相关法律规定，土地增值税适用超率累进税率，收入额为双方约定的不含增值税价款，旧房的扣除额为评估价格。此处的评估价格为重置成本价乘以成新度折扣率后的价格，即重置成新价。B厂认为，《2009国信评估报告》将2600平方米未确权房屋及配套设施评估为6万元明显不当，要求法院重新评估。

【判决结果】

一审判决：

驳回原告B厂的诉讼请求。

原告B厂不服判决，提出上诉。

二审判决：

一、撤销一审判决；

二、撤销《税务处理决定书》，Y税务局于本判决生效之日起60日内重新作出《税务处理决定书》。

【律师解读】

一、准许转让涵盖范围

《中华人民共和国土地增值税暂行条例》（以下简称《条例》）第二条规定，转让国有土地使用权、地上的建筑物及其附着物并取得收入的单位和个人，为土地增值税的纳税义务人。《中华人民共和国土地增值税暂行条例实施细则》第四条规定，《条例》第二条所称的地上的建筑物，是指建于地上的一切建筑物。可见，《条例》所称的"转让房地产"，既包括有证房屋，也包括"未确权建筑"。

二、转让价格和评估价格是两个概念

转让价格是市场流通时交易方双方确定价格。而此处的评估价格，根据《条例》第六条，计算增值额的扣除项目：（三）旧房及建筑物的评估价格，以及《中华人民共和国土地增值税暂行条例实施细则》第七条第（四）项，旧房及建筑物的评估价格，是指在转让已使用的房屋及建筑物时，由政府批准设立的房地产评估机构评定的重置成本价乘以成新度折扣率后的价格。可

见，所谓建筑物的估价并不是评估其转让价值，而是对其"重置成本价乘以成新率"的评估。"重置成本"与能否转让并无必然联系。

二审法院采纳了上诉人的意见，认为转让旧房，土地增值税的扣除为重置成新价，和是否办理了房产证书没有必然联系。Y 税务局在《税务处理决定书》中作为定税依据的是《2009 国信评估报告》，该报告系由 A 公司单方委托国信评估公司作出，该评估报告中对于未确权面积约 2600 平方米的房屋及配套设施的估价仅为 6 万元，估价明显不合理，故《2009 国信评估报告》不能作为定税依据。

从公开渠道能够查询的信息看，全案从 2009 年 2 月签订房屋转让"阴阳合同"到 2019 年 12 月本案二审判决，不考虑重新作出《税务处理决定书》的后续发展，本案历经近 11 年。双方当事人因为税收的问题，产生了多轮的复议和诉讼，双方负责人也因逃税罪而被判刑（缓刑）。B 厂法定代表人吴某的爱人（法官）也因在此案的其他诉讼中给予方便被判枉法裁判罪入刑一年六个月。吴某感慨地说，他们已经身心疲惫，愿意缴纳所有该缴的税款、滞纳金和罚款，尽快结束这起纠纷。企业和个人均应注意防范经营过程中的税务风险，不能因为一时之利给自己埋下不可承受的重大风险。

税收是每个企业都会面临的问题，税收风险不同于一般的民事风险，它既可以让企业家倾家荡产，也可以让企业家锒铛入狱，需要引起企业的高度重视！

101. 公安机关对李某行政拘留，为何被确认违法？

□ 娄　静

【案情简介】

2022 年 2 月 17 日晚，李某与梁某甲（李某妻子），梁某乙（李某妻妹），梁某丙（李某岳父），何某（李某岳母）因为家庭琐事发生纠纷，李某在抱回其与梁某甲之子（八个月大婴儿）后，被上述四人殴打，双方发生肢体冲突。梁某甲与其父母、妹妹四人对李某的双手、头部、颈部、下肢进行殴打。李某经司法鉴定损伤程度为轻微伤。李某报警后，A市公安局S分局对李某作出行政拘留十四天并处罚款五百元人民币的《行政处罚决定书》（以下简称"处罚决定"）。

李某不服，遂委托北京市盈科律师事务所律师代理本案，向A市公安局S分局上一级公安机关申请行政复议。

【处理结果】

确认A市公安局S分局作出的《行政处罚决定书》违法。

【律师解读】

北京市盈科律师事务所律师接受李某委托后，经过与委托人沟通、详细分析案件，认为案涉处罚决定事实认定错误，所依据的证据不足，程序违法，应予以撤销。

一、A市公安局S分局对本案基本事实认定错误，作出处罚决定证据不足

处罚决定仅依据"询问笔录，证人证言，到案经过"其处罚依据的证据严重不足。以上依据均为主观证据，并且李某为一人，而其他实施殴打的人为四人，事发当天李某报警后，由A市公安局S分局Y派出所委托某司法鉴定所出具的《司法鉴定意见书》对李某鉴定为轻微伤。根据《公安机关办理行政案件程序规定》第二十六条规定："可以用于证明案件事实的材料，都是证据。……（五）鉴定意见。"但在处罚决定中却未体现《司法鉴定意见书》，属于事实不清，证据未能达到确实充分。

因此，处罚决定违反了《公安机关办理行政案件程序规定》第一百六十八条"对违法行为事实清楚，证据确实充分"的规定。

二、被侵害人事前存在过错

根据《公安机关办理行政案件程序规定》第一百七十八条："对于因民间纠纷引起的殴打他人等违反治安管理行为，情节较轻，且具有下列情形之一的，可以调解处理：行为人的侵害行为系由被侵害人事前的过错行为引起的。"

2022年3月27日，在派出所办案警官的组织下调解。梁某甲一方应到涉案人员为四人，但实到场人员仅为梁某甲、梁某丙、何某三人，缺少梁某乙。当晚，派出所对梁某甲的父母梁某丙、何某作出拟行政拘留的行政处罚，因该二人为违法行为人，才作出拟处罚。

因此，可以得知被侵害人存在过错。

三、A市公安局S分局法律规定适用错误

处罚决定根据《中华人民共和国治安管理处罚法》第四十三条第二款第（二）项、第（三）项作出。但根据该法第四十三条，殴打他人的，或者故意伤害他人身体的，处五日以上十日以下拘留，并处二百元以上五百元以下罚款；情节较轻的，处五日以下拘留或者五百元以下罚款。

有下列情形之一的，处十日以上十五日以下拘留，并处五百元以上一千元以下罚款：（二）殴打、伤害残疾人、孕妇、不满十四周岁的人或者六十周岁以上的人的；（三）多次殴打、伤害他人或者一次殴打、伤害多人的。

但本案在案没有客观证据予以证明以上事实。

四、A市公安局S分局作出的处罚决定违反法定程序

根据《公安机关办理行政案件程序规定》第一百六十五条："公安机关办理治安案件的期限，自受理之日起不得超过三十日；案情重大、复杂的，经上一级公安机关批准，可以延长三十日。办理其他行政案件，有法定办案期限的，按照相关法律规定办理。"

本案于2022年2月17日立案后，2022年6月30日作出行政处罚决定，属于严重办案超期，违反法定程序。

最终，复议机关采纳了代理人意见，确认A市公安局S分局作出的《行政处罚决定书》违法。

102. 外文商标因不良影响被驳回，行政诉讼为何胜诉？

□ 汤学丽

【案情简介】

2009 年，坐落于塞外山城某市的 Z 公司在"起重机、起重机（升降装置）、起重葫芦"等商品获准注册"Parsons"商标。2021 年，因经营所需其在"绳梯、绳索、非金属缆"等商品上申请注册同名"Parsons"商标（下称"系争商标"），国家知识产权局以"该标志可译为'牧师'，使用在指定商品上，易产生社会不良影响，不得作为商标使用"为由驳回。Z 公司不服该驳回提起复审，国家知识产权局评审部门仍以该理由再次驳回系争商标的注册申请。

Z 公司遂委托北京盈科律师事务所律师向北京知识产权法院提起行政诉讼。

【判决结果】

一、撤销被告国家知识产权局做出的驳回系争商标注册申请的决定；
二、由被告国家知识产权局就系争商标驳回复审重新做出决定。

【律师解读】

诉讼阶段，我方提交 Z 公司维权生效裁判文书旨在揭示 Z 公司与"Parsons"商标之间的渊源、商标含义以及使用情况。检索涉"不良影响"理由的判决，其中经典案例明确指出"绝对理由条款的个案衡量空间应当受到严格限制，对是否有害于社会公共利益和公共秩序进行判断的裁量尺度更不应变动不居"，进一步夯实了本案应统一审查标准的基础。

《中华人民共和国商标法》第十条第一款第（八）项规定，下列标志不得作为商标使用，有害于社会主义道德风尚或者有其他不良影响的。其中的"不良影响"指商标的文字、图形或者其他构成要素对我国政治、经济、文化、宗教、民族等社会公共利益和公共秩序产生消极的、负面的影响。结合国家知识产权局在本案中将"Parsons"译为"牧师"的驳回理由，根据《商标审查审理指南》相关规定，国家知识产权局认为系争商标的注册"有害于宗教信仰、宗教感情或者民间信仰"。

本案中：首先，系争商标"Parsons"与"牧师"之英文"parson"字母构成并不相同，不能直接认定其可译为"牧师"。其次，我方提交的生效裁判文书可以证明Z公司前身早在2006年购买英国"帕森斯链条品牌""帕森斯矿用链条注册专利"技术等。"Parsons"是"帕森斯"音译，Z公司对系争商标本无"牧师"之意。并且，通过多年的使用在市场中具有较高知名度。最后，法院查明，我方已在先注册同名"Parsons"商标，该商标也曾因不良影响而驳回，原商标评审委员会经复审审理认为该理由不成立，做出予以初审公告的决定。因此，在涉案标识完全相同、涉案驳回理由完全相同的情况下，显然应按照审查一致性的原则对系争商标做出予以初审的决定。

本案例说明即使商标屡遭驳回仍可在行政诉讼阶段通过充分的证据争取初审，也提示商标申请人在注册外文商标时应注意是否具有固有含义，固有含义是否具有禁用或禁注风险。

103. A公司不服防空办作出的《行政处罚决定书》，法院如何判决？

□ 温奕昕

【案情简介】

2008年，A公司与某市国土资源局签订《国有土地建设使用权出让合同》（以下简称"土地出让合同"），对一宗土地综合开发住宅及配套商业项目。根据《土地估价报告》和土地出让合同《界址点成果表》载明：建筑占地（平方米）0.0，可知土地是净地出让。《A公司与某市政府项目投资合作协议书》规定项目出让土地系净地，政府负责拆迁安置补偿。A

公司取得土地后进行项目开发建设，在项目开发中取得的各项证件合法合规。项目已竣工验收对外销售。2018年，某市人民防空办公室（以下简称"防空办"）向A公司告知涉案土地下有人防设施。

2022年1月，防空办向A公司作出《行政处罚决定书》，对A公司作出5万元罚款的行政处罚。A公司不服向某市人民政府提请行政复议。2022年4月，某市人民政府作出《行政复议决定书》，维持防空办作出的《行政处罚决定书》。A公司认为《行政复议决定书》和《行政处罚决定书》认定事实不清，证据不足，适用法律错误，程序违法，均应撤销。故向某市人民法院提起行政诉讼。

【判决结果】

一、确认某市人民防空办公室作出的《行政处罚决定书》违法；

二、确认某市人民政府作出的《行政复议决定书》违法；

三、驳回A公司的其他诉讼请求。

【律师解读】

本案中，A公司通过拍卖取得一宗国有建设用地使用权，土地出让合同附件二《出让宗地竖向界限》有"上界限高程"和"下界限高程"，但是"上界限高程"和"下界限高程"具体多少米均没有注明，这为争议埋下伏笔。但是根据土地出让合同内容和合同的目的明显得出A公司取得土地的地下部分。项目开发中依法取得五证《建设用地规划许可证》《建设工程规划许可证》《建筑工程施工许可证》《国有土地使用证》《商品房销售（预售）许可证》和《国有土地执照》，A公司开发项目手续齐全，完全合法。现人防办说该宗土地使用权出让不包括土地地下部分，要对A公司罚款。A公司认为当地政府无视政府信赖保护原则和基本的契约精神，践踏政府诚信和公信力，侵害A公司的合法权益，具体理由如下：

第一，一物一权是我国《民法典》物权编基本原则，一宗土地只有一个用益物权。A公司通过拍卖取得这宗土地，当然包括土地地下部分，因为土地是一个自然综合体，土地包括地面和地下。大宗土地出让开发，不包括土地地下部分，A公司是无法开发的，不可能在空中搞建筑的，这是基本的常识。

第二，土地出让合同第 17 条"土地受让人同意政府管道设施穿越土地地下"及附件二第 22 页《界址点成果表》载明：建筑占地（平方米）0.0。《土地估价报告》也注明该宗土地五通一平是净地，可知土地是净地出让，A 公司当然取得土地地下部分。

第三，《中华人民共和国城镇国有土地使用权出让和转让暂行条例》第十一条："土地使用权出让合同应当按照平等、自愿、有偿的原则，由市、县人民政府土地管理部门与土地使用者签订"。A 公司与某市政府签订的《A 公司与某市政府项目投资合作协议书》第二条规定："凡本项目用地为净地出让，用地边界外部的道路和市政水电设施由政府投资配套，并及时接口到本项目；地块内的基础设施由乙方（A 公司）承担，甲方（市政府）给予基础设施建设资助。"这说明该宗土地地上原来的建筑物补偿主体是政府部门。

第四，《中华人民共和国土地登记办法》（2008.2.1 实施）第十五条：土地登记簿是土地权利归属和内容的根据。A 公司开发该宗土地取得"五证"没有任何违法，已竣工验收完毕。A 公司取得的《国有土地使用权证》土地证的土地不区分地上、地下，而是包括地上地下。《某市规划局建筑设计要点通知书》《某市规划局城市规划验收合格通知书》也能证明 A 公司开发土地合法合规。A 公司按照政府规划要求在建设地下开发停车场时，同时缴纳"人防工程"异地建设人防工程费。第四，《民法典》第二百二十九条规定，因人民法院、仲裁机构的法律文书导致物权设立、变更、转让或者消灭的，自"法律文书"生效时发生效力。目前该宗土地还有地下建筑物人防设施的《土地证》《房产证》，但是 A 公司是通过拍卖取得这宗土地的，某市人民政府征收这宗土地，因此，这地下建筑物人防设施的《土地证》《房产证》已丧失法律效力。在 2008 年时，因政府部门之间工作没有衔接好，导致地下的建筑物人防设施的《土地证》《房产证》没有因为土地拍卖出让而注销。这些是政府自身责任，不能因为政府有过错，反而要求 A 公司赔偿建筑物并罚款。

第五，《国土资源部关于加大闲置土地处置力度的通知》第二条规定：实行建设用地使用权"净地"出让。《某省人民政府关于建立政府土地收购储备制度和实行土地使用权招标拍卖的意见》也规定土地净地出让。党的二十大报告提出，"优化民营企业发展环境，依法保护民营企业产权和企业家权益，促进民营经济发展壮大"。A公司是政府招商引资来的系一家民营企业，为当地经济发展作出贡献。现在不能让A公司因此受到损失。

第六，《行政处罚法》明确规定违法行为在二年内未被发现的，不再给予行政处罚。《行政处罚法》第三十六条："违法行为在二年内未被发现的，不再给予行政处罚……前款规定的期限，从违法行为发生之日起计算；违法行为有连续或者继续状态的，从行为终了之日起计算。"本案中责令赔偿告知书认定的"违法拆除行为"发生在2008年，至今已经过去12年之久，已远远超过《行政处罚法》规定的处罚时效。

基于上述理由，防空办作出《行政处罚决定书》和某市政府作出《行政复议决定书》事实不清，证据不足，程序违法，应撤销。某市人民法院作出上述判决，在一定程度上维护了正常的营商环境。

104. 税务局不予退税，行政诉讼为何败诉？

□ 吴　友

【案情简介】

万来公司住所地为A村，为X税务局辖区内的纳税人。2016年2月，X税务局发现，其将万来公司的经营地、注册地列入了某工业园区，致使不应当征收房产税和城镇土地使用税而进行了征收，应当按照1%的税率征收的城市维护建设税却按照7%进行了征收。

2016年3月14日，X税务局对万来公司停征了房产税、城镇土地使用税，减少了城市维护建设税的征收率（由原来的7%降至1%）。因为上述原因，自2004年1月至2016年2月，X税务局向万来公司多征收房产税253万元、城镇土地使用税577万元、城市维护建设税178万元，共计1008万元，其中2004年至2016年（2016年为1-2月）分别为35万元、37万元、38万元、117万元、98万元、90万元、89万元、94万元、101万元、102万元、95万元、91万元、21万元。

2019 年 3 月 12 日，万来公司向 X 税务局提出退税申请，X 税务局不予退税。万来公司申请行政复议，也驳回了万来公司的退税申请。万来公司遂提起行政诉讼。

【判决结果】

一审判决：

X 税务局于本判决发生法律效力后 30 日内，一次性退还 2004 年 1 月至 2016 年 2 月向万来公司征收的房产税 253 万元、城镇土地使用税 577 万元、多征的城市维护建设税 178 万元，并支付以各年度的税款合计为本金、自次年 1 月 1 日开始至退还之日的利息。

X 税务局不服一审判决，提起上诉。

二审判决：

驳回上诉人 X 税务局的上诉，维持原判。

【律师解读】

万来公司主张，根据《税收征收管理法》第五十一条规定，纳税人超过应纳税额缴纳的税款，税务机关发现后应当立即退还；纳税人自结算缴纳税款之日起三年内发现的，可以向税务机关要求退还多缴的税款并加算银行同期存款利息，税务机关及时查实后应当立即退还。本案中，万来公司超过应纳税额缴纳的税款是×税务局在工作中发现的，×税务局发现后应当立即退还。

×税务局则认为，万来公司在 2019 年 3 月 12 日向×税务局要求退税款，超过了 3 年时效的规定。×税务局还主张，万来公司在 2016 年 3 月停征房产税、城镇土地使用税、减征城市维护建设税时已经明确表示，只要能够停征就行，不要求退税，万来公司违反了先前的承诺。对此，万来公司称是×税务局发现多缴税款后，不但不履行职责给予退税，而且蒙蔽、胁迫万来公司"要想停征、减征税款，必须不许追以前已经缴纳的税款"，对此法院未予评析。

《城镇土地使用税暂行条例》第二条规定，在城市、县城、建制镇、工矿区范围内使用土地的单位和个人，为城镇土地使用税的纳税人。《房产税暂行条例》第一条规定，房产税在城市、县城、建制镇和工矿区征收。也就是说，城镇土地使用税和房产税的征收范围一致的，均为城市、县城、建制镇和工矿区。万来公司所在的 A 村，是不征收城镇土地使用税和房产税的。《城市维护建设税暂行条例》第四条规定，城市维护建设税税率如下：纳税人所在地在市区的，税率为 7%；纳税人所在地在县城、镇的，税率为 5%；纳税人所在地不在市区、县城或镇的，税率为 1%。万来公司的所在地为 A 村，应当按照 1% 的税率征收城市维护建设税，而不是 7%。

《税收征收管理法》第五十一条规定，纳税人超过应纳税额缴纳的税款，税务机关发现后应当立即退还；纳税人自结算缴纳税款之日起三年内发现的，可以向税务机关要求退还多缴的税款并加算银行同期存款利息，税务机关及时查实后应当立即退还。本案的争议焦点是，万来公司多缴税款是 × 税务局发现，还是万来公司发现的。在一审中，× 税务局多次强调是其在工作过程中发现了对万来公司多征、错征了税款；二审中又主张是万来公司申请的退款，因此一、二审法院都认定属于 × 税务局发现的多缴税款。

《税收征收管理法》第五十一条规定，对于多缴税款，税务局发现的，应当立即退还，没有时效的限制。而如果是纳税人发现的，自缴纳税款之日，有三年时效的限制。时效决定着是否能够退税。本案中，是 × 税务局在 2016 年 3 月 14 日主动对万来公司停征了房产税、城镇土地使用税，并减征了城市维护建设税，且在一审中强调是自己发现错征、多征了税款，法院认定是 × 税务局发现万来公司多缴了税款，应当立即退还，并支付相应利息。

105. 改制企业要求政府返还土地出让金，法律是否支持？

□ 王 珏

【案情简介】

2003 年某电子厂经某区企业改革领导组批准实施改制，由 A 房地产开发有限公司对其进行兼并重组。截至 2009 年 12 月，A 房地产开发有限公司先后向某市国土资源局缴纳土地出让金共计3339.72万元。根据"先交后返"等相关规定，2006年1月，电子厂向某区中小企业局申请领取已返还到区财政局的前期缴纳的土地出让金753.3922万元。当月18日某区中小企业局致函区财政局指示予以部分拨付，当日区财政局拨付100万元给某区中小企业中心，拨付653.29万元给电子厂。

2010年11月，某区人民政府提交《关于尽快返回某电子厂土地出让金的报告》给某市人民政府，要求返还剩余的土地出让金2586.33万元。同年12月经有关市领导批示，某市财政局经审核后将某电子厂缴纳的土地出让金2327.69万元（扣除10%廉租房基金258.63万元后）拨付至某区财政局，统筹用于区属企业改制。

2010年12月2日，某区企业改革领导组办公室向市财政局出具《关于部分区属企业改制成本或职工安置费用情况》中明确某电子厂改制成本4271.64万元，区企改办批准改制的11户企业改制成本或职工安置费用存在5101.23万元的缺口。2014年7月11日，某区人民政府收到某市财政局返还的土地出让金2327.69万元后，向市政府办公厅秘书处提交《关于某电子厂土地出让金返还款处置意见的报告》，将某电子厂的改制情况、土地出让金财政返还情况予以说明，并明确：根据市政府有关会议精神以及我区的具体实施办法，此款项首先用于返还企业改制成本，当企业改制成本小于返还款项时，统筹用于区属企业改制。根据我区2010年测算，某电子厂的改制大于2327.69万元的市财政返还资金，我区将此数据于2010年12月2日上报市财政局。并进一步建议：将某电子厂缴纳的2327.69万元的土地出让金按照《关于进一步明确区属企业土地出让金返还有关问题通知》有关规定返还该企业。该通知于2007年7月由市企改办下发给区政府及有关单位，明确"一、区属国有（集体）企业改制补办出让及变更入地用途缴纳的土地出让金，按有关规定程序批准后，原则上返还区政府，纳入区属国有企业改革专项资金管理，统筹用于区属企业改革。二、区属集体企业改制缴纳的土地出让金，只能用于职工安置，不得用于债务偿还等其他项目"。

但时至今日仍未能返还该笔款项，严重影响原告国有企业改制，给某电子厂造成重大经济损失。经某电子厂与某区人民政府双方多次协商、沟通，均无果，某电子厂诉至法院请求区政府返还出让金。

【判决结果】

一、被告某区人民政府支付原告某电子厂土地出让金；
二、驳回原告某电子厂的其他诉讼请求。

【律师解读】

一、法院为何认定改制企业满足诉讼主体资格，有权要求政府返还土地出让金？

某电子厂作为改制企业，在向某市国土资源局缴纳相应土地出让金后，按照国务院及某市政府的一系列规定，有权要求返还土地出让金用于改制国有企业职工安置费支出等，其诉讼主体资格合法。其所属的某区人民政府向市政府办公厅提出申请并报分管市领导批准后，由市财政局办理资金返还手续，将土地出让金2327.69万元拨付至某区财政局符合相关规定。在原告改制成本大于返还出让金的前提下，某区人民政府应当及时履行返还该笔款项给某电子厂的义务，以保障企业改制工作的顺利进行。

二、法院为何认定原告的诉讼请求并未超过起诉期限？

《行政诉讼法》第四十六条规定，公民、法人或者其他组织直接向人民法院提起诉讼的，应当自知道或者应当知道作出行政行为之日起六个月内提出。法律另有规定的除外。

自2010年12月收到该笔返还资金后，时至2014年7月11日某区人民政府却再次向某市人民政府提请报告申明返还该笔款项给某电子厂的意愿。某电子厂据此行政行为提起行政诉讼并未超过法律规定的起诉期限。

后 记 AFTER WORD

　　金秋十月，丹桂飘香，硕果累累。北京的秋天，像一幅绚丽多彩的收获画卷——蓝天白云，秋高气爽，黄叶知秋意，碧水映红墙。果园里，红彤彤的苹果、金灿灿的柿子沉甸甸地挂在枝头，丰收的喜悦洋溢在每个果农的脸上；火红的枫叶像热烈绽放的花朵，如诗如画，万山红遍，层林尽染。春种一粒粟，秋收万颗子，秋天是收获的季节，无论是走在乡村的田野边还是城市的大街小巷里，都能感受到收获的喜悦和蓬勃的力量。2023年的这个秋天还是与众不同的——在杭州第十九届亚运会赛场上，体育健儿们用汗水和毅力，为荣誉而奋斗，为梦想而拼搏。他们用独特的竞技魅力，演绎了一场场令人叹为观止的比赛盛况。这不仅是体育竞技的盛宴，更是文化交流的狂欢，全民参与，共享荣耀。在这特殊的时刻，《"律师说法"案例集（7）》成功交付出版，为法治建设添砖加瓦。

　　春去秋来，四季更迭，我们见证了无数奋斗者的努力与汗水，他们用辛勤的努力和不懈的追求，换来了属于自己的荣耀。《"律师说法"案例集（7）》的出版，更是汇聚了众多法律工作者的智慧结晶，是中国法治进步的见证，也为法治建设注入新的活力，推动中国的法治不断向前发展。这部案例集由众多知名律师精心汇编，针对司法实践中遇到的难点、疑点进行了深入探讨和解析。这不仅是一份宝贵的法律资源，而且是法律从业者不可或缺的学习资料。"盈科律师一日一法"核心团队不忘初心、肩负使命。2020年12月22日，《"律师说法"案例集（1）》出版发行。2021年6月22日，《"律师说法"案例集（2）》出版发行。2021年12月22日，《"律师说法"案例集（3）》出版发行。2022年6月22日，《"律师说法"案例集（4）》出版发行。2022年12月22日，《"律师说法"案例集

(5)》出版发行。2023年6月6日，《"律师说法"案例集（6）》出版发行。经过"盈科律师一日一法"核心团队的共同努力，《"律师说法"案例集（7）》即将与大家见面。

目前，"盈科律师一日一法"公众号刊发案例一千多起，被多家公众号转发，今日头条、搜狐网、新浪网、新浪微博、小红书等二百多家网站转载。投稿作者是来自二十多家分所的律师，共计一百五十余人。

《"律师说法"案例集（1）》选择的是从公众号创刊至2020年4月30日发布的案例，封面颜色是红色。《"律师说法"案例集（2）》选择的是从2020年5月1日至2020年12月31日发布的案例，封面颜色是橙色。《"律师说法"案例集（3）》选择的是从2021年1月1日至2021年6月30日发布的案例，封面颜色是黄色。《"律师说法"案例集（4）》选择的是从2021年7月1日至2021年12月31日发布的案例，封面颜色是绿色。《"律师说法"案例集（5）》选择的是从2022年1月1日至2022年6月30日发布的案例，封面颜色是青色。《"律师说法"案例集（6）》选择的是从2022年7月1日至2022年12月31日发布的案例，封面颜色是蓝色。《"律师说法"案例集（7）》选择的是从2023年1月1日至2023年6月30日发布的案例，封面颜色是紫色。它象征着一种超越平凡、追求卓越的精神追求，使人感到崇高而神圣。本书总共分五个部分，包括民事法案例38篇、刑事法案例37篇、公司法案例10篇、劳动法案例10篇、行政法案例10篇，合计105篇。

在策划郝惠珍，监审车行义，编委会侯晓宇、张建武、张学琴、邓凤文、郭灿炎、张璐、侯蒙莎、李炎朋等人的大力支持下，在高庆、金玲玲、鲁蕊、娄静、刘涛、刘圆圆、庞立旺、汤学丽、王俊林、温奕昕、岳广琛、于创开、张鹏、张其元、张印富、赵爱梅等律师的辛苦付出下，从2023年7月1日开始，历经多次审稿，本书终于汇编成集。历经四年多的拼搏，历经一千多个日夜的奋笔疾书，汇集赤橙黄绿青蓝紫，七部案例集终于编辑成书，成为排列在法治蓝天上的一道七色彩虹。

在收获的季节里，我代表编委会感谢每一个在背后默默付出的人，感谢所有为法治建设付出辛勤努力的无名英雄，是他们的努力与汗水铸就了今日的辉煌。同时，也要感谢《"律师说法"案例集（7）》编写过程中的所有参与者，是他们的辛勤付出让这样一部宝贵的案例集得以面世。还要感谢所有支持和关注《"律师说法"案例集（7）》的朋友们。我坚信，在大家的共同努力下，中国的法治建设将不断取得新的突破与成就。让我们一起为建设法治中国而努力奋斗！

站在新的起点上，让我们一起展望未来，携手努力，共同追求文化、体育和法治的进步，为祖国的繁荣昌盛贡献自己的力量。在法治的道路上，我们将继续前行，永不停歇！

"盈科律师一日一法"主编
盈科刑民行交叉法律事务部主任 **韩英伟律师**

2023年10月11日于北京